몽골 유목문화 연구

몽골 유목문화 연구

초판 인쇄 2010년 12월 20일
초판 발행 2010년 12월 30일

지은이 박환영
펴낸이 이대현
편 집 이소희
펴낸곳 도서출판 역락
서울 서초구 반포4동 577-25 문창빌딩 2층
전화 02-3409-2058(영업부), 2060(편집부)
팩시밀리 02-3409-2059
이메일 youkrack@hanmail.net
등록 1999년 4월 19일 제303-2002-000014호

ISBN 978-89-5556-865-3 93380
정 가 18,000원

* 잘못된 책은 교환해 드립니다.

몽골 유목문화 연구

Researches on Mongolian Nomadic Culture

박 환 영

역락

머리말

불과 10년 전만 하더라도 마치 우물 안 개구리와 같이 세계의 다양한 문화를 보면 익숙함보다는 생소함이 많았던지 유목문화라는 단어도 그렇게 익숙한 용어는 아니었던 것으로 기억한다. 그러나 10년이 지난 오늘날 유목이라는 용어는 익숙한 것은 물론이고 영어식 표현인 노마디즘(nomadism : 유목)과 노마드(nomads : 유목민) 혹은 도시유목민이라는 용어도 너무나도 자연스럽게 받아들여지는 세상이 되었다.

'유목문화란 무엇인가?'라는 질문에 답하기 위해서는 유목문화가 가지는 다양한 측면을 고려해 보아야 한다. 그 중에서도 가장 중요한 것은 아마도 유목민들의 생활방식과 생활문화일 것이다. 몽골을 중심으로 유목문화를 이해하기 위해서 몽골 유목민들의 삶과 생활방식을 하나 하나 풀어가는 작업이 필요한데 부족하나마 이러한 접근을 이 책을 통하여 시도해 보려고 한다.

이 책은 개인적인 추모시(追慕詩)와 더불어 4장으로 구성되어 있다. 추모시는 얼마 전에 작고한 몽골학자에 대한 필자의 추억을 지면으로 나마 남기기 위한 것으로 어느날 불현듯이 떠오르는 단상(斷想)을 마음속에 담아둘 수가 없어서 그대로 옮겨 적은 것이다. 이 책의 구성을 간략하게 요약해 보면 다음과 같다.

제1장에서는 몽골의 유목문화를 민속학이라는 잣대로 바라보는 다양한 시각을 보여준다. 먼저 몽골의 친족과 몽골의 말(馬) 관련 민속어휘를

통하여 몽골 유목문화의 기초를 살펴보고, 다음으로 한·몽 수교가 성립된 지 20년이 지난 시점에서 그동안 국내에서 진행된 몽골의 유목문화와 관련한 민속학적인 연구영역과 향후 과제를 살펴보고 있다.

제2장에서는 몽골의 유목문화를 설화와 동물상징이라는 키워드를 중심으로 살펴보고 있다. 예를 들어서 몽골의 유목문화를 가장 잘 반영해 주고 있는 <호리투메드 메르겡> 설화를 꼼꼼하게 분석하였고, 이와 함께 13세기에 저술된 것으로 알려진 『몽골비사』를 중심으로 동물상징을 집중적으로 고찰하고 있다.

제3장에서는 유목문화의 꽃이라고 할 수 있는 축제와 여성을 중심으로 몽골의 유목문화를 조명하고 있다. 특히 축제를 통과의례와 관련된 축제와 세시(歲時)와 관련된 축제로 나누어서 한 유목민이 살아가면서 겪게 되는 일생의 주요한 고비 때 행하여지는 다양한 의례는 통과의례로, 반면에 계절적인 변화와 생업활동과 연관된 의례는 세시의례와 관련해서 소개하고 있다. 또한 유목문화의 논의를 여성에 초점을 맞추고 여성의 입장에서 그리고 여성이 유목문화와 관련해서 어떠한 역할과 기능을 담당하고 있는지를 자세하게 다루고 있다.

제4장에서는 비교민속학적인 측면에서 몽골의 유목문화를 한국의 민속문화와 비교해서 살펴보고 있다. 특히 출생의례를 중심으로 몽골 유목민들의 삶과 생활방식을 한국의 전통과 민속문화와 비교해 봄으로써 두 문화가 가지는 공통점과 차이점을 고찰하고 있다.

몽골의 유목문화와 관련해서 너무나도 다양한 연구영역과 연구주제가 있는데 이번에 여기에 실은 내용은 아마도 그 중의 극히 미미한 부분임에 틀림이 없다. 또한 그동안 여러 곳에 논문 형식으로 발표한 것과 개별적으로 적어 놓았던 내용을 함께 묶어서 일관성이 있는 단행본으로 낸다는 것은 그렇게 쉬운 작업이 아니었다. 그러나 부족함과 아쉬움을 뒤로 하고 감히 용기를 내게 된 것은 여러 분들의 격려와 관심이 있었기에 가능하였다. 무엇보다도 몽골의 유목문화에 대하여 많은 관심을 가지고 책의 출판을 흔쾌히 허락해 주신 역락 출판사의 이대현 사장님께 먼저 진심으로 감사를 드린다. 그리고 다음으로는 다듬어지지 않은 서툰 원고를 정성을 다하여 깔끔하게 다듬어주신 역락 출판사 편집부의 이소희 선생님께 고마움을 표하고 싶다. 끝으로 학기 중에 대학원 세미나 준비와 논문준비로 바쁜 일정임에도 불구하고 정성을 들여서 꼼꼼하게 교정을 봐준 중앙대학교 민속학과 대학원의 심효윤 군, 구비성 양, 김인선 양, 심민기 군에게 마음에서 우러나는 따뜻한 감사의 말을 전하고 싶다.

2010년 12월
남산과 한강이 바라다 보이는 흑석동 서재에서
박 환 영

추모시 (追慕詩) *

몽골 대초원에서 청춘을 불살랐던 90년대 중반
꽁꽁언 중앙아시아의 한복판에서
오손도손 마음의 정(情)을 나누었다
눈이 부시도록 파아란 몽골의 하늘처럼
우리들의 우정(友情)은 높고도 순수했다

호라이 악흐-두(huurai ah-düü)[1]였던가?
호형호제(呼兄呼弟) 하였던
언제나 믿음직했던, 진정한 친구이기도
이제 나무의 밑둥이 굵어지고
가지에서 온갖 잎과 열매가 열리기 시작하는데

무심한 하늘이 원망스럽다
이제 언제 다시 만날 수 있을까?
인간(人間)이 가야 하는 이 길이지만
그리고 인간(人間)이기에
누구도 피할 수 없는 이 길이지만

하염없이 흐르는 마음의 눈물은

---

* 2010년 불의(不意)의 사고로 운명을 달리한 몽골학자 고(故) 강신 교수를 추모하면서 고인
(故人)이 가졌던 몽골에 대한 열정을 기리고 고인을 추모하면서 추모시를 삼가 바칩니다.
1) 호라이(*huurai*)는 "마르고 건조한 상태"라는 뜻을 담고 있는 인위적인 친족을 상징하는
용어이고, 아흐(*ah*)와 두(*düü*)는 형과 동생을 의미한다. 즉 인위적인 형과 동생의 관계를
나타낸다.

홉스골(Huvsgul)의 호수가 되고
오논(Onon)강의 물줄기가 되어서
몽골의 초원을
촉촉하게 적셔준다

이러한 날에
이렇게 힘든 날에
그대가 남긴 족적(足跡)을 찾아서
그대가 이루지 못했던
몽골에 대한 열정과 의리를

그대의 이름으로
그대의 희망과 꿈을 위하여
조용히 일상(日常)으로
다시 돌아갈 수밖에 없지만
영원히 기억하리라

그대는 이제 이곳에 없지만
그대가 남기고 간 몽골의 추억과
많은 사람들의 가슴 속에 조용히
그러나 영원히 남을 그대의
부드러운 향기를 기억하면서

대우주의 조그만 인연이
여기서 끝나지 않고
다시금 언제
다른 인연으로
만날 수 있기를 기원할 뿐입니다.

차 례

제3장 축제와 여성을 통해서 보는 유목문화

제4장 비교민속학적인 입장에서 유목문화 보기

몽골, 유목문화 그리고 민속학

유목문화와 몽골

1. 현대 몽골사회와 유목문화의 가치

유목이란 가축을 방목하기 위하여 한 곳에 정착하지 않고 계속해서 이동을 하는 생업 방식이다. 이러한 생업활동의 이면에는 가축이라는 동산(動産)의 재화(財貨)가 중요하다. 즉 움직이는 재산인 가축의 효용을 극대화하기 위하여 초원의 상태가 최적의 상태를 가질 수 있도록 적당한 시간이 되면 이동을 하고 적절한 수(數)의 가축을 서로 공생할 수 있도록 방목 시키는 생업형태이다. 오늘날에도 세계의 여러 지역에서 유목생활을 영위하는 유목집단이 광범위하게 분포하고 있는데, 이러한 유목 중에서 특히 목축을 하면서 가축의 방목지를 찾아서 이동하는 유목의 유형을 "방목형 유목(pastoral nomadism)"이라고 하며, 이러한 유목이 행하여지는 지역은 아프리카 서부, 중동지역, 몽골을 비롯한 중앙아시아, 그리고 시베리아 지역까지 넓게 분포되어 있다.[1] 이러한 지역

중에서 몽골은 유목문화가 가장 잘 보존된 지역 중의 하나로 말, 염소, 양, 소, 낙타와 같은 다섯 종류의 가축을 중심으로 풍부한 유목문화를 간직하고 있다.

몽골의 유목문화는 몽골의 자연환경과 그것을 바탕으로 행하여지고 있는 유목생활의 반영이다. 다시 말해서 전통적인 몽골의 유목생활이 사라지면 몽골의 유목문화도 그 가치를 잃기 마련이다. 이러한 일상적인 초원의 유목생활은 몽골 특유의 유목문화를 간직하고 있다. 오늘날 몽골에서 자유화와 현대화가 진행되면서 전통적인 유목문화도 많이 약화되고 있는 것도 부인할 수 없는 사실이다. 몽골의 유목생활이 현대

1) Carmichael(1991 : 9)과 박환영(2005c : 81) 참조.

적인 감각에 부합하지 못한 부분이 있다고 하더라도 역시 그 속에는 몽골인들이 가졌던 환경관이나 끝없이 넓은 초원을 이어주는 네트워크와 같은 생활의 지혜가 들어있다. 따라서 유목생활이 더 이상 의미를 가지지 못하면 아울러서 몽골 고유의 유목문화도 사라지기 마련이며, 효율적이고 경제적으로 유목민들 사이를 연결시켜 주는 네트워크도 그 기능을 상실할 수밖에 없는 것이다.

한편 몽골의 유목문화는 21세기인 오늘날까지 끈끈하게 자리 매김을 하고는 있지만 현대화, 자유화 그리고 개방화의 소용돌이 속에서 위기에 직면할 수도 있다. 그럼에도 불구하고 몽골의 유목문화를 세밀하게 분석해보면 그 속에서 숨어있는 미래지향적인 생업활동으로써의 가치를 찾아볼 수 있다. 예를 들어서 유목문화가 가지는 세 가지 특징인 토지의 공유성, 이동성 그리고 간소함[2]은 21세기와 같이 신속함과 간편함 그리고 익명성이 특징인 사회구조 속에 잘 녹아들어 갈 수 있는 문화요소이기도 하다. 몽골의 유목문화를 민속문화라는 틀 속에서 접근하기 위해서는 다양한 영역이 포함될 수 있다. 먼저 부분적인 내용이긴 하지만 유목사회의 근간을 이루는 친족과 더불어서 다섯 가지 종류의 가축 중에서 말(馬)과 관련된 민속어휘를 대략적으로 살펴봄으로써 우선적으로 몽골의 유목문화가 가지는 특징을 살펴보고자 한다.

---

2) 松原正毅(1999) 참조.

2. 몽골의 친족

몽골인들의 전통문화가 베어있는 유목생활과 관련해서 친족은 몽골의 전통적인 거주 형태인 겔(*ger* ; 텐트)을 구심점으로 해서 유지되는데 친족사이의 강한 결속력은 유목생활에 있어서 가장 중요하다고 해도 과언이 아니다. 유목생활에서 이러한 친족공동체는 신속한 기동성과 정기적인 이동을 요구하는 유목생활에 핵심적인 역할을 하는 것이다.

이러한 이유 때문에 몽골인들은 전통적으로 친족관계를 유목생활을 영위하는 원동력으로 여겨왔다. 사회주의 체제가 몽골에 도입되기 시작하는 1920년대 이전까지만 해도 아무리 먼 친족이라고 해도 친족

사이의 혼인을 엄격하게 통제하였다. 특히 부계(父系) 상으로 9세대 이내의 혼인을 금기(禁忌)시 하였는데, 이것을 몽골인들은 "피가 너무 가깝다"(*tsus oirtoh*)라고 표현하기도 한다. 반면에 부계(父系) 상으로 9세대 이상의 혼인은 금기(禁忌)시 되지 않았는데 이것을 몽골인들은 "뼈가 부서졌다"(*yas haagav*)라고 표현하기도 한다. 바꾸어 말하면 부계(父系)상으로 9세대가 지나게 되면 친족 사이의 결속과 유대를 연결시켜주는 "뼈"가 부서져서 더 이상 친족으로 기능을 할 수 없기 때문에 혼인이 가능하다는 것이다.

몽골인들은 과거에 광범위하게 출계집단을 가지고 있었다. 즉 20세기 초기에 몽골사회는 대체적으로 '부계(父系 ; patrilineal)' 사회였는데 오늘날 몽골의 경우 사람들은 선계 혹은 양방계(兩方系 ; bilateral)적 유대를 더욱더 강조하고 있으며, 1920년대와 1930년대에 강조되었던 부계적 유대는 지금에 와서 덜 중요하게 되었다. 또한 출계이론과 함께 동맹이론도 몽골의 친족을 이해하는 데 적합한 것 같다. 이것은 정략적인 결혼동맹이 몽골제국이 부흥한 시기인 13세기 몽골에서 부족들 사이의 안보와 평화를 유지하는 데 가장 효과적인 방법이었고, 여전히 하나의 중심적인 문화의 관련 부분이었기 때문이다.

몽골 친족의 대표적인 상징은 뼈(*yas*), 피(*tsus*) 그리고 살(*mah*) 이다. 몽골의 친족이 상징하는 이러한 요소는 일찍이 레비-스트로스(Levi-Strauss)에 의하여 제시된 바 있다. 몽골의 민속학자인 냠보(Nyambuu)도 몽골에서 친족의 상징으로 뼈, 피 그리고 살을 들고 있다. 한편 브리란드(Vreeland)는 몽골의 친족이 가지는 상징을 부계(父系) 친족과 모계(母系)으로 이분해서 해석하기도 한다.

몽골의 민속문화 속에도 친족에 대한 내용을 많이 찾아볼 수 있다. 아마도 이러한 친족은 오랜 시간 동안 몽골인들에 의하여 인식되어진 몽골 친족의 또 다른 면을 보여주고 있다. 예를 들어서 몽골인들은 긴 겨울 기간 동안에 수많은 이야기를 주고받으며 생활의 활력소를 가질 수 있었다. 그러므로 몽골에는 특히 설화가 많이 남아 전해져 온다. 이 중에서도 민담은 일상적인 몽골인들의 삶을 잘 조명해 준다. 몽골의 민담 중에서도 사이가 좋지 않은 친족관계와 친족의 중요성을 보여주는 민담이 눈에 많이 띈다. 사이가 좋지 않은 친족관계를 배경으로 전개되는 몽골의 민담에는 "올케와 시누이" 사이 그리고 딸과 계모 사이의 관계가 자주 이야기의 소재로 등장한다. 또한 유목생활에서 친족의 중요성과 넓은 의미의 친족이 엿보이는 민담도 있다. 한편 몽골의 민담 속에는 막내(*otgon*) 자녀의 중요성에 대한 언급이 나오기도 한다. 몽골의 민담에 자주 나타나는 바와 같이 몽골 사회에서 막내(otgon)가 중요한 것은 유목경제 및 재산상속과 밀접한 관계가 있기 때문이다.

유목생활을 하는 몽골인들에게 개인보다는 친족과 같은 공동체가 훨씬 중요하였다. 그러므로 친족과 같은 공동체 집단을 유지하고 지속하기 위한 교훈이라든지 가르침이 속담을 통하여 전해지고 있는 것은 당연한 일이다. 친족과 관련된 몽골의 속담을 통하여 살펴보면 부모와 자식 사이의 관계에 못지않게 아내와 남편 사이의 관계가 중요함을 강조하고 있음을 알 수 있다. 즉 부부는 가장 가까운 사이면서도 헤어지면 가장 무서운 적이 되기 때문에 친족을 형성하는 데 가장 핵심이 되는 존재이다. 이러한 내용을 잘 반영해 주는 속담이 바로 "남편을 잘못 만나도 당대 원수, 아내를 잘못 만나도 당대 원수"이다. 그만큼 몽

 제1장 몽골, 유목문화 그리고 민속학

↘ 몽골의 시골에서는 말(馬)을 대신해서 오토바이도 중요한 교통수단이다.

골사회에서 남편과 아내는 잘 만나면 지극히 필요한 존재이지만 잘못
만나면 제일 까다로운 존재였던 것이다.

친족을 소재로 하는 몽골의 수수께끼도 제법 많은 편이다. 특히 일
상적인 생활에서 소재를 찾고, 그것을 은유하는 수수께끼에서 친족이
하나의 소재로 많이 보여지는 것은 몽골에서 친족이 얼마나 중요한 것
인지를 실감나게 해 준다. 몽골의 친족과 관련된 수수께끼를 통하여
알 수 있는 것은 형제는 형제끼리, 자매는 자매끼리 수수께끼의 소재
로 등장하고 있다는 사실이다. 이것은 전통적인 몽골의 유목생활이 주
기적으로 이동을 해야 하고, 예측하기 어려운 자연환경 속에서 살아남
아야 하기 때문에 효과적인 생업활동의 한 방편으로 성(性 ; gender)에

의한 노동(勞動)의 구분이 텐트의 안과 밖에서 엄격하게 지켜지고 있음을 잘 나타내어 준다. 일상적인 몽골의 생업현장에 녹아있는 이러한 성(性)에 의한 영역의 구분은 이성(異性)보다는 동성(同性)들끼리 더 많은 상호작용과 의사소통을 하면서 생업활동에 참여하도록 만들어 주었던 몽골의 유목문화를 잘 반영해 준다.

한편 몽골의 수수께끼에는 혼인의식을 색깔의 상징을 통하여 묘사함으로써 전통적인 몽골의 혼인식을 잘 반영해 주고 있는데, 여기에는 빨간 천으로 얼굴을 가린 채 신랑집으로 향하는 신부의 모습과 신랑측에서 신부를 맞이하기 위하여 "마이항(maihan)"이라고 부르는 푸른색의

간이 천막을 치는 것과 같은 전통적인 몽골의 혼인식을 잘 묘사해 주고 있다. 덧붙여서 몽골의 일부 수수께끼는 아버지와 어머니를 소재로 하여 친족관계를 형성하는 데 있어서 여전히 부모의 중요함을 새삼 강조하고 있기도 하다.

오늘날 몽골에서 친족은 단지 하나의 문화적인 현상도 아니고, 다른 외적 요소의 한 사회적 반영도 아닌 서로 영향을 주고받는 사회적인 관계로 이루어져 있다고 주장하고자 한다. 탈사회주의 사회에서 친족관계는 경제적인 곤란을 극복하는 한 방법으로 역할을 하고 있다. 다시 말해서 오늘날 친족관계는 이전에는 국가 기관이 담당했던 여러 가지 기능을 대신하고 있는 것이다. 더욱이 오늘날 몽골인들은 혈족과 인척을 함께 언급하기 위하여 *hamaatan* 혹은 *hamaatan sadan*이라는 용어를 자주 사용하기도 한다. 몽골인들은 어떠한 사람이 자신과 어떻게 연계되었는지 잘 모르거나 적절한 친척용어를 잘 모르는 애매 모호한 상황에서 *hamaatan*을 사용한다. 이 용어는 아마도 상징적으로 다른 용어인 *hamaatatai hün*(문자 그대로 "연계되어 있는 사람")과 연관이 있는지도 모른다. 그러나 몽골인들이 *hamaatan*을 사용할 때 상대방이 친족인지 친족이 아닌지를 명확하게 나타내지 못하기 때문에 사람들은 흔히 *hamaatan*을 지연과 민족성을 포함하는 서로 다른 요소들 사이의 관계를 포괄하는 하나의 체계로 인식하기도 한다. 이러한 이유로 인하여 사람들은 *hamaatan*이라는 용어를 사용함으로써 친척관계를 더 넓은 친척집단으로 확대할 수 있는 것이다. 몽골사회에서 *hamaatan*이라는 용어는 13세기(예를 들어서 몽골비사)나 1930년대에는 찾아볼 수 없다. 따라서 *hamaatan*은 '피'의 상징과 같이 새로운 양방계(bilateral) 용어로 볼 수 있는 것이다.

3. 유목문화가 반영된 말(馬) 관련 민속어휘

몽골인들에게 말(馬)은 긴요하게 다른 물건을 구입할 수 있는 소중한 재산이며, 마유주와 고기를 제공해 주는 식량원이며, 무료한 유목생활에서 함께 할 수 있는 동반자이며, 다른 가축을 방목하거나 사냥을 위해서 잘 길들여진 영리한 가축이며, 나담축제에서 마음껏 실력을 선보이는 경주마이며, 먼 지역을 이동할 수 있게 해 주는 교통수단이기도 하다. 몽골의 유목문화를 단적으로 보여주는 말(馬)에 대한 몽골의 민속문화는 풍부한 편이다. 다행스럽게도 유목문화를 잘 반영해 주고 있는 말(馬)과 관련된 민속어휘가 몽골에는 많이 남아있다.

도르지고토브(Dorjgotov, 2008)와 필자가 틈틈이 현지조사(fieldwork)를 통하여 수집한 몽골 말(馬)과 연관되어 있는 민속어휘의 내용은 너무나도 다양한 편이다. 물론 몽골의 유목문화에서 말(馬)과 같은 가축이 차지하는 비중이 크기는 하지만 다른 동물에 비하여 말(馬)과 관련된 민속어휘가 특히 많은 편이다. 이러한 민속어휘의 내용을 자세하게 들여다보면 몽골 말과 관련한 일반적인 민속어휘, 말의 색깔을 나타내는 민속어휘, 말의 신체를 나타내는 민속어휘, 말의 뼈대와 골격을 나타내는 민속어휘, 말의 걸음걸이를 나타내는 민속어휘, 말과 관련된 질병, 말이 좋아하는 식물 등을 너무나도 구체적으로 잘 보여주고 있다. 말과 관련된 이러한 민속어휘를 구체적으로 기술해 보면 다음과 같다.[3]

---

3) 이 책에서 기술하고 있는 몽골의 말(馬)과 관련된 민속어휘는 도르지고토브(Dorjgotov, 2008)와 박환영(2009f : 139~154)에서 인용하였다.

↘ 말(馬)은 몽골인들의 일상생활 속에서 가장 중요한 가축 중의 하나이다.

↘ 오늘날 말(馬)은 생활 곳곳에서 상징적으로 나타난다.

(1) 말과 관련된 몽골의 민속어휘

- 히모리(hiimor') : 바람의 말
- 히모린 다르차그(hiimoriyn dartsag) : 바람의 말이 그려진 깃발
- 통흐(tonh) : 말이 먹는 무
- 모린호르(morin huur) : 마두금(말 머리 장식이 달려 있는 몽골의 민속악기)
- 보오르치(buurchi) : 말 조련사들의 게르
- 모린 테르그(morin tereg) : 마차(말이 끄는 수레)
- 아그트(agt) : 거세마(去勢馬)
- 아도오 아그트라그치(aduu agtlagch) : 말을 거세하는 사람
- 아도오 소드라아치(aduu sudlaach) : 말 전문가, 말 연구가
- 아도오니 홀가이(aduuny hulgai) : 말 도둑질
- 아도오그 후우흐드/추우 추우(aduug hüühed/chüü chüü) : 말을 몰 때 '이랴', '빨리빨리' 등에 사용하는 용어
- 아도오니 홀가이츠(aduuny hulgaich) : 말 도둑
- 아즈나이(ajnai) : 원기 왕성한 말, 준마
- 아잘가(azarga) : 종마(種馬)
- 아잘가 아도(azarga aduu) : 한 떼의 종마
- 아잘가사흐(azargasah) : 암말이 종마를 원하다
- 아잘간드 가르슨 구우(azargand garsan güü) : 종마와 교배한 암말
- 아잘간드 오로오구이 바이다스(azragand oroogüi baidas) : 처녀 말, 교배 경험이 없는 암말
- 아라그 타히(alag tah') : 줄무늬가 있는 얼룩말
- 아르바이/지지그 비예태 아도(arvai/jijig biyetei aduu) : 조랑말
- 알가마그/알마그(argamag/armag) : 아랍 말, 준마
- 보오스 구우(boos güü) : 새끼를 밴 암말
- 구우(güü) : 암말
- 구우니 오로오(güünii oroo) : 암말의 발정
- 자사아태 아도오(jasaatai aduu) : 불변의 말, 변하지 않는 말

• 마린 탐가(malyn tamga) : 말에 찍여 있는 다양한 낙인, 문양과 표
시, 표

↘ 말에 낙인과 문양을 찍는 도구

↘ 몽골의 말(馬)에 새겨진 다양한 낙인과 문양

- 마린 탐기그 우우르츠루흐(malyn tamgyg öörchlöh) : 훔친 말에 다른 낙인을 찍다
- 모리(mor') : 말
- 오힌 다아가(ohin daaga) : 만 2년 이하의 망아지

↘ 어미말(馬)과 망아지

- 오힌 오나가(ohin unaga) : 망아지
- 사르바아(sarvaa) : 겨울철의 망아지
- 소바이 구우(subai güü) : 천을 걸친 암말
- 타히(tah') : 야생마의 일종
- 토옴소그/알가마그 게데그 바이산(toomsog/argamag gedeg baisan) : 아랍 말
- 토르태 구우(töltei güü) : 새끼 밴 암말
- 오나아니 구우(unaany güü) : 타는 암말, 승용 암말
- 오나가 오브슨 데르 호르보오지 첸겐(unaga övsön deer hörvööj tsengene) : 초원에서 뒹구는 망아지
- 오나가태 구우(unagatai güü) : 망아지를 거느린 암말

- 오나그라산 구우(unaglasan güü) : 새끼를 둔 암말
- 오랄다아니 구우(uraldaany güü) : 달리기를 잘하는 암말
- 우르즈리인 아잘가(ürjliin azarga) : 번식에 강한 종마
- 호로그(hölög) : 준마
- 호라안/호란기인 오나가(hulaan/hulangiin unaga) : 야생마의 망아지
- 호란(hulan) : 야생마의 일종
- 호스란 구우(husran güü) : 새끼를 낳지 못하는 암말
- 햐자아란 바이다스(hyazaalan baidas) : 세 살짜리 암망아지
- 햐자아란 우레에(hyazaalan üree) : 세 살짜리 수망아지
- 슈드렌 바이다스(shüdlen baidas) : 두 살짜리 암망아지
- 슈드렌 우레에(shüdlen üree) : 두 살짜리 수망아지
- 에르 다아가(er daaga) : 두 살 미만의 수망아지
- 에르 오나가(er unaga) : 수망아지

말 젖을 짜기 전에 망아지를 잡고 있는 몽골의 유목민들

- 에르메그 구우(ermeg güü) : 새끼를 낳지 못하는 암말

(2) 몽골 말의 색깔을 나타내는 민속어휘

- 알아그(alag) : 흑백 얼룩말
- 비덜태 올아안 제에르드(bidertei ulaan zeerd) : 붉은색 밤(栗)의 반점을 가진 말
- 비덜태 하리운(bidertei haliun) : 검정 얼룩을 가진 황갈색 말
- 보르(bor) : 푸른빛이 도는 회색 혹은 회색 말
- 보르 홀(bor hul) : 황갈색 말
- 보르 헤에르(bor heer) : 적갈색 말
- 보르록(borlog) : 얼룩무늬 회색 말
- 부르텐 쵸오호르(bürten tsooho)r : 검정 버섯 얼룩말
- 보오랄(buural) : 밤색과 흰색이 혼합된 색깔 말
- 다이르(타난 보욘 보간 사아랄) (dair (tanan buyou bugan saaral)) : 진주빛 회색 말
- 존단 차가안(jundan tsagaan) : 흰 금빛의 말
- 제에르드(zeerd) : 밤색 말
- 네그 주스니이(neg züsnii) : 같은 색깔의 말
- 오로그쉰 홀(orogshin hul) : 회색빛이 도는 호박색 말
- 오소흐 마린 주스 네그 오오드로흐 후니이 우그 네그(ösöh malyn züs neg öödlöh hünii üg neg) : 자라나는 가축의 털빛은 하나, 일어서는 사람의 말은 하나
- 사아랄(saaral) : 거무스름한 말
- 올아안 보오랄(ulaan buural) : 딸기 빛깔을 가진, 밤색과 흰색이 혼합된 말
- 올아안 헤에르(ulaan heer) : 붉은 적갈색 말
- 올아안 초오호르(ulaan tsoohor) : 얼룩무늬 적갈색 말
- 우누겐 차가안/이쉬겐 차가안(ünügen tsagaan/ishgen tsagaan) : 타고난 흰색 말
- 오하아(uhaa) : 옅은 밤색 말
- 오하아 제에르드(uhaa zeerd) : 옅은 밤색 말

- 할잔(halzan) : 머리가 흰 말
- 하리온(haliun) : 회황색 말
- 하리온 알아그(haliun alag) : 얼룩진 색깔의 말
- 하리온 주스니이(haliun züsnii) : 진흙빛 말
- 하르(har) : 검정 말
- 하르 사아랄(har saaral) : 흐릿한 회색 말
- 하르 할타르(har haltar) : 검정 갈색 말
- 하르 헤에르(har heer) : 검정 빛이 나는 적갈색 말
- 하르락(harlag) : 얼룩덜룩한 말
- 혼고르(hongor) : 담적갈색 말
- 혼돈(hondon) : 옅은 담적갈색 말
- 호흐 보르(höh bor) : 얼룩무늬의 말
- 호흐 사아랄(höh saaral) : 거무스름한 회색 말
- 호홀보르 훌(höhölbör hul) : 푸른빛깔의 회갈색 말
- 훌(hul) : 회갈색 말
- 훌 알아그(hul alag) : 갈색과 흰색으로 얼룩진 말
- 훌 헤에르(hul heer) : 황금 적갈색 말
- 후렌(hüren) : 갈색 말
- 후렌 알아그(hüren alag) : 갈색의 흑백 얼룩말
- 후렌 헤에르(hüren heer) : 적갈색을 가진 갈색 말
- 후렌 초오호르(hüren tsoohor) : 갈색 반점을 가진 말
- 헤에르(heer) : 적갈색 말
- 차비다르(tsav'dar) : 간장 색깔에 밤색을 가진 말
- 차가안(tsagaan) : 흰색 말
- 차가안 보오랄(tsagaan buural) : 옅은 색 바탕에 불그스름한 얼룩이 있는 말
- 차이바르 보오랄(tsaivar buural) : 옅은 색 바탕에 불그스름한 얼룩이 있는 흰색 말
- 차바르 훌(tsavar hul) : 옅은 황갈색 말
- 차이바르 샤르가(tsaivar sharga) : 흰색과 노란색을 가진 말

- 초오호르(tsoohor) : 얼룩무늬의
- 샤르 홀(shar hul) : 노란색과 회갈색을 가진 말
- 샤르 헤에르(shar heer) : 옅은 적갈색
- 샤르가(sharga) : 은백색의 말
- 야가안(yagaan) : 연분홍색, 핑크색 말
- 야가안 초오호르(yagaan tsoohor) : 핑크색 얼룩을 가진 말

(3) 몽골 말의 신체를 나타내는 민속어휘

- 아하르 슈울(ahar süül) : 꼬리의 속대
- 보리브(boriv) : 비절(飛節) ; 말의 뒷다리 구절(球節) 위의 앞다리 무릎에 대응하는 관절
- 보오르(böör) : 옆구리
- 베레브히이(berevhii) : 발목
- 골(gol) : 등에 있는 줄무늬
- 구레에(güree) : 턱에 나 있는 자국
- 게데스(gedes) : 복부, 배
- 달(dal) : 어깨
- 달안(dalan) : 목덜미, 갈기
- 도오드 오로올(dood uruul) : 아랫입술
- 도로올히(döröölhi) : 앞다리의 상부 관절
- 도흐(duh) : 앞갈기
- 델(del) : 갈기
- 조오/ 수베에(zoo / süvee) : 허리
- 조자안 고야(zuzaan guya) : 넓적다리
- 모고오르손 호올오이(mögöörsön hooloi) : 기관(氣管), 숨통
- 몬다아(mundaa) : 기갑(鬐甲), 말 어깨뼈 사이의 융기
- 누드(nüd) : 눈
- 노로오(nuruu) : 등
- 어브도그(övdög) : 무릎

- 어브츄우(övchüü) : 가슴
- 어브츄우니 부데르히이(övchüünii büderhii) : 흉부
- 사가그(sagag) : 거모(距毛), 발굽의 위 뒤쪽에 난 텁수룩한 털
- 사가안아그/셀디인(saraanag/seldiin) : 종마의 생식기
- 수브레그데스(süvregdes) : 가늑골(假肋骨), 양 끝이 흉골에 붙어 있지 않은 늑골
- 타갈차그(tagaltsag) : 발목 부분의 뼈
- 타샨안 톨고이(tashaan tolgoi) : 장골(腸骨)의 머리 부분
- 토이그노그 슈르메스(toignog shürmes) : 복사뼈 관절 뒤의 건(腱)
- 토오라인 가하이(tuurain gahai) : 발굽 중앙에 있는 제차(蹄叉)
- 오르드 쉴베(urd shilbe) : 앞정강이
- 하비르가(havirga) : 갈비
- 함린 누흐(hamryn nüh) : 콧구멍
- 하차르(hatsar) : 볼, 뺨
- 혼고(hongo) : 넓적다리의 뒤엉덩이
- 혼들오이/하르감/슈울니이 오그(hondloi/hargam/süülnii ug) : 엉덩이
- 혼쇼오르(honshoor) : 주둥이
- 호쇼오(hoshuu) : 비구부(鼻口部)
- 후주우(hüzüü) : 목
- 홀안스(hulans) : 말 다리 안쪽에 생기는 못
- 차비(tsav') : 뒷무릎 관절
- 초로브(tsorov) : 윗쪽입술
- 치흐(chih) : 귀
- 샤나아(shanaa) : 관자놀이
- 샤나아니 야스(shanaany yas) : 밖으로 드러난 광대뼈
- 쉴(shil) : 목덜미
- 쉴베(shilbe) : 관골
- 쇼르모스(shörmös) : 건(腱)
- 에베르 토오라인 한아(ever tuurain hana) : 발굽의 안쪽, 내벽
- 에베르 토오라인 차기라그(ever tuurain tsagirag) : 제관(蹄冠)

(4) 말의 뼈와 골격을 나타내는 민속어휘

- 아아르차긴 야스(aartsagny yas) : 좌골
- 아도오니 우스(aduuny üs) : 말의 털
- 아도오니 호오보르(aduuny höövör) : 털
- 아도오니 슈드(aduuny shüd) : 말의 이빨
- 아만 후주우니이 야스(aman hüzüünii yas) : 환추대역, 머리를 받치는 제1경추골
- 아라아(araa) : 어금니
- 보그트 초모그니이 야스(bogt chömögnii yas) : 사출부
- 보소오 델(bosoo del) : 수직의 갈기
- 보갈아그니 야스(bugalagny yas) : 상완골(上腕骨)
- 베레브히인 야스(berevhiin yas) : 발목뼈
- 골/보르(gol/bor) : 줄무늬, 채찍 자국
- 골린 슈드(golyn shüd) : 가운데 앞니
- 달린 야스(dalny yas) : 견갑골, 어깨뼈
- 도오드 에루우니이 야스(dood erüünii yas) : 아래턱
- 돈드 초모그니이 야스(dund chömögnii yas) : 대퇴골
- 돈드 슈드(dund shüd) : 측면에 있는 앞니
- 델(del) : 갈기
- 델 보한다일락흐(del buhandailah) : 갈기를 짧게 자르다
- 델 술지흐(del süljih) : 갈기를 엮어서 땋다
- 델 솜라흐(del sumlah) : 갈기를 감아서 손질하다
- 자힌 슈드(zahyn shüd) : 한쪽 끝에 있는 앞니
- 이흐 비예니이 우스(ih biyeiin üs) : 말의 주요한 몸의 털
- 노로오니 야스(nuruuny yas) : 척추골, 추골(椎骨)
- 소그소오(sogsoo) : 앞(이마의)머리털
- 소그소오 보오흐/촘초그 보오흐(sogsoo booh/tsomtsog booh) : 경주를 위해서 머리털을 묶다
- 소예오(soyeo) : 송곳니

- 수우즈니이 야스(süüjnii yas) : 전자(轉子), 대퇴골 경부 아래쪽에 있는 돌기
- 슈울(süül) : 꼬리
- 슈울 타이라흐(süül tairah) : 꼬리를 짧게 자르다
- 세에르니이 야스(seernii yas) : 등뼈
- 오르드 쉴베니이 야스(urd shilbenii yas) : 정강이뼈
- 우우덴 슈드(üüden shüd) : 앞니
- 하빌가니 야스(havirgany yas) : 늑골
- 하그드 야스(hagd yas) : 손목뼈
- 하탄 후주우니이 야스(hatan hüzüünii yas) : 제2경추(頸椎)
- 호이드 쉴베니이 야스(hoid shilbenii yas) : 척골
- 햘가스(hyalgas) : 긴 머리
- 초그츠(tsögts) : 말의 앞니에 구멍을 뚫다
- 샤안티인 야스(shaantiin yas) : 경골(脛骨)
- 샤가인 야스(shagain yas) : 슬개골(膝蓋骨)
- 샨흐(shanh) : 기갑(鬐甲), 말 어깨 사이의 융기 근처에 있는 갈기의 긴 머리털
- 슈드러흐/올가흐(shüdleh/urgah) : 이(齒)가 나다
- 슈드러흐/슈드 우제후이(shüdleh/shüd üzehüi) : 재갈이나 고삐에 길들이다
- 야산 슈드(yasan shüd) : 이(齒)갈이를 부드럽게 하다

(5) 말의 걸음걸이와 기타 말과 관련된 민속어휘

- 아아쉬태 아도오(aashtai aduu) : 뒷걸음치는 말
- 아도오니 호모올(aduuny homool) : 말의 분비물
- 아도오니 후이텐(aduuny hüiten) : 말의 매독
- 아도오니 추우체에(aduuny chüüchee) : 마굿간, 경주마의 조련장
- 아도오니 쉬르히(aduuny shirhi) : 말 벼룩
- 아도오니 에르구우(aduuny ergüü) : 말의 갈지자 걸음

- 아잘가니 오랄다안(azargany uraldaan) : 종마(種馬) 경주
- 아이락 불엑흐(airag büleh) : 마유주를 발효시키기 위해 휘젓다
- 아이락 셍게네흐(airag sengeneh) : 마유주 냄새가 진동하다
- 아이락 슈우기흐(airag shuugih) : 마유주에서 거품이 생겨나다
- 아이락 에스게흐(airag esgeh) : 마유주를 발효시키다
- 아이르기인 암트(airgiin amt) : 마유주의 맛과 풍미
- 아이르긴 호오스(airgiin höös) : 마유주의 거품, 효모

ⓥ 말 젖을 며칠동안 저어서 발효
시켜서 마유주를 만들고 있는
몽골 여성

ⓥ 여름철이면 도시에서도 마유주를 맛볼 수 있다.

- 알하아태 모리(alhaatai mor') : 측대보로 걷는 말
- 알츠가르 홀(altsgar höl) : 성큼성큼 걷기
- 암가이(amgai) : 말의 작은 재갈
- 아르감지흐(argamjih) : 밧줄로 매어 두다
- 아차아니 모리(achaany mor') : 짐수레를 끄는 말
- 바아바르(baavar) : 말안장의 장식용 징이나 단추
- 바라브가르 홀(baravgar höl) : 털이 난 다리
- 바힘 홀(bahim höl) : 짧은 다리
- 보그토오 노로오태(bögtöö nuruutai) : 짐을 등에 실은

- 보그트로그(bögtrög) : 말의 뱃대끈
- 봄보고르 조오/수베에(bömbögör zoo/süvee) : 허리의 윗부분
- 보고일(buguil) : 올가미 밧줄
- 보고일다흐(buguildah) : 말을 올가미 밧줄로 잡다
- 볼기아(bulgia) : 야생말 타기
- 볼기다그 모리(bulgidag mor') : 사나운 말
- 불트게르 누드(bültger nüd) : 튀어나온 눈(目)
- 볼친라그 수베에(bulchinlag süvee) : 단단한 근육질 허리
- 보한 후주우태(buhan hüzüütei) : 굵은 목을 가진
- 갈우운 후주우태(galuun hüzüütei) : 거위처럼 굽은 목을 가진
- 간자가(ganzaga) : 안장의 가죽끈
- 고이르손 모르(goirson mor') : 끈기 있는 말
- 골옴(gölöm) : 말안장의 천
- 구우 보고츠오흐(güü bogochloh) : 말의 앞다리를 묶다

↘ 멀리 가지 못하게 말(馬)의 앞다리를 묶어두기도 한다.

- 구우 사아흐(güü saah) : 말의 젖을 짜다, 몽골의 여성 유목민들 사이에서는 '화장실을 가다'라는 표현으로 널리 사용되기도 한다.
- 구우니이 사암(güünii saam) : 말젖
- 다아가니 오랄다안(daagany uraldaan) : 두 살이 된 말의 경주
- 뎁스(devs) : 안장 양쪽을 고정하는 가죽, 안장깔개

- 데르게그치 모리(dergegch mor') : 느린 구보 걸음을 하는 말
- 지렘(jirem) : 복대, 뱃대끈
- 졸오오(joloo) : 말고삐
- 조로오 모리(joroo mor') : 측대보로 걷는 말
- 수베에(süvee) : 옆구리
- 조올온 암태 모리(zöölön amtai mor') : 다루기 쉬운 말
- 조자안 수베에(zuzaan süvee) : 두꺼운 근육질의 허리
- 조오자이(zuuzai) : 재갈
- 젤(zel) : 망아지를 매는 밧줄
- 젤레흐(zelleh) : 망아지를 맛줄에 매다
- 이흐 나스니 오랄다안(ih nasny uraldaan) : 말 경주
- 마그나이(magnai) : 말의 눈썹
- 모리 바아흐(mor' baah) : 말이 똥을 누다

↘ 오줌을 누고 있는 몽골의 말(馬)

- 모리 보스가흐(mor' busgah) : 말이 잘 놀라다
- 모리 오로올오흐(mor' orooloh) : 말이 도망가다, 달아나다

- 모리 소이흐(mor' soih) : 말을 조련시키다
- 모리 타비흐(mor' tavih) : 경주에서 말을 출발시키다
- 모리 탈라흐(mor' tarlah) : 경주를 위해서 말을 훈련시키다
- 모리 텔구울네(mor' telgüülne) : 말이 뒷걸음질하는
- 모리 홀스로흐(mor' hölslöh) : 말이 땀을 흘리다
- 님겐 수베에(nimgen süvee) : 가는 허리
- 노그트(nogt) : 고삐
- 노그트로흐(nogtloh) : 고삐를 매다
- 놈호르손 아도오(nomhorson aduu) : 갈 길들여진 말
- 놈흐루우라흐(nomhruulah) : 말을 길들이다
- 노호이 쇼그쇼오퇴 모리(nohoi shogshootoi mor') : 개 걸음으로 빨리 달리는 말
- 호만 홀태(human höltei) : 굽어진 다리를 가진
- 오롬(olom) : 안장끈
- 오로오 모리 호오흐(oroo mor' hööh) : 도망치는 말을 쫓아가다
- 오르오올(örööl) : 말의 측대보
- 오르오올도흐(örööldöh) : 측대보로 걷다
- 사갈드라가(sagaldraga) : 말의 목을 매는 가죽끈
- 소오톤 치흐테(sooton chihtei) : 귀를 세운
- 소드로그(södrög) : 말의 비절내종(飛節內腫)
- 슐즈멜 타쇼오르(süljmel tashuur) : 손잡이가 짧은 가죽으로 엮어 만든 말채찍
- 탈히그드산 모리(talhigdsan mor') : 지쳐 있는 말
- 타린 오랄다안(talyn uraldaan) : 장애물이 없는 평지 경주
- 타쇼오르(tashuur) : 매, 채찍
- 토로올/아도오니 잡사르 이흐테 하샤아(toruul/aduuny zavsar ihtei hashaa) : 말따위의 가죽우리
- 토로올드 호르고오흐(toruuld horgooh) : 말 따위의 가축을 우리에 가두어 넣다
- 톨고오르태 홀(tulguurtai höl) : 앞발을 버티고 멈추어 선

가축의 우리와 몽골의 말(馬)

- 토샤아(tushaa) : 말의 다리를 묶는 새끼나 족쇄
- 토쉬흐(tushih) : 말의 두 다리를 짧은 새끼로 묶다
- 테그쉬 알하아태 모르(tegsh alhaatai mor') : 규칙적으로 측대보로 걷는 말
- 텐젠 타쇼오르(tenzen tashuur) : 등나무로 만든 매, 채찍
- 테레그니이 모리(teregnii mor') : 짐수레를 끌기 위한 말
- 테레그니이 토노그(teregnii tonog) : 마차를 끌기 위한 마구(馬具)
- 옥소오르가(ugsuurga) : 고삐를 꿰는 고리
- 온갈다흐(ungaldah) : 말이 울다
- 우네겐 쇼그쇼오퇴 모리(ünegen shogshootoi mor') : 여우 걸음으로 빨리 달리는 말
- 오랄다즈 야바아 모리드(uraldaj yavaa mor'd) : 경주용 말
- 오르드 부우게그테 에메엘(urd büüregtei emeel) : 앞머리가 있는 안장
- 오르드 홀(urd höl) : 앞다리
- 오르드 홀 토쉬흐(urd höl tushih) : 앞다리를 짧게 묶어서 걷지 못하게 하다

몽골의 전통적인 주거공간인 텐트(*ger*) 안에 장식되어 있는 경주마 사진

- 오르드 홀 하브칙(urd höl havchig) : 앞다리가 가슴 부분에서 충분
  히 발달하지 못한
- 오르드 홀이인 바일랄(urd höliin bairlal) : 앞다리 배열
- 오오조오 수베에(uujuu süvee) : 늘어진 허리
- 오오르갈아흐(uurgalah) : 말을 잡는 긴 장대 올가미로 말을 잡다
- 오오르긴 모리(uurgyn mor') : 다른 말을 잡도록 훈련된 말
- 우우르세흐(üürseh) : 말이 '히힝' 소리내어 울다
- 오야아(보리아드, 사아하아드 세르게에(uyaa (buriad, saahaad sergee)) :
  말을 매어 두는 기둥
- 오얀 수베에(uyan süvee) : 유연한 허리
- 하브다르태 홀(havdartai höl) : 부어오른 다리
- 하브타스(havtas) : 안장의 측면판
- 하브칙 수베에(havchig süvee) : 꽉 죄어진 허리
- 하자아르(hazaar) : 말굴레
- 하자아르라흐(hazaarlah) : 말굴레를 씌우다
- 하자아르트 다스가흐(hazaart dasgah) : 야생마를 재갈이나 고삐로

길들이다

- 하자아린 톨고이(hazaaryn tolgoi) : 마구(馬具)의 굴레 장식
- 하즈닥 아도오(hazdag aduu) : 성질이 고약한 말
- 하마르(hamar) : 입마개
- 하티르츠 모리(hatirch mor') : 속보로 달리는 말
- 하토오 암태 모리(hatuu amtai mor') : 재갈을 물리기 어려운 말
- 하쉰 모리(hashin mor') : 속도가 느린 말
- 호이드 부우레그테 에메엘(hoid büüregtei emeel) : 안미(鞍尾), 뒤에 있는 위로 휜 안장
- 호이드 홀(hoid höl) : 뒤쪽 다리
- 호이드 홀 알츠가르(hoid höl altsgar) : 뒤쪽 다리가 구부러진
- 호이드 홀 초쉬흐(hoid höl tushih) : 뒤쪽 다리를 묶다
- 호이드 홀이인 바일랄(hoid höliin bairlal) : 뒤쪽 다리의 배열
- 홀스(höls) : 말의 땀
- 홀스니이 우네르(hölsnii üner) : 땀 냄새
- 호몰드로그(hömöldrög) : 안장의 가슴끈
- 혼곤 홀테 모리(höngön höltei mor') : 타기 쉬운 말
- 호오솔손 아이락(höösörsön airag) : 거품이 있는 마유주
- 호오스로흐(höösröh) : 거품이 일다
- 호톨고오 모리(hötölgöö mor') : 예비마
- 호다르가(hudarga) : 껑거리띠(말꼬리 밑을 지나서 안장에 매는 가죽끈)
- 홀가르 치테(hulgar chitei) : 귀를 짧게 자른
- 호르드 오나그츠/ 호르다그츠((hurd unagch / hurdagch) : 경마 기수
- 호르단 모리(hurdan mor') : 빨리 달리는 말
- 헤레흐(hereh) : 말따위를 밧줄로 묶다
- 찰암(tsalam) : 말을 잡기 위해 던지는 올가미
- 찰암다흐(tsalamdah) : 말을 올가미로 잡다
- 차하르산 홀스(tsaharsan höls) : 거품 같은 땀
- 초기오퇴 모리(tsogiotoi mor') : 질주하는 말

- 초로브도흐(tsorovdoh) : 자갈을 단단히 죄다
- 촐보오르(tsulbuur) : 고삐끈
- 처덜(chödör) : 말의 다리를 채우는 가죽고리, 제주도 방언으로 '지달'이라고 함
- 처덜러흐(chödörlöh) : 말의 다리를 지달로 채우다
- 샤아즈가이 하티르츠 모리(shaazgai hatirch mor') : 두발로 '껑충껑충' 뛰는 말
- 쉴(shil) : 마구(馬具)의 굴레
- 쉬네 사암(shine saam) : 신선한 말젖
- 쇼그쇼오퇴 모리(shogshootoi mor') : 느릿한 걸음거리의 말
- 숀(shon) : 말을 묶어 두는 기둥
- 슈드렝기인 오랄다안(shüdlengiin uraldaan) : 세 살짜리 말 경주
- 슈즈가(shuzga) : 말을 묶어 두는 두 기둥 사이에 연결된 밧줄

↘ 말(馬)을 두 기둥 사이에 연결된 밧줄에 묶어두기도 한다.

- 에메엘(emeel) : 말안장
- 에메엘 아바흐(emeel avah) : 안장을 벗기다

- 에메엘 슈우흐(emeel shuuh) : 안장을 걷어올리다
- 에메엘이인 아그트(emeeliin agt) : 안장의 움푹 파인 곳
- 에메엘레흐(emeelleh) : 안장을 얹다

- 에르베에크즈(훈드태 후니이 훈델센 볼온 후우헤에기인 오호오르
  드손 에메엘)(erveekj (hündtei hünii hündelsen bolon hüüheegiin
  öhöördsön emeel)) : 존경스러운 사람의 안장 혹은 아이들의 귀엽게
  꾸민 안장
- 얄담한 모리(yaldamhan mor') : 유순한 말
- 얀기아, 얀기르착(yangia, yangirtsag) : 안장 꾸러미
- 얀츠가아흐(yantsgaah) : 말이 울다

이상의 내용을 보면 몽골에서 말(馬)과 관련된 어휘가 상당히 많은 것을 알 수 있다. 특히 말(馬)의 나이, 거세여부, 성(性)을 비롯해서 가축의 건강상태, 질병 여부, 다양한 걸음걸이, 신체적 특징, 상처는 물론이고 말(馬)과 관련된 마구(馬具)와 음식까지도 잘 나타나 있는 것이 특징이다.

4. 몽골 유목문화의 미래

유목문화의 핵심은 끊임없이 이동하는 이동성에 있다. 몽골의 경우 말(馬)을 중심으로 양, 염소, 소 낙타 등의 가축이 중요한 역할을 한다. 즉 자급자족의 생업환경 속에서 이러한 가축들은 유목민들에게 의식주를 해결해 주며, 물물교환을 통하여 생활필수품을 얻을 수 있으며 또한 잉여의 재화(財貨)를 제공해 주기도 한다.

한편 유목은 한 곳에 머무르지 않기 때문에 주변의 자연환경이 순환적인 구조 속에서 다시 재생되고 복원될 수 있는 시간을 얻을 수 있는 친환경적인 생업활동이다. 교통이 발달하고 생산과 소비가 활성화 되고 있는 오늘날에 있어서 유목이 가지는 다소 "느림"의 철학은 현대인들에게 신선한 메시지를 전달해 준다. 자연과 가까이 있으면서 일시적인 이익에만 눈이 멀어서 자연에 대한 고마움보다는 자연을 착취하고 결국 자연을 황폐화시키는 자본주의적인 발상에 비하여 자신보다는 자연에 더 중요한 가치를 두면서 결코 자연을 독점적으로 소유하기보다는 일시적으로 자연을 모든 생명체가 조금씩 공유하는 공간이라는 사고를 지닌 유목민들의 생활방식은 큰 차이가 있기 마련이다. 어떻게 보면 유목문화와 현대의 도시문화는 큰 괴리감이 있어 보이지만 21세기 들어오면서 현대의 도시문화 속에서도 유목문화의 특성이 발견되기도 한다. 예를 들어서,

미니텔, 비행기, 인터넷, 다양한 전자 네트워크, 텔레비전, 정보의 고속도로 등은 모두 빈부 격차에 관계없이 현실 속에서 공동체적 삶을 통해 실존적 모험 자체라고 할 수 있는 문화적, 과학적, 성적, 종교적

경험을 하게 된다. '가상공간'의 잠재성은 고갈과는 거리가 멀며, 이미 언제나 이동성, 순환 등과 연계되어 있고, 또한 정신, 꿈, 환상의 잠재성까지도 결과로서 나타나게 하는 문화적 풍성함으로 발현되고 있다 (마페졸리, 2007 : 35).

몽골초원의 유목민들이 가지고 있는 주변의 자연환경에 대한 사고와 인적 네트워크는 오늘날 컴퓨터의 월드와이드웹(www 즉 world wide web)에 못지않게 촘촘하게 잘 짜여져 있다. 마치 컴퓨터의 하드 디스크와 비슷하게 언제든지 필요한 정보를 이러한 인적 네트워크를 통해서 얻을 수 있으며, 필요한 도움도 받을 수 있다. 또한 비록 구전되는 전통지식이긴 하지만 오랜 시간동안 축적된 민간지식을 통하여 유목문화를 더욱더 윤택하게 만들어가고 있다. 마치 가축과 관련해서는 백과사전과 같은 엄청나고 방대한 지식이 유목민들의 생활문화 속에 그대로 녹아 있는 경우가 많다.

유목민들이 꿈꾸는 세상은 인간과 자연이 하나가 되는 조화로운 세상이다. 결코 자원이 고갈되거나 자연이 황폐화되고 오염되지 않는 인간과 자연이 서로 상생하는 세상인 것이다. 자연에서 나서 자연으로 돌아간다는 "무위자연"이라는 도가의 사상과 비슷해 보이는 몽골의 유목문화는 현대의 도시공간 속에서도 새로운 모습으로 제 기능을 담당하고 있다. 흔히 "도시 유목민"으로 지칭되는 현대인들은 이동이 간편한 모바일(mobile) 환경에 익숙하며, 한 곳에 오래 머무르기 보다는 쉬지 않고 새로운 정보와 자원을 찾아서 옮겨다니기도 한다. 이러한 도시유목민들에 의하여 몽골의 유목문화 속에 들어 있는 다양한 유목문화의 일부가 21세기 도시 공간 속에서도 여전히 나타나기도 한다. 유목이라는 오래된 생활방식이 현재 그리고 미래에도 가치를 가질 수 있다는 것은 이러한 도시문화를 통해서 알 수 있다. 몽골의 대초원을 경영했던 유목민들의 지혜는 컴퓨터와 인터넷의 등장으로 이제는 전 세계를 이어주는 미래의 유목형 산업으로 이어지고 있다. 세계의 모든 정보를 손가락으로 한번 클릭 하면 가상의 공간 속에서 하나로 이어주는 모바일 세상의 근간에는 이동성과 간편성에 기초를 두고 있는 유목문화가 자리 잡고 있음을 부인할 수 없다.

↘ 몽골의 유목민은 새로운 모바일(mobile) 환경에 쉽게 적응하기도 한다. 몽골의 시골에서 볼 수 있는 광경으로 CD디스크를 텐트(ger)의 천장에 매달아 두어서 이동전화(핸드폰)의 수신을 용이하게 하기도 한다.

✉ 『민속소식』 98호, 국립민속박물관, 2003(몽골친족 부분)

몽골의 유목문화와 민속연구 20년

1. 민속학으로 유목문화 보기

한국과 몽골이 수교한 1990년 이후부터 지금까지 20여 년 동안 양국 사이에서는 정치와 외교적인 협력에 못지않게 문화교류도 하루가 다르게 확대되어 왔다. 물론 한·몽 수교 이전에도 몽골의 민속에 대한 국내의 관심[1]도 조금씩 진행되었던 것도 사실이다. 그러나 한·몽 수교 이후에 봇물이 터지듯이 진행되어 온 몽골의 민속문화에 대한 관심과 연구가 단연 돋보인다고 하겠다. 이 글에서는 한·몽 수교 이후 지금까지 다양한 영역에서 진행된 대략적인 국내의 몽골민속 연구 20년을 살펴보고자 한다. 특히 한·몽 수교 이후 지난 20년 동안 한국에서 축적된 몽골 민속연구의 발자취를 한국에서 발간되는 학술지에 게재된 논문과 학위논문, 단행본을 중심으로 살펴보고자 한다. 특히 한·

---

1) 손진태(1947), 이필영(1979), 주채혁(1984) 참조.

> 1921년 사회주의와 함께 개장한 울란바타르 백화점의 2010년 모습

> 2010년 몽골 울란바타르 전경

 제 1 장 몽골, 유목문화 그리고 민속학

몽 수교 이후부터 가시화되고 있는 몽골학자에 의한 국내 대학의 학위 논문의 경우도 몽골민속의 영역에 속하는 것은 한국의 몽골 민속연구 20년에 포함시켜서 함께 다루고자 한다.

➥ 몽골의 수도 울란바타르 중심에 있는 서울정

민속학은 현재의 학문으로 과거와의 연계성을 가지고 오늘날 전승되고 있는 대다수 민중들의 일상적인 생활문화를 연구하는 학문으로 흔히 정의할 수 있다. 따라서 민속학의 영역은 일상적인 생활문화 전반을 모두 포함한다고 할 수 있다. 몽골 민속의 영역을 어디까지 한정할 것인가에 대한 논의가 필요하겠지만 한국민속과의 연계성을 규명하는 데 필요한 몽골의 생활문화 전반에 걸친 연구는 모두 민속학의 영역 속에 넣어서 분석하였다. 한편 그동안 발표되었던 몽골의 생활문화

관련 연구결과를 민속학의 틀 속에 모두 넣어서 다루게 되면 그 범위가 상당히 넓어질 수도 있지만 이 글에서는 이 중에서도 민속학에서 일반적으로 받아들여지는 주요한 연구영역을 중심으로 한·몽 수교 이후 지금까지 진행되어온 몽골 민속에 대한 연구성과를 집중적으로 천착해 보고자 한다.

2. 한국의 몽골 민속연구 20년의 주요한 연구영역과 주제

한·몽 수교 이후부터 이제까지 국내에서 진행된 몽골의 민속연구는 넓은 범위에서는 몽골의 문화와 전통적인 유목사회에 대한 연구이며, 좁은 범위로 보면 몽골의 독창적인 전통과 민속에 대한 연구이다. 이러한 연구영역 속에는 몽골의 토착적인 자연신앙과 샤머니즘에서부터 라마불교에 이르기까지 몽골사회의 민간신앙과 민속종교의 영역뿐만 아니라 유목사회의 근간이 되는 공동체와 가축 그리고 세시 및 축제가 포함된 일상적인 유목문화가 모두 들어있다. 특히 민속은 민중들의 일상적인 생활문화이기 때문에 몽골의 전통문화와 유목사회에 대한 다각적인 연구가 몽골의 민속연구로 포함될 수 있는 것이다.

좀 더 구체적으로 한·몽 수교 이후부터 지금까지 진행되어 온 한국 학계에서의 몽골 민속연구를 뒤돌아보면 양적으로나 질적으로 많은 변화를 가져온 것이 사실이다. 특히 최근에는 민속학이 가지는 고유의 학문적 특징인 현지조사(fieldwork)에 기초를 둔 연구성과가 두드러진다고 하겠다. 사실 한·몽 수교가 성립되기 전까지만 해도 몽골에 대한 정보가 절대적으로 부족한 것은 물론이고 이러한 국내외적인 분위기

속에서 몽골 현지에서 현지조사를 수행한다는 것은 거의 불가능하였다. 더욱이 당시에는 몽골에서의 현지조사를 효과적으로 수행하고 몽골 현지의 문헌자료를 수집하고 분석할 수 있는 몽골어에 대한 어학적인 능력을 겸비한 민속연구가를 기대할 수 없을 정도로 국내의 여건이 완전히 무르익지 못했던 것도 사실이었다.

이러한 이유로 인하여 비록 한·몽 수교는 이루어졌지만 1990년대 초반까지만 해도 몽골현지에서 현지조사를 수행할 수 있는 여건이 충분하지 못하다보니 몽골민속에 대한 본격적인 연구를 진행할 수 없었던 것 같다. 그러나 한·몽 수교 이후부터 꾸준하게 지속되어 온 문화교류의 성과에 힘입어 몽골의 민속문화에 대한 관심이 점진적으로 고조되어 왔다. 따라서 오늘날에는 몽골 현지에서의 현지조사가 활성화되면서 몽골 민속에 대한 체계적이고도 꼼꼼한 연구가 가능하게 된 것도 사실이다.

이러한 그동안의 연구 성과를 살펴보기 위하여 먼저 국내 전문학술지에 게재된 논문과 국내 대학교의 학위논문을 중심으로 몽골 민속에 대한 연구영역이나 주제를 살펴본 다음 이어서 국내에서 그동안 출판된 단행본을 통하여 몽골민속에 대한 연구 성과를 분석해 보고자 한다. 먼저 몽골의 민속연구와 관련해서 학술지에 게재된 학술논문을 보면 『몽골학』과 『비교민속학』을 중심으로 『알타이학보』, 『중앙아시아연구』, 『동아시아고대학』, 『한국민속학』, 『구비문학연구』, 『민속학연구』, 『한국문화인류학』, 『역사민속학』, 『한국무속학』, 『국제아세아민속학』, 『중앙민속학』, 『강원민속학』 등 다양한 학술지에 논문이 게재된 것을 알 수 있다. 부분적이지만 일부 연구는 한 가지 연구영역에만 포함되지 않고 몇 가지 연구영역을 동시에 포함하고 있는 것도 있지만 이러한 경우는 중복을 피하기 위하여 한 가지 연구영역에만 포함시켜서 분석하고자 한다. 국내 전문 학술지에 게재된 몽골 민속 관련 논문을 연구영역과 주제별로 분류해서 구체적으로 기술해 보면 아래와 같다.

첫 번째로는 민속문학(구비문학) 분야가 무엇보다도 두드러진다. 이러한 국내의 연구로는 노로브냠(1999, 2006), 박원길(2002), 박종성(2000, 2004), 박환영(2007b, 2009b), 신종한(1997, 2000), 양민종(2007), 이선아(2004), 이일섭(2009), 임형모(2007), 장두식(2003, 2004, 2006), 장장식(2001, 2007), 조현설(1998), 최형원(1997, 2003) 등이 여기에 속한다. 이러한 연구는 몽골의 창세신화 영웅서사시를 비롯하여 한국과 몽골 설화를 비교민속학적인 측면에서 분석하는 연구에서 몽골의 설화를 집중적으로 분석하는 연구에 이르기까지 다양한 편이다. 이러한 연구는 압운 형식의 영웅서사시와 산문 형식의 민담 그리고 잠언시를 구분해서 다루고 있기도 하며,[2] 몽골의 벤스설화와 한국의 판소리를 비교해서 고찰[3]하고 있기도 하다. 한편 한국과 몽골에서 공통적으로 전승되고 있는 한국의 <나무꾼과 선녀> 설화와 유사한 몽골의 <호리투메드 메르겡> 설화를 비교연구한 성과[4]를 바탕으로 한·몽 설화의 비교민속학적인 연구를 진행한다면 앞으로 더욱더 많은 성과를 기대해도 큰 문제는 없을 것 같다.

두 번째는 민속언어 분야에 대한 연구이다. 이러한 분야의 연구로는

---

2) 최형원(1997).
3) 신종한(1997).
4) 장장식(2001), 박환영(2009b).

김기선(2001a, 2006), 박원길(2003b), 박환영(2000b, 2002a, 2002b, 2005a, 2005b), 유원수(1996), 이안나(2007), 장장식(2000, 2010) 등을 들 수 있다. 민간속신어 중에서 몽골의 금기어에 대한 연구와 몽골 인명(人名), 속담과 수수께끼 그리고 친족용어에 대한 민속학적인 연구가 진행된 셈이며, 질병이나 동물과 식물과 관련된 일상적인 생활문화 속의 어휘를 민속학적으로 접근한 연구도 있다. 특히 몽골의 금기어에 대한 연구는 한국의 금기어와 비교연구[5] 하면서 두 문화가 가지고 있는 공통적인 요소와 특수한 요소를 함께 다루고 있어서 비교민속학적인 측면에서 좀 더 많은 성과가 기대되는 연구분야이기도 하다.

세 번째로는 민속사회(특히 가족과 친족)에 대한 연구이다. 주로 몽골의 유목사회에서 보여지는 몽골의 가족과 민속에 관한 민속학적 접근이 여기에 속한다고 볼 수 있는데 박환영(1999, 2000a, 2001, 2004, 2005d, 2006b, 2010), 유원수(1996), 차은정(2005)의 연구가 대표적이다. 특히 가족과 친족관계, 가족과 친족과 관련된 속담과 수수께끼, 친족 네트워크, 친족용어, 여성에 관한 문제에 이르기 까지 폭넓게 다루고 있다. 한편 조선시대의 대표적인 몽학삼서(蒙學三書)[6]의 하나인『몽어유해』에 나타나는 몽골의 친족어휘를 민속학적으로 분석하고 있는 연구[7]도 주목할 만하다.

네 번째로는 민간신앙에 대한 연구이다. 여기에 속하는 연구로는 난딩째째그(2001), 다그미트마(2004), 바야르마(2005), 박소현(2006), 박원길

---

5) 장장식(2000), 김기선(2006).
6) 조선시대의 몽학삼서(蒙學三書)란 흔히『몽어유해(蒙語類解)』,『몽어노걸대(蒙語老乞大)』,『첩해몽어(捷解蒙語)』로 알려져 있다.
7) 박환영(2004).

(1998b), 박환영(2002d, 2009a), 백승정(2006), 이필영(2001), 장장식(2002c, 2002d, 2003a), 홍태한(2008) 등을 들 수 있다. 이러한 연구는 주로 몽골의 샤머니즘에 대한 연구이며 일부는 오보와 오보제(祭), 어머니 나무 및 어머니 바위와 관련한 신앙 그리고 라마불교에 대한 연구도 몇 편 있기도 하다. 특히 샤머니즘의 경우 북방계통의 샤머니즘에 대한 집중적인 연구의 하나로 많이 다루어진 편이며 또한 한국의 무속신앙과의 비교연구도 활발하게 진행되고 있음을 알 수 있다.

다섯 번째는 의식주 문화와 관련된 연구이다. 먼저 몽골의 복식문화와 관련한 연구로는 권순정(2001), 김문숙(2004, 2005), 김문영·김혜영·조우현(2004), 김문영·조우현·김기선(2003), 서혜경·이효지·윤덕인(2000), 소황옥(2002), 윤양노(2006), 조선희(2006), 최수빈·조우현(2000), 최해율(2001), 홍정민(2002)이 있으며, 몽골 음식에 대한 연구로는 김천호(1996, 1999, 2003)가 대표적이다. 이중에서도 두드러지는 연구는 몽골의 복식에 대한 연구인데 나담축제의 복식연구[8]와 한·몽 복식과 신(靴)의 비교연구[9]가 주축을 이루고 있다. 한편 몽골음식에 대한 연구는 문헌자료와 현지조사 자료를 중심으로 한국과 몽골의 음식문화를 통시적으로 살펴보면서 양국에서 찾을 수 있는 육식문화에 대하여 심도 있게 논의하고 있다.[10] 또한 몽골의 주거민속과 관련해서는 박환영(2007)의 연구가 있다. 덧붙여서 몽골의 복식과 음식문화에 대한 연구는 한국과의 비교연구도 함께 다루고 있어서 향후 비교민속학적인 연구에 좋은 기초자료를 제공해 주고 있다.

---

8) 권순정(2001), 홍정민(2002).
9) 소황옥(2002), 조선희(2006).
10) 김천호(1996).

요구르트를 말린 아롤(aaruul)

우유를 끓여서 나오는 크림을 모아서 만든 우룸(öröm)

유제품을 응고시켜서 만든 에즈기(eezgii)

↘ 할하 몽골 여성의 전통 복식

여섯 번째로는 동물민속에 대한 연구이다. 유목문화로 대표되는 몽골의 민속문화 속에 방목할 수 있는 다섯 가지 대표적인 가축(말, 양, 소, 염소, 낙타)와 사냥용 매에 대한 풍부한 민속문화 중에서 말, 낙타, 소 그리고 매에 대한 연구가 이루어졌는데 여기에는 김기선(2004, 2010), 박환영(2006c, 2009a, 2009d, 2009e), 오토곤체쩩(2005), 윤은숙(2004), 이안나(2009), 정형호(1999)의 연구가 속하는데 말(馬)에 대한 연구가 주축을 이루고 있다. 몽골의 유목문화 중에서 몽골 초원을 장식하는 양과 염소에 대한 본격적인 연구가 앞으로 이루어진다면 몽골 유목문화를 대표하는 대표적인 오축(五畜)에 대한 종합적인 연구를 진행할 수 있을 것 같다.

일곱 번째는 세시풍속과 축제 그리고 민속놀이에 대한 연구이다. 여기에는 김기선(2001b), 김기설(1998), 김선풍(1998), 김의숙(1998), 김이숙(1998), 박원길(2000, 2001a, 2001b), 박환영(2003, 2007b, 2008a), 심효윤(2010a, 2010b), 윤희숙(2007), 이승수(2000), 장장식(2002e, 2009) 등의 연구가 속한다. 축제에 대한 연구는 주로 몽골의 대표적인 유목축제이면서 여름축제인 나담축제와 관련된 내용이며, 세시풍속에 대한 연구는 『몽골비사』와 같은 역사문헌자료와 일상적인 생활문화 속에서 조사하고 분석하여 몽골 유목민 특유의 시간에 대한 민속을 제시해 주고 있다.

↘ 몽골의 나담축제

여덟 번째는 일생의례(一生儀禮)에 대한 연구이다. 여기에는 김기선(2002), 박환영(2009c), 이평래(2003, 2010), 장장식(2003b) 등의 연구가 포함된다. 몽골의 출생의례, 혼례, 상장례를 모두 다루고 있는데 성인식과 관련한 관례와 조상숭배와 관련한 제례는 본격적으로 다루어지고 있지 않아서 몽골인의 일생의례를 총체적으로 볼 수 없는 것이 아쉽다. 앞으로 몽골인의 성인식과 제례에 대한 연구가 진행된다면 좀 더 활발한 연구성과를 기대할 수 있을 것 같다.

아홉 번째는 민속예술 분야인데 여기에는 권오성(1998), 김경나(2009), 박소현(2002, 2005, 2009, 2010), 백승정·박원길(2010), 임동권·정형호(1997), 정병호(1998)의 연구가 대표적이다. 특히 몽골의 민속음악에 대한 연구 중에서 몽골의 민속악기인 야탁과 한국의 가야금과의 연관성을 집중적으로 조명한 연구와 북한 가야금이 몽골 야탁을 복원하는 데 기여한 연구라든지 몽골의 세습적인 서사무가를 연행하는 토올치(*tuul'ch*)와 한국 세습무와의 연구가 돋보인다고 하겠다. 한편 몽골의 전통문양인 연속문양(*alhan hee*)과 길상문양(*ölzii hee*)을 한국의 전통문양과 비교한 연구, 몽골의 마상무예에 관한 연구 그리고 몽골의 라마불교 의식이면서 가면춤인 후레 참(*h üree tsam*)에 관한 연구도 주목할 만하다.

열 번째로 몽골의 민속 연구와 관련해서 주요한 연구주제로는 묶을 수가 없지만 여러 연구영역이 나름대로의 가치를 가지고 독립적으로 다루어진 경우도 많다. 즉 이제까지 기술하였던 몽골민속 연구와 관련한 아홉 가지의 주요한 연구영역에 속하지 않는 여러 가지 종류의 연구영역을 한데 모아서 살펴볼 필요성이 있는 것이다. 이러한 연구영역의 대표적인 연구로는 박환영(2002e, 2006a), 우실하(2008, 2009), 이필영(1999), 임동권(1998), 주채혁(1993) 등을 들 수 있다. 특히 임동권(1998)과 이필영(1999)은 한국과 몽골의 민속문화를 비교민속학적인 입장에서 어떻게 접근할 것인지에 대하여 폭 넓은 제안과 향후 가능성을 모색하고 있다.

위에서 정리하여 기술한 바와 같이 몽골 민속 관련 국내 학술지 게재 논문을 분석해 보면 크게는 아홉 가지의 대표적인 연구영역을 중심으로 몽골의 민속연구가 이루어졌으며, 그 외에도 다양한 연구영역에서도 조금씩 연구가 진행된 것을 발견할 수 있다. 민속학을 아우르는 많은 분야에서 몽골의 민속연구가 이루어졌음을 알 수 있다.

다음으로 살펴볼 수 있는 것은 학술지 외에도 몽골의 민속연구에 많은 성과를 내고 있는 단행본으로 출간된 몽골 민속에 대한 연구 성과를 들 수 있다. 학술지에 게재된 연구논문과 비교해서 단행본으로 출간된 몽골 민속에 대한 대표적인 연구로는 경기도박물관(편)(1999), 고려대 민족문화연구원 민속학연구소(편)(2001), 권오성(외 공저)(1992), 김광언(외 공저)(1993), 김기선(2008), 김선풍(외 공저)(1998), 김열규(외 공저)(2000), 박원길(1998a, 1999, 2001c), 박환영(2005c, 2008b), 신현덕(1999), 유원수(2009), 이안나(2001, 2005), 이정희(2000), 장장식(2002a, 2005), 최서면(1990) 등을 들 수 있다.

몽골민속과 관련해서 국내의 학술지에서 다루어진 연구영역은 민속학의 어느 한 영역과 측면에서 접근한 것이라면 단행본으로 다루어진 몽골 민속에 대한 연구는 민속학의 여러 분야를 총체적으로 다루는 것에서부터 어느 특정한 주제를 가지고 다양한 입장에서 접근하고 있는 연구에 이르기까지 다양한 성과를 보여준다. 특히 몽골 현지의 문헌자료와 현지조사의 자료를 심도있게 분석한 연구결과물[11]은 몽골 민속에 대한 국내연구의 높은 수준을 가늠하게 해준다.

3. 한국의 몽골 민속연구 20년의 성과와 향후 과제

한·몽 수교 이후 지금까지 진행되어 온 몽골 민속연구를 종합해 보면 초창기의 문헌자료 중심의 연구에서 현지조사에 기초를 둔 현재학으로서의 민속학적 가치를 지닌 연구로 연구방향이 바뀌고 있음을 알수 있다. 특히 1990년대 중반부터는 국내 학자들이 몽골 현지에서 현지조사를 진행하게 되면서 몽골 민속연구도 활성화되기 시작한다. 좀더 구체적으로 지난 20년 동안 몽골 민속에 대한 국내의 연구를 종합적으로 분석해 보면 다음과 같은 특징을 가진다고 말할 수 있다.

첫째로 초창기에는 한국의 민속문화를 중심으로 몽골의 민속문화와 대응되는 것을 찾고 대응시켜서 살펴보는 연구가 진행되었다. 이러한 연구는 이미 축적된 한국의 민속문화의 연구영역과 범위를 아시아지역으로까지 확대하려는 시도와 결부되어서 진행되었다. 다만 몽골 현지에 대한 체계적인 현지조사를 하지 못하고 주로 이차적인 문헌자료(일차적인 현지의 문헌자료와 비교해서)에 의존하는 연구이다 보니 자연스럽게 현장의 살아 움직이는 현지자료에 대한 분석과 연구는 미비했던 것이다. 한편 이러한 연구와 더불어서 1990년 중반 이후부터는 몽골 현지에서 조금씩 현지조사를 실시하고 또한 현지의 일차 자료를 분석하는 연구성과가 조금씩 나타나기 시작한다. 이러한 연구는 주로 몽골의 민속문화를 이해하기 위하여 한국의 민속문화와 비교연구를 진행하기 이전의 지역연구로 몽골의 민속문화에 대한 집중적인 관심이며 본격적

---

11) 박원길(1999, 2001c), 박환영(2005c, 2008b), 이안나(2001, 2005), 장장식(2002a, 2005) 등 참조.

인 연구라고 볼 수 있다.

둘째로 1990년대 말과 2000년대에 들어서면서 그동안 조금씩 모여진 몽골의 민속문화에 대한 연구결과와 문헌자료(1차자료와 2차자료)를 중심으로 한국의 민속문화와 몽골의 민속문화를 함께 비교연구하는 연구성과가 나오기 시작한다. 이러한 연구성과는 1990년대 초에 진행되었던 한·몽 민속문화의 비교연구와 비교해서 좀 더 체계적이고 총체적인 연구로 볼 수 있다. 다시 말해서 한국과 몽골의 민속문화를 제대로 비교하기 위하여 필요한 양국의 민속에 관한 어느 정도 필요한 연구가 축적된 결과 깊이 있는 비교연구가 진행되고 있는 셈이다. 그럼에도 불구하고 앞으로 한국과 몽골의 전통문화를 대상으로 체계적인 비교민속학적 연구를 진행하기 위해서는 한국이든 몽골이든 어느 한쪽의 민속문화에 치우치지 않는, 양쪽이 균등한 입장에서 두 문화를 접근하는 연구방법이 필요하다. 즉 이미 도출된 한쪽의 연구 성과나 연구결과물을 가지고 다른 한쪽의 부분적인 민속문화만을 맞추어가는 연구방법보다는 좀 더 총체적인 시각에서 한국과 몽골의 민속문화가 가지는 공통점과 차이점을 함께 다루어보아야 하는 것이다.

셋째로 몽골의 민속에 대한 다각적인 영역에서 논의가 진행되었지만 몽골의 유목문화를 반영해주고 있는 다양한 영역에 대한 민속학적인 접근이 요구된다. 예를 들어서 생업민속이라든지 민구(民具)를 중심으로 하는 물질민속에 대한 접근을 통하여 몽골 유목민들의 일상적인 생활문화를 제대로 파악하고 이해할 수 있어야 한다. 또한 나담축제에서 행하여지는 남자들의 세 가지 경기인 말달리기, 씨름, 활쏘기 외에도 민간에 전승되고 있는 다양한 기능과 유형을 지니고 있는 전통적인

소똥(argal)을 담는 민구(民具)인 아락(arag)이라는 소똥 바구니

민속놀이12)와 말(馬)을 제외한 다른 가축과 동물에 대한 민속문화에 대한 민속학적 관심이 필요하다. 한편 통과의례(通過儀禮)와 관련해서 성인식에 해당하는 관례와 조상숭배와 관련 있는 제례에 대한 연구가 앞으로 좀 더 본격적으로 진행되어야만 태어나서 죽을 때까지 중요한 인생의 고비마다 행하여지는 몽골인들의 일생의례(一生儀禮)를 총체적으로 이해할 수 있을 것 같다.

넷째로 현재 진행되고 있는 몽골의 민속에 대한 연구는 좀 더 본격적으로 몽골의 민속을 심도있게 접근하고 있으며 이러한 연구성과를

---

12) 몽골의 전통적인 판놀이와 고누놀이에 대한 민속학적인 연구는 이미 진행된 바 있다. 좀 더 자세한 내용은 장장식(2002e, 2009) 참조.

지속시킬 수 있는 학문적인 토대도 단단하게 다지고 있다고 해도 과언이 아니다. 특히 몽골학을 체계적으로 연구하는 몽골학과가 1993년 단국대에 설치된 데 이어서 2009년에는 한국외국어대에도 개설되어서 앞으로 많은 기대를 할 수 있을 것 같다. 특히 젊은 몽골학도를 체계적으로 양성하게 되면서 몽골어와 몽골역사, 몽골 문화와 민속, 몽골 사회와 정치 등 다양한 분야에서 많은 기여를 할 것으로 기대된다.

여기에 덧붙여서 대학교의 연구소 차원에서 몽골의 민속문화를 접근한 경우도 눈에 띈다. 우선 무엇보다도 단국대학교의 몽골연구소와 북방문화연구소가 몽골을 비롯한 주변지역의 민속문화를 연구하는 데 중심적인 역할을 수행하고 있다. 최근에는 서울대학교에 알타이학연구소와 충북대학교의 러시아·알타이지역연구소에서도 몽골의 민속문화에 관심을 가지고 연구를 담당하고 있다. 한편 중앙대학교 한국민속학연구소(현재는 한국문화유산연구소로 개칭), 고려대학교 민족문화연구원 산하의 민속학연구소, 전북대학교 인문학연구소에서 향후 진행할 몽골 민속문화에 대한 연구소의 활동도 기대된다.

지금 진행되고 있거나 앞으로 진행될 몽골 민속에 대한 연구는 넓은 안목에서 체계적으로 접근이 더욱더 필요하며, 또한 현재의 몽골지역뿐만 아니라 그 주변지역에 대한 연구가 필수불가결하다. 다시 말해서 몽골 유목민들의 삶과 일상적인 생활문화를 형성한 역사적인 배경이나 당시의 상황에 대한 사회, 정치, 경제, 역사, 교류, 환경, 이주 등 다양한 영역에서 민속과의 상관관계를 찾을 수 있어야 하는 것이다. 이러한 관점에서 몽골 민속 연구와 관련해서 몽골과 그 주변지역을 연구하거나 민속문화 전반을 연구하는 국내 대학교의 부설 연구소에서 더욱

더 많은 기여를 할 것으로 기대된다.

한편 몽골에 잔존하는 다양한 민족의 전통과 문화에 대한 접근도 필요하다. 즉 몽골의 서쪽 지역에서 전승되고 있는 민속과 동쪽 지역에서 이어져 내려오는 민속은 조금씩 차이를 보이기도 한다. 또한 몽골 내에서도 부리야트 몽골의 전통과 작탄 몽골 그리고 함리간 등 다양한 몽골민족의 전통도 함께 할하 몽골의 전통과 함께 연구하는 것도 필요한 것 같다. 또한 이제까지 연구의 대상이 되었던 할하 몽골이 대부분을 차지하는 몽골에 국한된 민속연구에서 몽골 주변의 몽골문화권에 대한 폭넓은 연구도 기대된다. 다시 말해서 중국의 내몽골 지역과 러시아의 부리야트(Buryat), 투바(Tuva), 알타이(Altai) 그리고 칼묵(Kalmykia) 지역 까지도 확대해서 연구를 진행한다면 몽골민속에 대한 심도있는 연구를 진행할 수 있을 것 같다.

4. 몽골 유목문화의 비교민속학적 가치

한국에서 몽골 민속 연구는 다른 분야에 비하여 짧은 시간 속에서도 비약적인 발전을 이루어 왔다고 해도 과언이 아니다. 다른 아시아 지역의 민속문화와 비교해서 몽골의 민속문화는 한국의 민속문화와 많은 친연성을 가지고 있는 것도 사실이다. 다만 1920년대부터 몽골이 사회주의 체제로 전환된 이후 러시아의 영향을 강하게 받아왔고 1990년에 한국과 수교하기 전까지는 한국과는 상당한 거리를 가지고 있는 세계에서 두 번째로 오래된 사회주의 국가였던 것이다. 따라서 한국과 몽골의 수교를 계기로 몽골 사회가 비로소 한국 사회에 제대로 다가올 수 있었던 것이다. 아마도 한국에서 지난 20년 동안 진행되어온 몽골 민속연구도 이러한 정치 및 경제적인 몽골의 사회변화와 맞물려서 진행되어 온 부분도 많다.

다시 말해서 한국과 몽골의 수교 초인 1990년대 초반과 중반까지는 몽골의 민속에 대한 국내 학계에서의 연구가 다소 미비했음을 알 수 있다. 그러나 이러한 경향은 1990년대 후반과 2000년대 초반으로 오면서 점차로 몽골 민속연구가 활발하게 진행되기 시작하는 것과 좋은 대조를 이룬다고 할 수 있다. 민속학이 가지고 있는 현재의 학으로서 그리고 현장의 학으로서 비로소 가치를 발휘할 수 있었던 것도 몽골 현지에서의 민속조사가 1990년대 후반부터 본격적으로 진행될 수 있었기 때문이다.

비교민속학적인 측면에서 몽골의 민속연구의 영역과 과제는 무궁무진하다. 이제까지 진행되었던 다양한 연구영역은 물론이고 새로운 연구영역에서도 민속학도의 연구를 기다리고 있다. 누구나 여건만 갖추면 자유롭게 몽골을 방문할 수 있으며 우리 주변에서도 몽골인들을 쉽게 만날 수 있게 되었다. 몽골어를 비롯한 몽골 역사와 문화를 폭넓게 배울 수도 있으며 몽골의 대중문화도 또한 손쉽게 접할 수 있는 세상이 되었다. 따라서 향후 한국에서 몽골 민속연구는 좀 더 활성화되고 체계화될 것이 분명하다. 철저한 몽골 문헌자료의 검색과 더불어서 심도있는 몽골 현지에서의 민속조사를 통하여 한층 더 세련된 몽골 민속연구에 대한 국내 민속학계의 연구성과를 기대할 수 있을 것 같다.

✉ 『몽골학』 29호, 한국몽골학회, 2010

설화와 동물상징을 통한 유목문화 보기

〈호리투메드 메르겡〉 설화로 유목문화 이해하기

1. 왜 〈호리투메드 메르겡〉 설화인가?

설화는 구비전승되는 민속문학으로 민중들의 생활문화를 압축해서 보여주는 문화유산 중의 하나이다. 누구에 의해서 어떻게 만들어졌는지는 알 수는 없지만 오랜 시간 동안 다양한 사람들에 의하여 전승력을 가지고 면면히 이어져 오면서 구연되는 사회의 문화와 민속을 반영하고 있는 경우가 많다. 또한 설화는 어느 한 문화권을 벗어나서 인근 지역은 물론이고 제법 멀리 떨어진 지역까지도 유사한 형식과 내용이 널리 전승되는 경우도 있다. 이러한 동아시아의 설화 중에 특히 한국과 몽골에서 공통적으로 보여지는 〈호리투메드 메르겡〉 설화1)가 대

---

1) 〈호리투메드 메르겡〉 설화는 호주를 제외한 세계 곳곳에서 찾아볼 수 있는 설화인데, 한국에서는 〈나무꾼과 선녀〉 설화로, 중국에서는 〈鵠女傳說〉로 그리고 일본에서는 〈羽衣傳說〉로 널리 알려져 있다. 자세한 내용은 배원룡, 『나무꾼과 선녀 설화 연구』, 서울, 집문당, 1993, 13쪽.

표적인데 한국에서는 <나무꾼과 선녀> 설화로 전승되고 있어서 비교민속학적으로 연구[2]의 가치가 높은 설화이기도 하다.

동아시아의 설화를 면밀히 분석해 보면 동아시아의 문화와 민속을 살펴보는 데 중요한 기초자료를 제공해 준다. 따라서 동아시아의 설화를 나름대로 이해하기 위해서는 고도로 압축된 동아시아 설화의 표층을 하나씩 풀어내어야 하는데 이러한 과정이 곧 설화 속에 내재된 다양한 민속문화를 분석하고 해석하는 작업인 것이다. 이 글에서는 이러한 작업의 하나로 몽골의 유목문화를 잘 보여주는 <호리투메드 메르겡> 설화를 민속학적인 시각에서 천착해보고자 한다.

민속학적인 입장에서 보면 설화에 대한 기존의 연구는 주로 역사지리학적연구방법에 입각하여 설화의 유형(type)과 모티프(motif)를 중심으로 설화를 분석하는 작업이 대부분이었으며, 최근에는 현장론적인 입장에서 설화의 구연 현장과 구연자를 중심으로 심도 있는 연구가 진행되고 있으며,[3] 신화가 내포하고 있는 다양한 요소를 구조주의 혹은 구조기능주의적으로 분석하기도 한다.[4] 또한 설화의 연구 대상이 한국의 설화에서 아시아 지역의 설화로 확대되면서 한국의 설화와 아시아의

---

2) <호리투메드 메르겡> 설화와 관련해서 비교민속학적인 입장에서 지금까지 진행된 연구는 다음과 같다. 장장식, 「한·몽 '나무꾼과 선녀 설화'의 비교 연구」, 『민속학연구』, 9, 국립민속박물관, 2001, 179~206쪽 ; 장장식, 「한국과 몽골 설화의 비교연구」, 『비교민속학』 제33집, 비교민속학회, 2007, 199~228쪽 ; 배원룡, 『나무꾼과 선녀 설화 연구』, 서울, 집문당, 1993, 13~80쪽.
3) 임재해, 「현장론적 방법」, 성병희·임재해(편저)『한국민속학의 과제와 방법』, 서울, 정음사, 1986, 168~198쪽과 임재해, 『설화작품의 현장론적 분석』, 서울, 지식산업사, 1991, 11~40쪽.
4) 金烈圭(外 共著), 『民談學槪論』, 一潮閣, 1997, 177~212쪽과 나경수, 『한국의 신화』, 서울, 한얼미디어, 2005, 266~273쪽.

설화를 비교민속학적으로 접근하기 위한 다양한 연구가 진행된 바 있고 지금도 진행 중에 있다.5) 동아시아의 설화를 구체적으로 해석하기 위해서는 이러한 방법론 외에도 설화 속에 내재되어 있는 민속문화에 대한 세부적인 분석과 고찰이 필요한 것 같다. 가령 예를 들어서 설화 속에 내재되어 있는 다양한 문화요소를 찾아내고 민속문화 속의 의미를 도출해 내기 위하여 문화기호론적인 입장에서도 진지한 분석이 이루어져야 할 것 같다.6)

한편 아쉽게도 그동안 시도되었던 몽골 설화 <호리투메드 메르겡>에 대한 민속학적 연구는 대부분은 역사지리학적연구방법에 초점을 두고 있는 것이 사실이다.7) 설화의 유형과 모티프(motif)를 중심으로 설화를 접근하는 것도 중요하지만 이러한 분석을 기초로 하여 설화 속에 담겨져 있는 민속문화를 찾아내고 해석하는 작업이 함께 이루어진다면 좀 더 구체적으로 몽골의 설화를 이해할 수 있다. 따라서 몽골의 <호리투메드 메르겡> 설화 속에 담겨져 있는 민속문화를 좀 더 구체적으로 접근하기 위하여 본 논문에서는 설화의 유형(type) 분류와 모티프(motif) 분류를 통하여 설화를 살펴본 후 좀 더 심층적인 분석을 위하여

---

5) 김인희, 『동이신화, 태양을 쏘다 Ⅰ』, 서울, 박이정, 2007a, 1~275쪽 ; 김인희, 『동이신화, 태양을 쏘다 Ⅱ』, 서울, 박이정, 2007b, 1~227쪽 ; 서대석, 『한·중 소화의 비교』, 서울, 서울대출판부, 2007, 1~288쪽 ; 최원오, 『赫哲族의 구비서사시』, 서울, 역락, 2000a, 1~164쪽 ; 최원오, 『아이누의 구비서사시』, 서울, 역락, 2000b, 1~335쪽.

6) 같은 맥락에서 조동일(1998)은 구조주의에 기초한 민담 구조분석의 방법에 머물러 있기보다는 앞으로 필요에 따라서 새로운 연구방법이 개발되어야 함을 주장하고 있다. 더욱이 민담 구조분석에서의 문제점으로 현실 반영이나 현실 극복의 문제가 포함되어 있지 않음을 지적하고 있다. 조동일, 『구비문학의 세계』, 서울, 새문사, 1998, 143~144쪽.

7) 장장식, 앞의 글, 2001, 179~206쪽.

설화 속에 담겨져 있는 문화기호를 찾아내어서 오늘날 몽골의 민속문화 속에서 어떻게 해석할 수 있을 것인지 고찰해 보고자 한다.

2. 역사지리학적 방법으로 〈호리투메드 메르겡〉 설화 보기

몽골의 〈호리투메드 메르겡〉 설화는 동아시아를 비롯해서 전 세계적으로 다양하게 분포하고 있는 대표적인 설화이다. 특히 한국의 〈나무꾼과 선녀〉 설화의 내용과 많은 부분이 닮아 있어서 비교연구가 일찍부터 진행된 바 있다. 가령 손진태(1954)는 한국의 〈나무꾼과 선녀〉 설화가 북방계통의 영향을 받은 것으로 보고 있는데, 이러한 이유로 선녀가 천장을 뚫고 하늘로 올라가는 내용이 북방 유목민들의 주거 구조와 유사한 점을 들고 있다. 또한 최상수(1985)는 「나무꾼과 선녀」 설화의 핵심적인 내용으로 하늘에서 내려온 선녀가 물에서 목욕하는(水浴) 점을 들고는 남방문화의 영향을 받은 것으로 보고 있기도 하다.[8] 이러한 논의는 민속학에서 설화를 중심으로 다루어지는 문화전파론적인 입장인 역사지리학적인 방법에 입각한 논의로 볼 수 있다.[9]

---

8) 배원룡, 앞의 책, 15쪽.
9) 역사지리학적 방법은 넓은 의미에서는 문화전파론적인 입장에서 전승되는 민속문화를 주변의 지역 혹은 민족과 비교하는 민속학의 대표적인 연구방법이다. 역사지리학적 방법을 설화에 적용할 때 가장 대표적인 방법으로는 엘이아스 로느로트(Elias Lönnrot)가 핀란드 칼레리아(Karelia)지방에서 수집한 핀란드의 영웅서사시인 칼레발라(Kalevala)에서 시작하여 쥴리어스 크론(Julius Krohn)으로 이어지고 칼레 크론(Kaarle Krohn)을 거쳐서 안티 아르네(Antti Aarne)와 스티스 톰슨(Stith Thompson)에 의하여 체계를 갖추게 되는 민속학의 연구방법이다. 대표적인 역사지리학적 방법으로는 설화의 유형(type) 분류와 모티프(motif) 분석이 있다. Krohn, K, "The Method of Julius Krohn", in Alan Dundes(ed.) *International Folkloristics*, Rowman and Littlefield Publishers, 1999, pp.37~45와 최래옥, 「역사지리학적 연구방법」, 최인학(외 공저) 『비교민속 비교문화』, 서울,

역사지리학적 방법을 적용하여 몽골의 <호리투메드 메르겡> 설화를 구체적으로 분석해 보면 우선 내용적인 측면에서는 천상(天上)의 백조와 지상(地上)의 나무꾼이 혼인을 하고 자녀들을 출산하여 가정을 이루고 살아가다가 천상의 백조가 떠나가고 지상에 남은 자녀들이 몽골 씨족의 시조(始祖)가 된다는 내용이 주요한 줄거리이다. 이러한 내용을 본다면 <호리투메드 메르겡> 설화의 유형(type)은 일종의 씨족기원 설화에 속한다고 할 수 있다. 또한 <호리투메드 메르겡> 설화에는 지상의 나무꾼이 천상의 백조가 입는 날개옷을 감추어서 천상의 백조가 하늘로 올라가지 못하게 구속을 한 다음에 결혼을 하고 가정을 꾸미게 된다는 내용이 들어 있다. 이러한 내용을 잘 반영해 주고 있는 대표적인 <호리투메드 메르겡> 설화의 내용은 아래와 같다.

"아주 오래 전에 바보 하빌도와 호리 투메드 호릴다이 메르겡이라는 두 사람이 있었다. 부리야트 사람들은 오이홍섬과 바르구진강 하류 바이칼호 남변에서 살았다. 처음에 발진 부인이 오이홍섬에 가서 아이를 낳았다. 호리 투메드라는 사람은 아직 가정을 이루지 않아 아내와 자식이 없는 젊은이었다. 어느날, 호리 투메드가 바이칼호 주변을 걷다가, 동북쪽에서 백조 아홉 마리가 날아와 호숫가에 앉아 백의(白衣)를 벗고, 아홉 명의 여인으로 변해 바이칼호로 들어가 목욕하는 것을 훔쳐보게 되었다. 호리 투메드는 그 중 옷 한 벌을 훔쳐 몸을 감추고 기다렸다. 목욕을 끝낸 뒤, 여덟 명은 백의를 갖춰 입고 동북쪽으로 날아갔다. 홀로 남은 여인은 호리 투메드의 아내가 되었다. 두 사람은 가정을 꾸리고 매우 행복하게 살았다. 자식이 열 한명이 되었을 때 아내가 남편에게 말했다. "나는 고향으로 돌아가겠습니다. 당신은 이제 많은 자식도 얻게 되었고, 더 이상 외로울 것이 없게 되지 않았소?" 그래도 호리 투

민속원, 1999, 63~76쪽.

메드는 결코 백의를 내주지 않았다. 그러던 어느 날, 아내는 집안에서 앉아 바느질을 하고, 호리 투메드는 음식을 장만하고 있었다. 아내는 또다시 간절하게 말했다. "내 백의를 꺼내 주십시오. 한번만 입어 봅시다. 제발 한번만 입어 봅시다. 내 옷을 꺼내 주세요". 호리 투메드는 생각했다. '정말 아내에게 백의를 입혀 보면 어떨까?' 이윽고 그는 아내의 백의를 꺼내 주었다. 아내는 상자에서 옷을 꺼내 입자마자, 벽조로 변해 상석(上席)에 앉아 날개를 가다듬었다. 그러다가 한순간 펄쩍 날아 천장을 통하여 날아갔다. 깜짝 놀란 남편이 외쳤다. "어이, 당신 그만 두시오! 그만 두시오!" 그는 검댕이 묻은 손잡이로 백조의 두 다리를 붙잡았다. 아내를 막 놓치는 순간 그가 외쳤다. "당신, 갈 테면 가시오! 그러나 열한명 자식들의 이름을 지어주고 가시오!" 아내는 열한명의 자식에게 후브두드, 갈조트, 호아차이, 할빙, 바트나이, 호다이, 고쉬드, 차강, 샤라이드, 보동고드, 하르가나라는 이름을 주었다. …(중략)… 호리 투메드의 자손은 이처럼 열한명의 아버지가 되었다."[10]

이상의 내용을 보면 지상의 사냥꾼인 호리투메드와 천상의 백조 사이에서 열 한명의 자손이 태어나며 천상의 백조가 떠나가면서 열 한명의 자식들에게 각각의 이름(人名)을 지어주었고 이들은 11씨족의 조상이 되었다는 일종의 씨족기원 설화의 유형을 잘 보여준다. 그런데 <호리투메드 메르겡> 설화와 관련해서 전해져 내려오는 이야기 중에는 전체적인 줄거리는 유사하지만 부분적인 내용이 다른 것이 몇 편 더 있다. 그 중에서 한 편을 더 살펴보면 다음과 같다.

"아주 오래 전에 알타이산 북사면과 후히산 북쪽에 바르가 바타르라는 사람이 살고 있었다. 그 바르가 바타르에게는 일루데이 투르겡, 보리아다이 메르겡, 호리오도이 메르겡이라는 세 아들이 있었다. 아들들

---

10) 체렌소드놈(저), 이평래(옮김), 『몽골 민간신화』, 서울, 대원사, 2001, 225~227쪽.

은 알타이산을 빙 둘러 후히산 숲속을 다니며 수달, 담비, 암사슴, 수사
슴을 사냥하며 지냈다. 그러다가 바르가 타바르의 고향에 전쟁이 일어
나자, 그는 거처를 옮겨 오이홍섬에 정착하게 되었다. 그 고장에서 아
버지가 죽은 뒤, 일루데이 투르겡은 두 동생들과 사이가 나빠져 서쪽으
로 떠났다. 일루데이 투르겡이 떠나간 알타이산 남쪽에는 두르부드, 호
이드, 투메드 등 여러 부족들이 살고 있었다. 보리아다이 메르겡은 바
다(바이칼호)의 북쪽으로 옮겨 살게 되었다. 호리오도이 메르겡은 바다
남쪽에 자리잡고 살았다. 호리오도이 메르겡은 봄가을에 바다에 나가
서 새를 사냥했다. 그러던 어느날 사냥 나온 그는 텡게르의 세 명의 딸
이 날아와 호수가에 새옷(鳥衣)을 벗어 놓고, 사람의 몸으로 변하여 물
속으로 들어가는 것을 보게 되었다. 호리오도이 메르겡은 소녀들을 흠
모하여, 살금살금 그곳으로 다가가서 한 소녀의 옷을 훔쳐 소귀나무(山
桃) 뒤편에 몸을 숨겼다. 세 소녀는 얼마 후, 물에서 나왔다. 그리고 두
소녀는 옷을 입고 날아갔다. 한 소녀만이 남아 옷을 찾다가 지쳐 울며
노래하기 시작했다. "내 옷을 주세요. 나는 비슈누 텡게르의 딸입니다".
호리오도이 메르겡은 소녀에게 마음이 끌린 채 여전히 누워 있었다. 소
녀는 어찌할 바를 모른 채 울고 있었다. "나를 괴롭히지 마세요. 내 앞
에 나타나십시오. 노인이면 아버지가 되고, 젊은이면 형부가 되십시오".
호리오도이 메르겡이 옷을 들고 나타나서는 그녀에게 옷을 주지 않고
자기 집으로 데려왔다. 그는 그녀의 옷을 감추고 다른 옷을 주었다. 텡
게르의 딸은 옷을 찾다 지쳐버렸다. 호리오도이 메르겡은 텡게르의 딸
과 행복하게 지냈다. 자식도 낳았다. 여섯 명의 자식을 낳고, 아내는 새
옷(鳥衣)을 달라고 간청하며 편안해 하지 않았다. 호리오도이 메르겡은
더 이상 견디지 못하고 옷을 갖다 주었다. 그는 마음 속으로 생각했다.
"아이를 여섯 명이나 낳았는데 어디로 가겠는가." 아내는 새옷을 바라
보고 울음을 터뜨리고, 이어서 노래했다. 그리고 그 옷을 입고 날개를
퍼덕거리며 집안의 탁자로 올라가 앉았다. 그녀는 아이들을 보고, 또
남편을 바라보았다. 그러다가 천장으로 날아올랐다. 호리오도이 메르겡
이 펄떡 일어나 다리를 잡았지만 이내 놓치고 말았다. 그 때문에 백조
의 다리가 검정색이 되었다. 호리오도이 메르겡은 아내를 기다리다 지

쳐 포기하고, 두 번째 아내를 맞이했다. 그녀로부터 열한명의 자식이 태어났다. 호리오도이 메르겡의 자식들의 이름은 첫째 갈조트, 둘째 바트나이, 셋째 하르가나, 넷째 호아차이, 다섯째 후브두드, 여섯째 할빈, 일곱째 고샤드, 여덟째 호다이, 아홉째 보동고드, 열째 샤라이드, 열한 번째 차강 등이다."11)

↘ 몽골의 민속문화 속에 많이 등장하는 동물이다. 설화, 종교, 의례 등에 사슴이 등장한다. 에르덴조 불교사원에 있는 불교상징의 사슴.

이상에서 기술한 내용을 보면 위의 설화는 앞에서 살펴본 설화와 비교해서 백조의 다리가 검게 된 이유를 설명하는 동물 유래담의 성격을 강하게 지니고 있다. 그런데 위에서 기술한 국역된 몽골 설화도 원래 몽골어로 전승되고 있는 몽골어 원문 자료 속에는 열한 명의 자녀들이

___

11) 위의 책, 227~229쪽.

부리야트 씨족의 기원이 되었음을 반영해 주는 내용이 덧붙여져 있는데 그 내용은 다음과 같다.

> "이러한 열 한명의 자식들로부터 갈라져 나온 부리야트 사람들은 : 호리인, 헤즈게니, 야로기인, 모할쉬버언 자츠라인, 비추리인 부족들 중에서 치타 지역에 거주하는 호리 부리야트족, 에르후우 지역의 누헤데이, 카초가이, 에히리트-볼가드 부족들이다."[12]

위의 내용을 보면 열 한명의 자녀들이 부리야트 씨족의 기원이 되었다는 내용이지만 앞에서 먼저 다루었던 <호리투메드 메르겡> 설화와 비교해서 조금은 다른 형태의 씨족기원 설화로 볼 수 있다. 즉 위에서 덧붙여진 내용을 보더라도 부리야트의 씨족이 된 자식들은 천상에서 내려와서 사냥꾼과 혼인한 첫 번째 부인으로부터 태어난 자녀들이 아니라 첫 번째 아내가 하늘나라로 올라가고 나서 사냥꾼이 애타게 첫 번째 아내를 기다리다가 지쳐서 포기하고, 두 번째 아내를 맞이한 후에 태어난 자녀들인 셈이다.

한편 다음에 기술할 또 다른 유형의 <호리투메드 메르겡> 설화의 경우 몽골 씨족의 기원에 대한 내용은 나타나지 않지만 백조의 다리가 검정색이 된 이유를 설명하는 일종의 동물유래담의 형식만을 가지고 있다. 이러한 내용을 담고 있는 <호리투메드 메르겡> 설화의 줄거리는 다음과 같다.

---

12) Tserensodnom, D, *Mongol Ardyn Domog-ülger*, Ulaanbaatar, Ulsyn Hevleliin Gazar, 1989, p.179.

　"호레도이 메르겡이 어느 날 사냥을 나갔다가 백조 세 마리가 날아와 차담팅차강 노르 호숫가에 내려앉는 것을 보게 되었다. 백조는 아름다운 여인으로 변하여 물속으로 들어갔다. 그들은 목욕을 마치고 물 밖으로 나와 백조의 옷을 입고 하늘로 날아갔다. 이들은 텡게르의 딸들로, 백조로 변하여 지상으로 내려왔던 것이다. 이 광경을 본 호레도이 메르겡은 매우 놀랐다. 얼마 지나지 않아 그는 또다시 새하얀 백조 세 마리가 날아와 옷을 벗고, 호수로 들어가는 것을 보게 되었다. 호레도이 메르겡은 보이지 않는 곳에 숨어 있다가 옷 한 벌을 숨겼다. 얼마후, 텡게르의 딸들은 물에서 나와 백의(白衣)를 입고 날아갔는데, 한 여인만이 옷을 찾지 못하고 지상에 남았다. 이렇게 해서 호레도이 메르겡은 텡게르의 딸과 부부가 되었다. 그들은 차담팅 차강 노르 호수 부근에서 삼년을 살았는데, 자식을 얻지 못했다. 한번은 호레도이 메르겡이 아내에게 말했다. "우리가 가정을 꾸린 지 삼년이 되었건만, 아이가 없소. 도대체 무슨 이유입니까?" 그러자 아내가 대답했다. "우리가 계속 이 고장에서 살면, 아이를 가질 수 없습니다. 강 남쪽으로 내려가 자리잡고 살면, 대를 이을 많은 아이를 갖게 될 것입니다." 호레도이 메르겡은 아내에게 호브치 하탕이라는 이름을 주었다. 이렇게 하여 그들은 레나강을 떠나 바이칼호 동쪽으로 이주해 거기에 자리잡게 되었다. 그곳에서 호레도이 메르겡은 이전처럼 사냥을 하면서 풍요로운 생활을 이어 가고, 아내는 열한 명의 아들과 여섯 명의 딸을 낳았다. 어느날, 호브치 하탕이 남편에게 백의에 대해 물었다. 호레도이 메르겡은 예전 그대로 잘 보관하고 있다고 대답했다. 호브치 하탕은 백의를 한번 입어보고 싶다고 간청했다. 호레도이 메르겡은 아내가 많은 아이를 낳았고, 지상에서 산지도 수 년이 되었으므로, 자기를 버리고 날아가지 않을 것으로 생각했다. 그는 또 아내가 백의를 입으면 얼마나 아름다운가 보고 싶은 생각도 들었다. 그래서 그는 백의를 꺼내 주었다. 호브치 하탕은 백의를 입고, 순식간에 천장을 통해 날아갔다. 그러자 여섯 딸 중 하나가 솥과 국자를 들고 있다가, 검댕이 묻은 손으로 떠오르는 어머니의 다리를 붙잡고 외쳤다. "어머니 어디로 가십니까?" 그러나 딸아이는 소리를 지르다 그만 다리를 놓치고 말았다. 호브치 하탕은 호레도이 메르겡과 자식들을 향해 소리쳤다. "나는 하늘나라로 돌아간다. 지상에서 행복하게 살지어다." 어머니가 겔(*ger*)의 천장으로 날아오를 때, 딸아이가 검댕이 묻은 손으로 다리를 붙잡았기 때문에, 백조 다리가 오늘과 같이 시꺼멓게 되었다."13)

덧붙여서 살펴보면 이상에서 고찰한 <호리투메드 메르겡> 설화 외에도 <호리투메드 메르겡> 설화 중에는 핵심적인 줄거리의 내용이 조금씩 다른 유형도 있음을 알 수 있지만 전체적인 큰 줄거리는 대체로 동일한 편이다. 즉 천상의 백조가 지상에 있는 사냥꾼의 속임수(날개옷을 고의적으로 숨김)로 인하여 강제적으로 혼인을 하게 되고, 자녀를 출산하여 행복하게 지상에서 살지만 결국에는 사냥꾼이 감추어 두었던 날개옷을 입고는 다시 하늘로 올라간다는 내용이다. 그러나 아래에서 기술할 몽골의 설화는 이러한 일반적인 설화의 내용과 확연한 차이를 보여주고 있다. 예를 들어서,

바이칼호에서 그리 멀지 않은 지금의 에흐리드 지방에 마소가 없던 시절, 사냥꾼 보리아다이의 자식인 볼가드, 에흐리드, 호리도이 등 삼형제가 살고 있었다. 세 사람이 행복하게 지내던 중, 어느 날 갑자기 그들에게 하나의 시련이 닥쳤다. 이전에 그들은 사냥을 떠나 꼬박 한 달 동안 먹을 사냥감을 잡아서 돌아오곤 했다. 그런 그들이 일년 동안의 싸움 끝에 서로 사이가 나빠졌던 것이다. 그해에 큰 가뭄이 들어, 야생 동물과 날짐승이 떼죽음을 했다. 삼형제는 하루 종일 사냥을 해도, 한 마리도 잡지 못하고 굶주리는 일이 보통이었다. 그러던 어느날, 볼가드와 에흐리드 형제는 노루 여섯 마리를 잡았다. 호리도이가 늦게 돌아와 보니, 두 형제는 음식을 먹고 있었다. 호리도이는 자신의 몫으로 한 마리

---

13) 체렌소드놈(저), 앞의 책, 229~231쪽.

밖에 남아 있지 않은 것을 보았다. "우리는 세 사람이다. 동물은 여섯
마리다. 그런데 왜 나한테 단 한 마리밖에 남기지 않았느냐? 두 마리가
남아 있어야 마땅하다." 이러한 불편에 두 형은 부끄러워하며 변명했
다. "아우야, 우리가 숫자에 그리 밝지 않다." 그러자 호리도이는 화를
내며 형제들의 화살을 부러뜨리고, 바이칼호 남쪽으로 갔다. 이렇게 여
행을 하던 중, 백조 몇 마리가 물 속으로 들어가는 광경을 보게 되었다.
한 마리는 호숫가에 있었다. 그는 마음 속으로 생각했다. '아마도 교활
한 오드강(여자 샤먼)들이 목욕하고 있나보군.' 그러나 그는 호기심이
생겨 살그머니 그 곳으로 접근해 옷 한 벌을 품속에 감췄다. 잠시 후,
백조들이 물에서 나와 옷을 입으려고 했는데, 옷 한 벌이 모자랐다. 그
때 호리도이가 숲속 저편에서 불쑥 나타나자, 놀란 백조들이 모두 날아
가고, 거기에 한 여자만이 남았다. 그녀가 호리도이에게 애원했다. "제
발, 내 옷을 돌려주십시오. 나는 당신을 원망하지 않습니다. 만약 당신
이 원한다면, 나는 당신의 아내가 되어 예쁜 아이들을 낳을 것입니다."
호리도이는 여자에게 옷을 주었다. 그녀가 옷을 입자 그녀는 마치 오드
강(여자 샤먼)처럼 되었다. 두 사람은 소욘산으로 가서 함께 살았다. 이
윽고 한 아이를 낳았고, 그 후 몇 명의 아이를 더 낳았다. 그들로부터
툰킨 부리야트가 나왔다. 그 뒤로 소욘산이 조그마한 구릉처럼 여겨지고,
가축이 야생 동물처럼 불어나 살림에서 한가로이 풀을 뜯게 되었다.[14]

위의 설화에서 알 수 있는 바와 같이 천상에서 내려온 백조는 지상의
사냥꾼이 옷을 숨기자 옷을 돌려주면 아내가 될 것이라고 약속한다.
그리고는 옷을 돌려받고는 사냥꾼의 아내가 되어서 자녀를 낳고 행복
하게 생활한다는 줄거리이다. 이러한 내용은 앞에서 두 번째로 인용한
<호리투메드 메르겡> 설화의 내용과 좋은 대조를 보인다고 할 수 있
다. 즉 천상에서 지상으로 목욕하러 내려온 비슈누 텡게르의 딸은 옷

---

14) 위의 책, 231~232쪽.

을 숨긴 사냥꾼에게 "앞에 나타나서 노인이면 아버지가 되고, 젊은이면 형부가 되십시오"15)라고 애원하기 때문에 아내가 되겠다는 내용과는 큰 차이를 보이고 있다.

다음으로 살펴볼 것은 <호리투메드 메르겡> 설화 속에 담겨져 있는 주요한 모티프(motif)이다. 첫째 <호리투메드 메르겡> 설화의 모티프는 아마도 천상에서 내려온 백조가 지상에 있는 호수에서 목욕을 한다는 모티프가 가장 핵심적인 것이라고 할 수 있다. 즉 천상의 백조와 지상의 나무꾼 만날 수 있는 공간은 바로 인적이 드문 호젓한 호수이며, 천상의 백조가 지상에 내려오는 것도 호수에서 목욕하기 위해서이다. 그리고 호수 중에서도 몽골의 초원에 있는 호수라기보다는 몽골의 북쪽 산악지대에 있는 인적이 드문 곳에 있는 호수가 설화의 모티프로 등장한다. 부리야트 몽골인들이 성스러운 호수로 여기고 있는 바이칼 호수가 <호리투메드 메르겡> 설화의 중심 소재가 되고 있다. 몽골의 초원지대와 달리 바이칼 호수 주변은 유목보다는 수렵생활이 주된 생업이 되는 곳이다.

두 번째 모티프(motif)는 가난한 홀아비 사냥꾼이 천상의 아름다운 여인과 결혼하는 것이다. 즉 전승되는 설화에 따라서 내용이 조금씩 다르지만 대개의 경우 지상의 사냥꾼은 아직 결혼을 하지 않은 총각이며, 자신의 절친한 친구가 결혼하여 아버지가 된 것과 비교하여 아내도 자식도 없는 외롭고 가난한 처지이거나 함께 생활하는 형제들과 불

---

15) 위의 책, 229~231쪽. 또한 이 내용에 대한 몽골어 원문은 다음과 같다. övgön hün bol etseg min' bol, zaluu hövgüün bol hürgen ah min' bol gev. Tserensodnom, D, op. cit., p.178.

화가 생겨서 혼자 집을 나와서 혼자서 생활을 하는 경우가 일반적이다. 몽골에서 행하여지는 수렵민속16)을 보면 혼자서 사냥을 하기보다는 무리를 지어서 사냥을 하는 경우가 많다. 같은 맥락에서 <호리투메드 메르겡> 설화에 등장하는 사냥꾼의 경우도 처음에는 친구들과 어울려서 사냥을 하거나 혹은 형제들과 함께 사냥을 하지만 나중에는 무리로부터 혼자가 되어서 생활을 하다가 우연한 기회에 천상에서 내려온 백조가 아름다운 여인들로 변하여 호수에서 목욕하는 것을 목격하게 된다. 단지 지상의 사냥꾼이 목욕하는 여인들의 모습을 숨어서 엿보는 것에서 만족하지 않고 천상에서 내려온 백조의 날개옷을 숨기게 되는 동기도 아마도 외로운 홀아비이기 때문에 더 적극적이었을 것이다.

한편 몽골의 전통적인 혼인풍속을 보면 약탈혼의 습속17)이 많이 남아 있다. 즉 자신이 원하는 여성을 아내로 취하기 위해서는 다른 부족의 여성을 강제적으로 데려오는 경우가 많았던 것이다. 따라서 결혼하지 않은 홀아비 사냥꾼의 입장에서는 처음 만나는 아름다운 여성을 아내로 삼기 위하여 온갖 수단과 방법을 동원할 수밖에 없는 것이다. 이러한 점은 몽골의 전통적인 결혼습속인 약탈혼이 설화가 전승되는 과정에 스며들어 갔을 수도 있다는 가능성을 내포하고 있기도 하다. 예를 들어서 천상의 백조가 지상에 남아서 여자 샤먼이 된다는 네 번째로 인용한 <호리투메드 메르겡> 설화를 보면 사냥꾼에게 숨겨놓은

---

16) 이평래, 「몽골의 사냥전통」, 『생활문물 연구』 제18호, 국립민속박물관, 2006, 258~288쪽.

17) 『몽골비사』에 보면 칭기스칸의 아버지인 이수헤이 바아타르(Yesühei baatar)는 우엘룬 우진(öelün üjin)을 메르키트(Mergid) 족의 익흐 칠레두(Ih Chiledü)로부터 약탈하여 아내로 삼았다는 내용이 나온다. Gaadamba, Sh, *Mongolyn Nuuts Tovchoo*, Ulaanbaatar, Ulsyn Hevleliin Gazar, 1990, pp.34~36.

날개옷을 되돌려 줄 것을 호소하면서 천상의 백조가 "만약 당신이 원한다면, 나는 당신의 아내가 되어 예쁜 아이들을 낳을 것입니다"라고 애원하는 대목이 들어 있다. 이러한 내용은 마치 칭기스칸의 아버지인 이수헤이 바아타르(Yesühei baatar)가 올호노오드(Olhunoud) 부족의 여인인 우엘룬 우진(öelün üjin)을 신부로 맞이하여 데려가는 메르키트(Mergid)족의 익흐 칠레두(Ih Chiledü)를 강제로 약탈하여 우엘룬 우진(öelün üjin)을 아내로 삼는 장면에서 우엘룬 우진(öelün üjin)이 익흐 칠레두(Ih Chiledü)에게 자신을 두고 안전한 곳으로 도망가라고 하는 대목과 상당부분 연계되어 있음을 알 수 있다. 즉 『몽골비사』에 나오는 약탈혼의 경우를 보면 넓고 넓은 초원에서 신부를 맞이하여 신랑 집으로 가는 신랑 일행을 습격하여 여자를 약탈하고 아내로 삼으려하자 힘이 부족하여 어떻게 할 수가 없음을 인식하고는 신부가 신랑에게 자신은 여기에 남아서 다른 사람의 아내가 되겠으니 어서 도망가서 생명을 보존하라고 절규하는 내용이 잘 묘사되어 있다.

한편 세 번째 모티프는 결혼 후 자식을 여럿 낳았지만 결국에는 사냥꾼이 숨겨두었던 천상의 날개옷[18]을 찾아내어서 여인이 입고 천상으로 날아가는 것이다. 이 모티프의 핵심은 천상과 지상을 왕래하는 데 사용되는 날개옷이다. 즉 날개옷을 입으면 날 수 있어서 하늘나라로 다시 올라갈 수 있지만 날개옷을 입지 않으면 날 수가 없어서 지상에 남아야 하는 것이다. 이러한 구조 속에서 날개옷을 감춘 지상의 사냥꾼은 날개옷이 없어서 하늘로 돌아갈 수 없는 천상의 여인과 손쉽게

---

18) 설화 속에서는 새옷(鳥衣)와 흰색옷(白衣) 등으로 기술되고 있다.

혼인을 할 수 있었던 것이다. 그러나 이러한 일방적인 부부관계는 천상의 여인이 날개옷을 다시 입게 되는 순간에 깨어지게 된다. 이러한 의미에서 날개옷은 천상의 여인과 지상의 나무꾼을 연결시켜 주기도 하지만 또한 부부 사이의 인연을 단절시키는 기능을 하기도 한다. 한편 <호리투메드 메르겡> 설화의 일부 유형에서는 천상의 여인이 날개옷을 입고도 하늘로 날아가지 않고 오드강(여자 샤먼)이 되어서 지상에 남아서 사냥꾼과 함께 자녀도 낳고 행복하게 살기도 한다. 그러나 어떠한 설화의 유형일지라도 <호리투메드 메르겡> 설화 속에서 사냥꾼이 천상의 여인을 아내로 맞이할 수 있었던 것은 날개옷을 사냥꾼이 감추었기 때문이다. 또한 <호리투메드 메르겡> 설화와 조금 차이는 있지만 천상의 여인을 아내로 맞이하는 동일한 줄거리는 몽골의 <마니호아르 선녀> 설화에도 찾아볼 수 있는데 여기에는 날개옷 대신에 "금관"이 등장한다. 다시 말해서 <마니호아르 선녀> 설화에는 하늘에서 백조 세 마리가 날아와서 금관을 나무에 걸어 놓고 녹색 비단옷 차림의 선녀로 변해서 물속에 들어가서 목욕을 하는데 나중에 숨겨진 금관을 찾지 못한 천상의 한 여인이 지상에 일시적으로 남아있게 되는 이야기[19]는 <호리투메드 메르겡> 설화와 비슷한 내용이다. 다만 <마니호아르 선녀> 설화에서는 금관이 그리고 <호리투메드 메르겡> 설화에서는 날개옷이 천상과 지상을 매개하고 이어주는 중요한 기능을 하고 있는 것이다.

---

19) 체렌소드놈(저), 앞의 책, 244~246쪽.

3. 문화기호론적 방법으로 〈호리투메드 메르겡〉 설화 보기

문화기호론적 방법은 인류학과 민속학 분야에서 주로 사용되고 있으며, 다양한 문화현상 속에 내재되어 있는 상징이나 기호를 분석하고 해석하는 연구방법이다. 특히 인류학에서는 문화기호론이라는 용어보다는 구조주의라는 용어로 불리기도 하는데 레비−스트로스(Levi-Strauss)의 신화 분석[20]이 대표적인 업적으로 다루어지고 있다. 원래 기호학은 20세기 초에 나온 용어로 언어학자인 소쉬르(Saussure)가 제창한 "신화, 전설(언어매체)로부터 몸동작, 의례, 습관(비언어 매체)에 이르는 일체의 문화적 활동을 연구대상으로 하는 학문"[21]이라는 의견에서 잘 나타나 있듯이 다양한 문화현상을 분석하는 연구방법이다.

한편 민속학에서 문화기호론은 일찍이 러시아의 민속학자인 프롭(Propp)의 민담형태론[22]에서 조금씩 싹을 틔웠다고 볼 수 있는데, 그 이유는 프롭이 민담을 형태론적으로 분석한 방법이 레비−스트로스(Levi-Strauss)가 신화를 해석하는 데 부분적으로 영향을 주고 있기 때문이다.[23] 오늘날 한국민속학에서 문화기호론은 민속문화를 해석하는 한 방법으로 공간의 기호, 속신어와 같은 언어기호, 신성성의 기호, 민속음악에서의 상징기호 등과 같은 다양한 분석의 잣대로 사용되기도 한다.[24] 또한 범위를 좁혀서 설화를 문화기호론적으로 접근해 보면 설화

---

20) Levi-Strauss, C, *Structural Anthropology 1*, London, Penguin Books, 1963, pp.206~231.
21) 아야베 쓰네오(엮음), 이종원(옮김), 『문화를 보는 열다섯 이론』, 서울, 인간사랑, 1999, 206~207쪽.
22) 쁘로쁘, 블라지미르(저), 황인덕(역), 『민담형태론』, 서울, 예림기획, 1998, 1~263쪽과 쁘로쁘, 블라지미르(저), 유영대(역), 『민담형태론』, 서울, 새문사, 2000, 1~176쪽.
23) Levi-Strauss, C, *Structural Anthropology 2*, London, Penguin Books, 1973, pp.115~145.
24) 황루시, 「민속해석의 한 연구」, 한국기호학회(엮음), 『한국문화와 기호학』, 서울, 문학

라는 텍스트는 문화적으로 만들어지고 문화적으로 전달되어 문화적으
로 의미를 생산한다고 볼 수 있으며, 이러한 문화적인 요소는 텍스트
속에 암시되어 있는 다양한 기호로 함축되어 있으며 이러한 것을 찾아
내고 분석하는 방법인 셈이다.[25]

따라서 문화기호론의 입장에서 몽골 설화 <호리투메드 메르겡>을
분석해 보면 설화가 만들어지고 전승되는 과정 속에서 자연스럽게 내
재된 문화의 상징이나 기호를 발견할 수 있다. 특히 문화기호론적으로
살펴보면 <호리투메드 메르겡> 설화 속에는 몽골의 유목문화와 관련
해서 가족과 친족과 같은 공동체 문화요소, 생태환경과 생업, 그리고
주거공간을 중심으로 구분되는 성(性)의 역할과 지위 등 다양한 생활문
화가 잘 드러나 있다. 좀 더 구체적으로 이러한 문화기호를 살펴보면
다음과 같다.

(1) 〈호리투메드 메르겡〉 설화 속의 민속언어

오랜 시간에 걸쳐서 전승되어 온 설화를 오늘날에 문장 그대로 해석
한다는 것은 사실상 별로 의미가 없는 것 같다. 특히 전승되는 과정에
서 부분적으로 첨삭되기 때문에 내용의 일부가 변할 수도 있으며 기술
되는 용어들도 조금씩 바뀔 수가 있는 것이다. 그럼에도 불구하고 설
화 속에 등장하는 인명(人名), 친족용어, 동식물명 등은 설화가 만들어
지고 전승되는 지역의 자연환경과 생업 그리고 금기[26] 등 일상적인 생

과지성사, 2002, 11~25쪽과 김말복, 「처용무에 나타난 음양론적 의미」, 한국기호학
회(엮음) 『한국문화와 기호학』, 서울, 문학과지성사, 2002, 28~73쪽.
25) 송효섭, 『설화의 기호학』, 서울, 민음사, 1999, 17~18쪽.
26) 몽골의 민속문화 속에는 이름(人名)에 대한 금기가 발달해 있는데, "특권을 가진" 이

활문화를 고스란히 담고 있는 문화상징이며 기호인 셈이다.

먼저 <호리투메드 메르겡> 설화에는 몽골 이름(人名)이 많이 나오는데 이러한 이름(人名)을 구체적으로 살펴보면 다음과 같다. 예를 들어서, 바보 하빌도(Bavuu havilduu), 호리투메드 메르겡(Hor'tümed mergen), 발진 하탄(Baljin hatan), 후브두드(Hövdüüd), 갈조트(Galzuut), 후아차이(Huatsai), 할빈(Halbin), 바트나이(Batnai), 호다이(Hudai), 구쉬드(Gushid), 차간(Tsagaan), 샤라이드(Sharaid), 보돈고드(Bodonguud), 하르가나(Hargana), 발가 바타르(Barga baatar), 일루데르 투르겡(Ilüüder türgen), 부리아데 메르겡(Buriadai mergen), 호리오도이 메르겡(Horiodoi mergen), 호레도이 메르겡(Horedoi mergen), 호브치 하탄(Hovch hatan), 보리아데(Boriadai), 불가드(Bulgad), 에흐리드(Ehrid), 호리도이(Hor'doi) 등의 이름(人名)이 설화 속에 들어있다.

이러한 몽골 이름(人名) 중에는 남성과 여성의 이름임을 암시해 주는 언어기호도 포함되어 있다. 예를 들어서 메르겡(mergen)이나 바타르(baatar)가 붙는 이름이 있는데 이것은 주로 남성들의 이름으로 메르겡(mergen)은 "활을 잘 쏘는 명사수"를 바타르(baatar)는 "영웅"을 나타내는 이름이다. 몽골의 대초원이나 산악지대에서 야생동물로부터 가축을 보호하고 또한 사냥을 하기 위해서는 활 쏘는 능력이 중요했으며, 여러 부족이 난립하여 부족들 사이에서 끊임없는 전쟁으로 인하여 영웅이 존재했고 또한 필요했기 때문에 몽골의 역사적인 문헌이나 구비문학 속에는 메르겡(mergen)이나 바타르(baatar)가 들어가는 이름이 자주

름에 대한 금기와 "특권을 가지지 않은" 이름에 대한 금기가 있다. 박환영, 『몽골의 유목문화와 민속 읽기』, 서울, 민속원, 2005c, 144쪽.

등장하는 편이다.27) 한편 하탄(hatan)이 들어가는 이름은 여성의 이름인 경우가 대부분인데 하탄(hatan)은 "부인 혹은 여왕"을 의미하는 이름이다. 또한 하르가나(Hargana)는 여우의 한 종류인 카라간(caragana) 여우이고, 보돈고드(Bodonguud)는 멧돼지(Bodon(g))와 사람들을 나타내는 접미사 -uud가 합쳐진 이름이라서 수렵 전통을 가진 몽골의 민속문화를 잘 반영해 준다.

둘째로 살펴볼 것은 <호리투메드 메르겡> 설화 속에 나타나는 친족용어이다. 예를 들어서, 가족(ail ger), 아내(ehner), 자식들(hüühed), 딸(hüühen), 아들(hövüün), 자식들(ür), 조상(etseg) 혹은 아버지(etseg), 아들(hüü), 남동생(düü), 딸(ohin), 할아버지(övgön hün), 형부(hürgen ah), 남편(nöhör), 남자(er), 여자(em), 자식들(ür hüühed), 남자형제(ah düü) 등의 친족용어가 <호리투메드 메르겡> 설화 속에 들어있다. 이러한 점은 <호리투메드 메르겡> 설화가 부리야트 몽골인들의 씨족기원 설화와 연계해서 씨족의 시조(始祖)가 어떻게 생겨났으며 또한 어떻게 갈라져 나왔는지를 암시하고 있기 때문이다.

세 번째로 <호리투메드 메르겡> 설화 속에서는 동식물명도 제법 들어있다. 예를 들어서, 백조(hun shuvuu), 자작나무(hus modon), 수달(haliu), 흑담비(bulga), 암사슴(sogoo), 사슴(buga), 새(shuvuu), 고니(galuu), 야생동물(araatan), bor göröös(붉은 사슴), göröös(영양), 가축(mal) 등의 동식물명이 설화 속에 기술되어 있다. 이러한 내용은 <호리투메드 메르겡> 설화의 배경이 되었던 바이칼 호수 주변의 생태환경과 연관이 있

---

27) 예를 들어서 『몽골비사』 속에는 바타르(baatar)라는 이름이 많이 나오고, 몽골의 설화 속에는 메르겡(mergen)이라는 이름이 많이 등장한다.

어 보인다. 특히 수달이나 흑담비는 호수나 강에서 서식하는 동물이라
서 몽골의 초원지대에서는 잘 볼 수 없다. 또한 사슴과 영양은 초원지
대뿐만 아니라 몽골의 산악지대에도 많이 분포하기 때문에 사냥을 해
서 생업을 영위하는 몽골 사냥꾼의 설화로 볼 수 있는 것이다.

(2) 〈호리투메드 메르겡〉 설화 속의 생업과 주거 공간의 구분

〈호리투메드 메르겡〉 설화 속에는 몽골의 다양한 민속문화가 진하
게 내재되어 있다. 이것은 설화가 전승되는 과정에서 몽골인들의 일상
적인 생활문화가 그대로 녹아들어서 전승되었기 때문이다. 얼핏 보기
에는 그냥 대수롭지 않은 이야기인 듯 하지만 자세히 들여다보면 고도
로 압축된 생활문화의 전형적인 모습을 볼 수 있다. 가령 몽골의 유목
문화 속에서 당연하게 받아들여지는 겔(ger)의 구조와 가족 구성원들의
지위와 성(性)에 의한 방향 구분 그리고 좀 더 나아가서는 수렵과 유목
이라는 생업의 현장 속에서 만들어져서 민중들의 일상적인 생활문화를
형성하고 있는 다양한 민속문화에 이르기까지 〈호리투메드 메르겡〉
설화 속에는 몽골의 민속문화가 곳곳에 베여있는 것이다.

예를 들어서 설화 속에 등장하는 호리투메드는 숲 속의 수달, 담비,
사슴, 새 등을 사냥하면서 생업을 영위하는 사냥꾼으로 묘사되어 있다.
몽골과 같은 유목문화에서 가축을 방목하여 얻어지는 것 외에도 수렵
도 중요한 생업의 한 영역이었던 것은 『몽골비사』 속에도 잘 반영되어
있다. 가령 『몽골비사』의 제12장, 27장, 77장에서는 사슴과 매를 이용
한 오리 사냥이 잘 기술되어 있는 반면에, 『몽골비사』 제90장에서는
초원의 타르바가(tarvaga ; 다람쥐류의 설치동물) 사냥에 대한 기술도 나온

다. 또한 <호리투메드 메르겡> 설화 속에는 몽골인들의 전형적인 주거공간인 겔(*ger*)의 공간구분이 상세하면서도 압축되어서 잘 묘사되어 있다. 즉 겔(*ger*) 속에 설정되어 있는 공간의 구분은 생업과 관련된 공간의 구분이기도 하면서 또한 가족의 구성원들이 가지고 있는 지위와 성(性)과 같은 사람들 사이의 구분을 나타내어 주기도 한다. 먼저 <호리투메드 메르겡> 설화 속에 보여지는 겔(*ger*) 속의 공간설정에 대한 내용을 기술해 보면 다음과 같다.

> "… 어느날 아내는 상석(上席)에 앉아 바느질을 하고, 호리 투메드는 주방용 도구를 가지고 음식을 장만하고 있었다. 그러다가 아내는 날개옷을 한번만 입어보고 싶으니 좀 꺼내달라고 호리 투메드에게 매달렸다. 저는 문으로만 나갈 수 있는데, 그러면 나를 붙잡으세요. …(중략)… 호리 투메드는 아내가 날개옷만 한번 입어본다는데 무엇이 문제가 되겠는가 하고 생각하면서 아내에게 날개옷을 꺼내 주었고, 아내는 옷을 넣어둔 상자 안에서 날개옷을 꺼내어서 입고는 백조로 변해서 북쪽 자리[호이모르 즉 상석(上席)]에 잠시 앉아서 날개를 점검하더니 갑자기 뛰어 올라서 천장을 통하여 날아갔다."28)

위의 내용 중에서 "어느 날 아내는 상석(上席)에 앉아 바느질을 하고, 호리 투메드는 음식을 만드는 도구를 가지고 음식을 장만하고 있었다"라는 구절을 보면 겔(*ger*) 속의 상석(上席)29)에 대한 언급이 눈에 띈다. 즉 몽골의 전형적인 겔(*ger*) 속의 구조를 살펴보면 문(門)을 들어서서 앞을 바라본다면 가운데 화로(火爐)를 중심으로 왼쪽은 서쪽이고 오른쪽

---

28) Tserensodnom, D, op. cit., p.177.
29) 몽골의 유목민들은 몽골 텐트(*ger*)의 북쪽은 "높은 부분"이라고 여겨서 호이모르(*hoimor*)라고 부르기도 한다. 박환영, 앞의 책, 378쪽.

은 동쪽인데 서쪽은 남성들의 공간인 반면에 동쪽은 여성들의 공간이다.[30] 한편 제일 안쪽에 위치해 있는 공간은 북쪽으로 몽골인들이 상석(上席)으로 여기는 공간인데 이곳은 가족 중에서 제일 연장자나 겔(ger)을 방문한 라마불교의 스님이 앉을 수 있는 자리이다. 또한 이곳에는 다양한 불교의 신(神)이나 집에서 모셔져 있는 조상들의 사진 등이 있는 신성한 공간이기도 하다. 따라서 <호리투메드 메르겡> 설화 속에서 천상에서 내려온 아내가 상석(上席)에 앉아서 바느질을 했다는 기술은 많은 의미를 내포하고 있는 셈이다. 가령 전통적인 겔(ger)의 구조로 보면 여성은 겔(ger)의 동쪽이 자신들의 공간이라서 동쪽에 앉아야 하며 남성은 서쪽이 자신들의 영역이므로 서쪽에 앉아야 한다.

↘ 몽골의 전통적인 주거공간인 텐트(ger)

그러나 <호리투메드 메르겡> 설화 속에는 아내는 겔(ger)의 북쪽인 상석(上席)에 그리고 남편은 여성들의 공간인 동쪽에서 요리를 하고 있다고 나와 있다. 몽골의 전통적인 겔(ger)의 구조 속에서 동쪽은 여성들

---

30) 박환영, 『몽골의 전통과 민속보기』, 서울, 박이정, 2008b, 210~211쪽.

이 요리를 하는 공간이라서 다양한 요리 도구들이 놓여있는 공간이라면 서쪽은 남성들이 사냥이나 유목과 관련해서 사용하는 활, 총, 도끼와 같은 사냥도구나 말의 안장, 채찍 등과 같은 다양한 도구들이 정돈되어 있는 공간이다. 비록 동쪽은 여성들의 공간이지만 경우에 따라서는 요리를 도와주기 위해서는 남성들도 겔(ger)의 동쪽으로 갈 수가 있는 것이다. 재미있는 내용은 아내는 북쪽인 상석(上席)에 앉아서 바느질을 하면서 남편이 요리를 하고 있는 것을 바라보고 있다는 부분이다. 아마도 천상에서 내려온 아내는 지상의 남편보다는 상대적으로 높은 지위에 있기 때문이기도 하다. 또한 사냥꾼인 남편의 입장에서 보면 몽골의 겔(ger)이 가지는 구조에서 제일 안쪽인 상석(上席)이 가장 안전한 장소이며 외부로부터 보호받을 수 있는 공간이기 때문이기도 하다.

몽골 텐트(ger)의 북쪽은 제일 안쪽에 위치하며 집에서 모셔지는 다양한 불교의 신(神)들이 모셔져 있는 신성한 공간이다.

또한 <호리투메드 메르겡> 설화 속에는 몽골의 전통적인 주거공간
이 가지고 있는 전통적인 유목문화에 대한 암시도 들어있다. 예를 들
어서 설화의 내용 중에 "저는 문으로만 나갈 수 있는데, 그러면 나를
붙들어서 잡으면 되지요"라는 구절이 있다. 이 내용을 분석해 보면 아
내는 겔(ger)의 북쪽인 상석(上席)에 앉아서 겔(ger)의 동쪽에서 요리를 하
고 있는 사냥꾼인 남편에게 날개옷을 꺼내어 달라고 애원한다. 한번만
입어보고 다시 돌려주겠다고 부탁하지만 사냥꾼은 여전히 대답이 없
다. 그러자 아내가 혹시 제가 날개옷을 입고 날아서 도망을 간다고 해
도 반드시 문을 통해서 가야하는데 겔(ger)의 북쪽에 있는 아내는 문으
로 가기 위해서는 남편이 요리를 하고 있는 동쪽을 반드시 지나가야
한다는 몽골의 생활전통을 인식하고 있음을 알 수 있다. 다시 말해서
겔(ger)과 관련한 몽골의 민속문화를 보면 몽골의 겔(ger)이 가지고 있는
공간의 구조를 알 수 있다. 즉 보통 남쪽으로 나있는 문(門)을 열고 안
으로 들어가면 남자들의 공간인 서쪽으로 먼저 들어가야 하며 다음에
는 상석(上席)인 북쪽에 있는 연장자의 공간을 경유하여 마지막으로 동
쪽인 여성들의 공간을 거쳐서 문으로 다시 나오는 것이 일반적이다.
물론 잠시 방문하는 길손이나 여행객과 같은 외부인의 경우에는 겔(ger)
의 문으로 들어와서 서쪽인 남성들의 공간에서 잠시 앉았다가 다시 문
으로 나가는 경우도 있다. 따라서 사냥꾼인 남편이 아내에게 날개옷을
꺼내어 준 것도 이러한 전통적인 겔(ger)의 구조와 밀접하게 연계되어
있다. 즉 <호리투메드 메르겡> 설화에서 기술되고 있는 대로라면 동
쪽에서 일하고 있는 남편의 입장에서 보면 북쪽에 앉아 있는 아내는
도망을 갈 수 없는 위치에 있으며 혹시 날개옷을 입고 도망을 가려고

해도 동쪽을 반드시 지나가야 하기 때문에 남편은 아내를 쉽게 잡을 수 있는 위치에 있음을 알 수 있다.

한편 <호리투메드 메르겡> 설화를 보면 천상의 여인은 날개옷을 입고는 문으로 나가지 않고 겔(ger)의 천장(toono)으로 날아간다. 지상의 존재라면 반드시 문으로 나갈 수밖에 없지만 천상의 존재이기 때문에 겔(ger)의 천장으로도 날아갈 수 있는 것이다. 아마도 이러한 줄거리는 천상의 존재는 겔(ger)을 출입할 때 천장이나 문의 갈라진 틈 사이를 통하여 들어와서 다시 그 곳으로 나간다는 『몽골비사』의 줄거리 속에서도 부분적으로 보여 진다. 예를 들어서 칭기스칸의 조상인 알룬고아(Alun gua)는 도부 메르겡(Dobu mergen)과의 사이에서 아들 두 명을 낳고는 남편인 도부 메르건(Dobu mergen)이 죽은 후에 남편도 없이 아이를 가지게 된 사연을 자식들에게 다음과 같이 설명한다.

"밤이 되면 하얗게 빛나는 노란색 사람이 천장이나 문의 틈 사이로 들어와서 나의 배를 만지면 그 빛이 내 배로 흡수되는 것이었다. 해가 뜨고 달이 사라지면 노란색 개와 같이 기어나가는 것이었다."[31]

위의 내용을 보면 천상의 존재는 겔(*ger*)의 천장을 통하여 겔(*ger*)을 출입한다는 것이 몽골의 민속문화 속에서 어렵지 않게 발견됨을 알 수 있다. 따라서 몽골의 겔(*ger*)에서 천장(*toono*)은 천상의 존재가 왕래할 수 있는 신성한 공간으로 간주되기도 한다. 이러한 민속은 몽골인들이 가지고 있는 주거공간에 대한 속신어 중에서도 잘 반영되어서 나타난다. 가령 예를 들어서 장장식(2000), 이안나(2005), 박환영(2008b)[32]은 겔(*ger*)의 천장과 관련해서 다음과 같은 속신어를 소개하고 있다.

- 낡은 천창틀을 불태우지 않으며 여자는 손을 대지 않는다.
- 천창 위를 밟아서는 안 된다.
- 천창을 들어 올릴 때는 집안의 가장이나 아들이 아니면 들어 올려 서는 안 된다.

결국 <호리투메드 메르겡> 설화는 몽골에서 겔(*ger*)의 천장이 신성시 되는 이유를 설화를 통하여 잘 설명해 주고 있는 셈이다. 오랜 시간을 걸쳐서 몽골의 설화는 면면히 전승되어 왔는데 이러한 과정 속에서도 여전히 남아서 전승되는 요소는 역시 몽골의 민속문화를 제대로 담고 있는 부분인 것이다. 오늘날 몽골의 유목민들은 <호리투메드 메르겡> 설화 속에 나오는 주거공간의 구분을 여전히 지키면서 생활하고

---

31) Gaadamba, op. cit., p.21.
32) 박환영, 앞의 책, 2008b, 221쪽.

있는데, 이러한 문화요소로 인하여 설화의 전승력은 현대에도 생명력을 가지고 계속해서 지속될 수 있는 것이다.

4. 〈호리투메드 메르겡〉 설화 속 유목문화의 특징

동아시아의 설화를 이해하기 위해서는 줄거리 속에 포함된 설화의 유형(type)이나 다양한 모티프(motif) 외에도 동아시아의 설화를 구성하고 있는 다양한 민속문화를 제대로 파악해서 분석하고 해석해야 한다. 특히 설화는 일정한 틀을 가진 이야기로 구성되어 있기는 하지만 압축될 대로 압축되어 있어서 풍부한 민속문화를 담고 있는 경우가 많다. 몽골의 〈호리투메드 메르겡〉 설화가 제시해 주고 있는 문화의 메시지를 제대로 읽어내기 위해서는 역사지리학적 방법 외에도 설화 속에 내재되어 있는 민속문화를 문화기호론적인 입장에서 분석해야 하는 필요성이 제기될 수 있다.

이제까지 일반적으로 민속학에서 설화를 분석하는 방식대로 동아시아의 설화를 역사지리학적 방법을 동원하여 살펴보면 몽골의 〈호리투메드 메르겡〉 설화는 전승되는 자료에 따라서 줄거리가 조금씩 다르기는 하지만 몇 가지 유형으로 분류할 수 있으며, 주요한 설화의 모티프도 발견할 수 있다. 즉 부리야트 몽골의 씨족기원 설화로 분류하거나 백조의 다리가 검게 된 유래를 설명해 주는 동물 유래담으로 분류할 수 있다. 그리고 〈호리투메드 메르겡〉 설화의 대표적인 모티프(motif)로는 천상의 백조가 호수나 연못에 몰래 내려와서 목욕하는 것과 홀아비 사냥꾼이 천상의 백조와 결혼하는 것 그리고 천상의 백조가 날개웃을 되찾아서 다시 하늘로 올라가는 것 등을 들 수 있다.

좀 더 나아가서 동아시아 설화의 내면에 들어있는 민속문화를 읽어내기 위하여 문화기호론적인 방법으로 설화를 분석해 볼 수 있다. 문화기호론적인 입장에서 <호리투메드 메르겡> 설화를 들여다보면 이름(人名), 친족용어, 생업 그리고 주거 공간 등 다양한 문화기호가 내재되어 있는데, 이름의 경우 남자의 경우는 메르겡(mergen)과 바타르(baatar) 그리고 여자의 경우는 하탄(hatan)이 들어간 이름이 자주 등장한다. 그리고 친족용어의 경우에는 자식들을 나타내는 용어가 다양하게 묘사되어 있는데 예를 들어서 자식들(hüühed, ür, ür hüühed), 아들(hövüün, hüü), 딸(hüühen, ohin) 등이 여기에 속하는 친족용어이다.

덧붙여서 <호리투메드 메르겡> 설화 속에 내재된 문화기호는 수렵과 유목이라는 생업의 현장 속에서 만들어져서 민중들의 일상적인 생활문화를 형성하고 있는 유목민들의 주거 공간인 겔(ger)의 구조와 가족 구성원들의 지위와 성(性)에 의한 공간의 구분 등에서도 잘 반영되어 있다. 특히 호이모르(hoimor)라는 겔(ger) 내부의 상석(上席)에 대한 언급이 눈에 띈다. 같은 방식으로 설화 속에서 천상의 여인은 날개옷을 입고는 문(門)으로 나가지 않고 겔(ger)의 천장(toono)으로 날아가는데 이것은 지상의 인물이라면 반드시 문으로 나갈 수밖에 없지만 천상의 백조이기 때문에 겔(ger)의 천장으로도 날아갈 수 있으며, 겔(ger)의 천장을 신성시 여기는 몽골의 민속문화도 밀접한 연관이 있음을 알 수 있다.

유목문화 속에 반영된 동물상징

1. 유목문화의 보고(寶庫)인 『몽골비사』

중앙아시아의 초원지대는 가축의 방목을 기초로 하여 이루어지는 생업활동에 기반을 두고 있는 유목문화를 이루고 있는데, 몽골은 아마도 중앙아시아의 중심에서 오늘날에도 유목문화를 유지하고 있는 독특한 생태문화권을 형성하고 있는 곳이다. 이러한 몽골의 유목문화가 가지고 있는 핵심적인 요소는 가축이며 아울러서 주변의 자연환경과 관련한 야생동물과 식물도 여기에 포함될 수 있다. 아마도 이러한 요소 중에서도 가축을 포함한 동물은 몽골의 유목문화를 이루는 주요한 부분이다.

　이 글에서는 몽골 유목문화의 기저(基底)에 깔려있는 동물과 관련된 문화와 민속을 고찰하기 위하여 몽골의 대표적인 역사서인『몽골비사』의 내용을 고찰해 보고자 한다.[1] 이제까지 알려진 바로는『몽골비사』의 저자와 저술 연대는 명확하지는 않지만, 일반적으로 13세기에 저술된 것으로 보는 견해가 많다.[2] 또한『몽골비사』는 정치적인 역사서이면서 당시의 언어와 생활풍속, 사회, 경제에 이르기까지 소중한 내용을

---

1) 이 글에서 인용하는『몽골비사』의 내용은, Onon(1990), Gaadamba(1990), 유원수(1994와 2004)를 참고함.
2) 『몽골비사』가 언제 저술되었는지 그리고 저자는 불분명하다. 그러나 작자는 미상이라도 저술 연대는 대체로 1228년, 1240년, 1252년 그리고 1264년 등과 같이 13세기로 보는데, 1240년이라고 보는 견해가 많은 편이다. 유원수(2004 : 10) 참고.

담고 있는 문헌이기 때문에 두말할 나위도 없이 좀 더 다양한 입장에서 본격적인 연구가 필요하다고 하겠다.

『몽골비사』가 가지는 역사문화적인 가치를 새롭게 인식하려는 움직임이 최근에 진행된 바 있다.[3] 그러나 이 글에서는 좀 더 구체적인 접근을 위하여 몽골 유목문화의 정수(精髓)라고도 할 수 있는 동물에 초점을 두어서 『몽골비사』를 민속학적으로 분석해보고자 한다. 한편 몽골의 유목문화 속에서 동물에 대한 고찰은 샤머니즘이라는 부분적인 틀 속에서 일부 다루어지기는 하였지만[4] 『몽골비사』라는 대표적인 몽골의 역사문헌자료에 근거하여 몽골의 유목문화라는 전반적인 틀 속에서 분석해볼만한 가치를 충분하게 지니고 있다고 하겠다. 따라서 『몽골비사』 속에 투영된 동물과 관련된 몽골의 민속문화를 민속분류, 상징이나 은유적인 언어표현인 민속상징과 은유, 생업민속, 시간민속을 중심으로 논의해 보고자 한다.

2. 『몽골비사』에 투영된 동물관련 민속문화의 유형

일반적으로 문헌자료의 성격을 이야기할 때 『몽골비사』는 몽골민족이 어떻게 생겨났으며, 몽골을 중심으로 중앙아시아의 대초원에서 수많은 세력다툼의 과정을 상세하게 다루는 중앙아시아와 몽골 유목민들 사이에 전개되었던 정치사의 성격이 강하다. 또한 『몽골비사』 곳곳에는 몽골인들의 일상적인 생활문화인 유목문화가 곳곳에 내재되어 있

---

3) 김기선(2003a와 2003b), 김천호(2003), 박원길(2003), 박환영(2006b) 등 참고.
4) 박환영(2009a) 참고.

다. 이러한 유목문화 중에서 동물과 관련된 내용은 다음과 같이 크게 네 가지 유형으로 분류할 수 있을 것 같다.

첫째로 민속분류5)와 관련된 내용이 많이 들어 있다. 예를 들어서 몽골에서 대표적인 다섯 종류의 가축(*tavan boshuu mal*)인 말, 소, 염소, 양, 낙타 등과 같은 가축을 구분하기 위하여 몽골인들이 가지고 있는 일종의 민속분류 체계인 미세한 색깔, 동작, 신체의 특징, 나이 등으로 가축을 구분하는 몽골의 민속문화가 잘 반영되어 있다. 둘째로 민속상징과 은유에 대한 내용도 많이 나타나 있다. 예를 들어서 가축이나 동물에 빗대어서 사람의 성격이나 행동거지 그리고 정치적인 상황을 표현하는 방식이 『몽골비사』에 들어있다. 다시 말해서 주변에서 흔히 볼 수 있는 가축이나 주변의 자연환경 속에서 오랜 시간동안 경험에 의하여 축적된 가축이나 동물의 습성을 이용하여 일상적인 생활공간에서 동물이 가지는 이러한 특징을 상징이나 은유적인 언어표현으로 역사적인 기술에 자주 사용하고 있음을 알 수 있다.

셋째로 생업과 관련한 생활 속의 민속도 제법 찾아볼 수 있는데 유목문화 속에서 생업활동의 대부분은 가축이나 주변의 자연환경에서 발견할 수 있는 야생동물과 관련된 것이다. 또한 이러한 민속문화에는 사냥과 관련된 것과 다른 가축과 구별하기 위하여 가축에게 이름을 붙여주는 내용도 함께 다루어질 수 있다. 넷째로는 시간민속과 관련해서 동물이 사용되기도 한다.6) 역사적인 사건을 기술하면서 구체적이면서

---

5) 몽골의 민속문화 중에서 질병과 동식물을 민속분류로 분석한 연구는 박환영(2005a와 2005b) 참고.
6) 몽골의 일상적인 생활문화 속에는 시간을 구분하기 위하여 12띠 동물이 상징적으로 사용되기도 한다. 자세한 내용은 박환영(2003) 참고.

도 정확한 해(年)에 대한 내용이 잘 반영되어 있는데 주로 12띠와 관련한 12종류의 동물이 등장한다.[7] 아래에서는 좀 더 구체적으로 이러한 유형에 대하여 고찰해보고자 한다.

(1) 민속분류

『몽골비사』 속에 반영된 동물과 관련된 민속분류를 보면 동물의 색깔, 동작, 신체적 특징, 나이 등 유목문화 속에서 유목민들이 축적한 생활의 지혜가 고스란히 담겨져 있다. 이러한 동물로는 주로 가축이 대부분이며, 그 중에서도 말(馬)에 대한 내용이 두드러지게 많은 것이 특징이다. 이러한 이유는 아마도 몽골의 유목문화 속에서 말(馬)이 가지는 가치와 중요성을 잘 나타내어 준다고 하겠다. 『몽골비사』 속에서 찾아볼 수 있는 민속분류의 내용 중에서 말(馬)과 연관되어 있는 부분은 다음과 같다.

---

7) 몽골에서 발견되는 돌궐 비문은 8세기경에 쓰여진 것으로 추정할 수 있는데 그 내용을 자세하게 들여다보면 시간을 나타내어 주는 12띠 동물이 간혹 등장한다. 예를 들어서 퀼 티긴 비문과 빌개 카간 비문에는 12띠 동물이 역사적인 사건을 암시해 주는 시간을 표시하기 위하여 사용되고 있다(테킨, 2008 : 118과 163). 또한 몽골 초원에서 활동을 하였던 흉노인들도 한 해를 4계절 12달로 나누고 각 달을 쥐, 소, 호랑이, 토끼, 용, 뱀, 말, 양, 원숭이, 닭, 개, 돼지 등으로 구분하였다(이안나, 2005 : 173). 따라서 이미 8세기경에도 돌궐을 비롯하여 몽골 초원과 주변 지역의 여러 민족들 사이에서 12띠 동물을 가지고 시간을 구분하는 문화가 널리 퍼져있었음을 알 수 있다.

↘ 말을 탄 몽골의 유목민

- 보돈차르는 "형제로도 안 쳐주는데 여기 있으면 무엇 하나?" 하고 등에는 안장에 쓸린 상처가 있고, 꼬리털은 빠져버린 오록 싱콜라를 타고… (후략) (24장)[8]

- 그렇게 지내다 암보라매가 검은 멧 닭을 잡아먹고 있는 것을 보고 등에는 안장에 쓸린 상처가 있고 꼬리털은 빠져버린 오록 싱콜라의 말총으로 올가미를 만들어 잡아 길렀다 (25장)[9]

- 그들이 다가오자 칠레두는 겁이 나서 타고 있던 발 빠른 호박색 말의 뒷다리를 때려 언덕을 넘어 달아나고 그 뒤를 셋이서 쫓았다 (후략) (55장)

---

8) Gaadamba(1990 : 28~29)에 보면 "꼬리털은 빠져버린 오록 싱콜라"에 해당하는 몽골어 원어는 *godil süült orog shinhul morio*이다.

9) "꼬리털은 빠져버린 오록 싱콜라"에 해당하는 몽골어 원어는 *godil süült orog moriny*로 표기되어 있는데(Gaadamba, 1990 : 29), 싱콜라를 나타내는 *shinhul*가 바로 앞 단락인 24장에서 언급되었기 때문에 *shinhul*이 생략된 것으로 볼 수 있다.

• … 벡테르가 둔덕 위에서 담황색 거세마 9마리 말을 지키고 앉아 있을 때, 테무진은 뒤에서, 카사르는 앞에서 살을 시위에 메긴 채 몰래 접근하는 것을 벡테르가 보고 이르기를… (후략) (77장)

• … "이제 어머니와 동생을 찾아가라!"고 하며 입이 희고, 새끼를 낳지 않은 엷은 황갈색 암말에 태우고, 두 어미의 젖을 빠는 새끼 양을 잡아 음식을 만들고, 가죽 부대와 통을 갖춰주고… (후략) (87장)

• 하루는 담황색 거세마 8마리가 집 곁에 서 있는 것을 강도가 와서 뻔히 보고 있는데 훔쳐갔다. (중략) 테무진은 "너희들이 못한다. 내가 쫓아 가마!"고 꼬리가 짧은 밝은 황갈색 말을 타고 담황색 거세마를 찾아 나섰다 (후략) (90장)

• … 등이 굽은 황갈색 말을 타고 회색 모포를 말에 얹고 벨구테이와 왔다 (후략) (95장)

• … "쿠이텐에서 후퇴와 포위를 거듭하며 싸우고 있을 때 산등성이 위에서 나의 입이 흰 황색 전투마의 목등뼈를 쏘아 부러뜨린 자가 누구냐?"고 했다 (후략) (147장)[10]

• … 갓 3살, 2살 난 망아지를 길들이듯 가르치고 단속하며 행했다 (후략) (149장)

• … 다시 제 말치기 키실럭에게, "메르키드종 흰 말과 입이 흰 밤색 말을 끌어와라! 매어 두었다가 밤에 일찍 출발할 것이다"라고 했다 (후략) (169장)[11]

---

10) "입이 흰 황색 전투마"의 몽골어 원어는 *baildaany am tsagaan hul moriny*인데 문자그대로의 뜻은 입이 흰 엷은 황갈색의 전투마이다. Gaadamba(1990 : 94) 참고.
11) "입이 흰 밤색 말"의 몽골어 원어는 *am tsagaan heer moriig*인데, 말의 색깔이 입은 희

- … 눈 먼 가리온말 한 마리만 타고 왔지요 (후략) (177장)[12]

- … 우리의 전초가 보잘 것 없는 안장을 얹은 마르고 적갈색을 가진 말 한 마리를 나이만에게 빼앗겼다 (후략) (193장)[13]

- … 젖통을 초원에 감춰두고, 꼬리가 짧은 내 공골말을 놔두게 하고 내게 오록 싱콜라를 타게 하고, 그대 자신은 발빠른 호박색 말을 타고 가축을 주인 없이 놔둔 채 서둘러 초원에서 곧장 출발하여 … (후략) (205장)[14]

- … 야생마들이 다가오자 황토빛을 띤 잿빛말이 놀라는 바람에 칭기스칸이 말에서 떨어져 살이 몹시 아파서 초오르카드에서 야영했다 … (후략) (265장)[15]

이상의 내용을 보면 몽골의 말(馬)이 가지는 나름대로의 색깔, 나이의 정도, 거세여부, 암말과 숫말 그리고 상처를 포함한 신체의 상태를 비롯하여 새끼를 낳지 않은 말, 발이 빠른 말, 꼬리가 짧은 말 등 다양

고 몸이 밤색 혹은 적갈색을 띤 말을 나타낸다. Gaadamba(1990 : 125) 참고.

12) "눈 먼 가리온말 한 마리"에 해당하는 몽골어 원어는 *gants sohor haliun mor'toi*이다 (Gaadamba, 1990 : 136). 한편 가리온말은 몸이 희고 갈기가 검은색인 말을 의미한다.

13) "안장을 얹은 마르고 적갈색을 가진 말"의 몽골어 원어는 *emeeltei etsenhii saaral moriig* (Gaadamba, 1990 : 154)이다. 한편 유원수(2004 : 171)는 이 부분을 "보잘것없는 안장을 얹은 싱콜라말"이라고 기술하고 있다. 그런데 『몽골비사』의 24장과 205장에 나오는 *shinhur moriig*를 싱콜라말로 표기 한 것(유원수, 2004 : 28과 2002)이 더 적절한 것 같아서 본 논문에서는 193장에 나오는 *saaral moriig*를 싱콜라말로 기술하기보다는 그냥 문자 그대로 적갈색 말로 풀어서 표기하고자 한다.

14) "꼬리가 짧은 공골말"의 몽골어 원어는 *ogotor hongor moriig*이며, '오록 싱콜라'의 몽골어 원어는 *orog shinhur moriig*이다(Gaadamba, 1990 : 181). 여기서 공골말은 연한 황갈색 말을 나타내고, 오록 싱콜라는 "등줄기는 검은 털로, 다른 부분은 파르스름한 빛이 나는 흰 털로 덮인 말"을 나타낸다(유원수, 2004 : 28과 2002).

15) "황토빛을 띤 잿빛 말"은 몽골어 원어에 *zost(tolbot) bor moriig*로 표기되어 있다. Gaadamba(1990 : 237) 참고.

한 종류의 말이 잘 묘사되어 있다. 특히 말의 색깔을 묘사하고 있는 내용을 자세하게 살펴보면 검은색 등에 푸르스름한 빛을 띤 말, 황갈색 말, 잿빛말, 담황색 말, 입이 흰 밤색 말 등 정말로 미세한 말(馬)의 색깔을 통하여 말을 구분하는 몽골 고유의 민속분류 방식을 잘 볼 수 있다.

또한『몽골비사』에는 말(馬)과 함께 소, 양, 염소, 낙타와 같은 대표적인 몽골 유목문화의 가축과 사슴, 매, 담비 등도 민속분류에 의하여 구분하는 몽골의 유목문화가 잘 반영되어 있다. 예를 들어서,

- 도분 메르겐은 그 말에 3살 난 사슴의 뒷다리 한쪽을 꺽어 주고 그 아이를 데려다 집안에서 부리고 있었다 (16장)

- 손녀의 예쁜 얼굴, 딸의 미모를 가진 사람들… (중략) 높은 수레에 태워 검은 낙타가 끌고 달려가게 해서… (중략) 앞방이 있는 수레에 태워 흑청색 낙타가 끌게 하고 가서… (후략) (64장)

- … 포장을 친 검은 수레에 태워 허리가 얼룩인 소를 매어 텡게리 천을 따라 올라가고 있을 때… (후략) (100장)

- … 검은 황소의 가죽으로 메운 울려 퍼지는 소리나는 북을 두드렸다. 검은색 발 빠른 말을 탔다 (중략) 등이 검은 발 빠른 말을 탔다 (후략) (106장)

- … 2살 난 거세양의 국을 만들어 아침에 안 모자라도록 하겠습니다. (중략) 얼룩박이 암양들을 길러 수레 밑에 가득하게 하겠습니다. 담황색 암양들을 길러 울타리가 가득하게 하겠습니다 (후략) (124장)

- … 궁핍하여 5마리의 염소를 붙들어 젖을 짜고, 낙타의 피를 찔러 먹고 단지 눈 먼, 꼬리 검은 황마를 타고 테무진 아들에게 오니까 테무진이 세금을 거두어 돌보았다 (후략) (152장)

- … 세 길 몸에 큰 가축16)의 세 살배기를 먹으며 삼중 갑옷을 입고 … (후략) (195장)

- … 투멘 키르기스에 이르자 키르키스의 지도자 에디, 이날, 알디에르, 우레벡 디긴 등이 흰 해동청, 흰 거세마, 검은 담비를 갖고 귀순해 와서 조치를 알현했다 (후략) (239장)

- … 목이 길고 다리가 긴 토비착말들, 쿠링 엘로우 낙타, 다우시 키치르 낙타, 짐 싣는 나귀와 노새를 해마다 보내면서 있거라! (후략) (274장)

- … 바다와 같은 카한의 국을 위하여 두 살배기 거세양을 무리당 1년에 1마리 내는 것이 무슨 큰 일이겠는가? (중략) 자리마다 20여 명의 역마지기를 두었다. 역마용 거세마, 식용의 양, 젖을 짤 암말들, 수레에 멜 소, 수레들이 여기서 우리가 정한 기준에 짧은 끈 하나만 모자라도 … (후략) (280장)

위의 내용을 살펴보면 앞에서 언급했던 말(馬)의 색깔, 나이, 동작, 신체의 상태, 거세여부 등과 같은 민속분류의 요소가 낙타, 소, 양, 염소와 같은 가축에도 비슷하게 적용되고 있으며, 조금 더 나아가서 토비착말, 다우시 키치르 낙타와 같이 가축의 종(種)을 보여주는 가축의 출신지역도 가축을 구분하기 위하여 들어있음을 알 수 있다. 또한 역마용

---

16) 큰 가축은 보통 말, 낙타, 소 등을 의미하고, 작은 가축은 양과 염소 등을 나타낸다. 유원수(1994 : 163) 참고.

거세마, 식용의 양, 젖을 짤 암말들, 수레에 멜 소 등과 같이 가축이 일상적인 생업현장에서 어떠한 기능을 하는가에 대한 구분도 잘 반영되어 있다.

(2) 민속상징과 은유

『몽골비사』에는 당시의 시대적인 상황과 등장하는 인물의 성격을 적절하게 묘사하기 위하여 다양한 상징과 은유적인 표현이 많이 들어 있다. 이러한 경우 등장하는 동물의 종류는 다양한 편이다. 예를 들어서 몽골의 대표적인 다섯 종류의 가축과 개는 물론이고 사슴, 쥐, 타르바가, 족제비, 이리, 원숭이, 늑대, 표범 등과 같은 야생동물과 매, 까마귀, 원앙, 오리, 거위, 학, 뱀 등과 같은 조류와 파충류 그리고 귀뚜라미, 연어, 꼬치고기와 같은 곤충과 어류 등 다양한 동물이 『몽골비사』속에 들어있다. 먼저 몽골의 대표적인 다섯 종류의 가축과 개 그리고 사냥용 매를 상징적으로 혹은 은유적으로 등장시킨 내용을 살펴보면 다음과 같다.

↘ 몽골 초원의 개

북 사냥용 매

• 밤마다 밝은 노란색 사람이 천장이나 문의 윗틈새로 빛을 따라 들어와 내 배를 문지르면 (중략) 달이 지고 해가 뜰 새벽 무렵에 나갈 때는 누렁개처럼 기어나가는 것이었다 (20장)

• 이수게이 사돈, 제가 간 밤에 꿈을 꾸었습니다. 흰 해동청이 해와 달을 움켜쥐고 날아와 내 손에 앉았습니다 (후략) (63장)

• … 그의 아들 침바이와 질라온이, "작은 새를 매가 덤불로 몰아넣으면, 덤불이 보호했습니다. 이제 우리에게 온 사람을 어떻게 그렇게 말씀하십니까?"라며… (후략) (85장)

• … 몸이 무거운 여자가 오줌 누는 데만큼도 아니 나가 본, 바퀴에 매인 송아지의 풀밭만큼도 멀리 못 가본 계집애 같은 타양이 겁이 나서 이런 전갈을 보내지 않았는가? … (후략) (194장)

• … "마치 이리가 양떼를 몰아 울타리에 이르도록 쫓아오는 것처럼

저들은 무슨 사람들이 저렇게 맹렬히 추격해 오는가?” 하고 물었
다. (중략) 나의 테무진 형제는 4마리의 개를 사람의 고기로 길러,
사슬을 채워 묶어 놓은 것이었다 (중략) “저들은 아침 일찍 풀어
놓은 망아지들이 제 어미의 젖을 빨고 제 어미 주위를 까불며 뛰
는 것처럼 왜 저렇게 우회하여 오는가?” (중략) “그 뒤에 오는, 주
린 매처럼 침을 흘리며, 코를 내밀며 오는 자가 누구냐?”고 타양칸
이 자무카에게 물었다 (중략) 나이만 동무들이 몽골을 보면 새끼 염
소의 종아리 가죽도 안 남아 나게 할 만한 것이었다 (후략) (195장)

• … 형제는 현명한 어머니를 갖고, 태생이 준걸로 태어나, 재능있는
아우들이 있고, 73명의 호걸 동무들이 73마리 거세마가 되어주었
기 때문에 형제에게 졌다 (후략) (201장)

• … 입으로만 죽인 것은 말에 실을 수가 없습니다. 말로만 죽인 것
은 그 가죽을 벗길 수가 없습니다. 아들들이 맏이는 조치와 우리
둘입니다 … (후략) (255장)

• … 부드러운 풀로 싸놓아도 소에게 아니 먹힐 자가, 기름 붙은 살
로 싸놓아도 개에게 아니 먹힐 자가 태어나더라도, 뿔사슴이 가로
지르고 쥐가 기어나오는 것을 놓치겠습니까? … (후략) (255장)

• … 세 궁사들이 칭기스칸에게 “회색 매가 조련에 겨우 든 것같이
아들들이 겨우 이 만큼 원정하여 배우고 있을 때 아들들을 기를
꺾어 가며 왜 이렇게 계속 꾸짖습니까?” … (후략) (260장)

• … 킵착 사람을 잡고는 겨우 새끼 염소의 종아리에 불과한 노획
물을 갖고 대장부 행세를 하며, 한번 집을 떠나 무슨 대단한 일이
라도 혼자서 해낸 듯이 언성을 높이며 왔다 (후략) (277장)

↘ 몽골 유목문화에서 중요한 기능을 하는 몽골의 개

앞에서 기술한 내용과 같이 몽골 유목문화에서 다섯 종류의 대표적인 가축(말, 소, 염소, 양, 낙타)과 개 그리고 사냥을 위해서 길들여진 매는 아마도 몽골인들에게는 아주 친근한 동물이었던 것 같다. 따라서 역사적인 기술에서도 이러한 동물을 상징적으로 혹은 은유적으로 등장시켜서 역사적인 인물이나 상황을 적절하게 묘사하고 있는 것이다. 가축의 새끼는 외형적으로는 너무나도 보잘것없는 아주 미미한 존재인 것과 사냥용 매로 길들이는 과정에서 조련중인 매가 가질 수 있는 불완전한 입장을 유목생활에 조심스럽게 적응하면서 실제적인 생태환경을 배우고 체험하고 있는 몽골 초원의 어린 아이들에게 빗대어서 표현하고 있는 것이 두드러진다. 한편 다음으로 살펴볼 것은 조류(鳥類)가 중심이 되어서 상징과 은유적으로 기술되고 있는 부분이다. 예를 들어서,

> • … 가마우지는 과일 깍지, 흙 껍질이나 먹을 팔자인데 거위, 학을 먹자고 바라고 있었다 (중략) 말똥가리 못난 새는 쥐, 생쥐나 먹을 운명인데 고니, 학을 먹자고 바라고 있었다 (중략) 나는 양의 똥같은 내 목숨을 보존할 검고 어두운 골짜기로 숨어 들어가겠다 (후략) (111장)

 제2장 설화와 동물상징을 통한 유목문화 보기

- … 쥐가 되어 거두어 들이겠습니다! 검은 까마귀가 되어 밖에 있는 것을 모아 들이겠습니다 (후략) (124장)

- … 칸, 칸이여! 있는 종달새가 저입니다. 가는 참새가 제 의형제입니다 (후략) (160장)

- … 카한 형제에게 일러라! 갈가마귀가 검둥오리를 잡아 먹게끔 되었다 (중략) 잿빛 개구리매가 회색 기러기를 잡아 먹게끔 되었다 (후략) (200장)

- … 검은 밤에 숫 늑대 밝은 날에는 검은 까마귀되어 이동해야 할 때에 아니 멈춘… (후략) (210장)

- … 쓰러진 큰 나무와 같이 당신의 몸이 쓰러져 가면 난마 같은 당신의 나라를 누구에게 다스리게 하겠습니까, 그들이? 큰 기둥 같은 당신의 몸이 넘어져 가면 새떼 같은 당신의 나라를 누구에게 다스리게 하겠습니까, 그들이? (후략) (245장)

이상의 내용은 주로 조류(鳥類)가 중심이 되어서 기술되고 있는데, 특히 까마귀가 자주 상징적으로 혹은 은유적으로 사용되고 있는 것이 눈에 띈다. 몽골의 설화 속에서 까마귀는 오전과 이른 오후에 주로 활동하며 밤에는 부엉이가 주로 활동하는 것으로 나오는데 그래서 낮에는 까마귀가 부엉이를 쉬지 못하게 하는 반면에 밤에는 부엉이가 까마귀를 쉬지 못하게 하는 것으로 묘사되고 있다. 또한 몽골에서 낮에 산까마귀를 만나면 길조로 여기는데 이것은 오전에는 까마귀가 보르항(*burhan* ; 부처)의 명을 받기 때문이다. 반면에 오후 늦게 까마귀를 만나면 흉조로 여기는데 이것은 까마귀가 오후에는 숄마스(*shulmas* ; 악령)의 명을 받기 때문이다.[17] 따라서 『몽골비사』에 묘사된 까마귀와 관련된 내용 중에 "밝은 날에 검은 까마귀가 되어 이동한다"는 표현도 이러한 까마귀의 습성을 아주 잘 표현한 것으로 볼 수 있는 것이다. 한편 다음으로 살펴볼 것은 여러 종류의 동물이 한데 어울려서 복합적으로 묘사되고 있는 부분이다. 예를 들어서,

- 칭기스칸의 선조는 위에 계신 하늘이 점지하여 태어난 잿빛 푸른 이리였다. 그의 아내는 흰 사슴이었다 (1장).

- … 제 모태를 물어뜯는 카사르 개처럼, 바위에서 덤벼드는 표범처럼, 제 분을 누르지 못하는 사자처럼… (중략) 제 그림자에 덤벼드는 해동청처럼, 소리없이 삼키는 꼬치고기처럼, 제 새끼의 뒷꿈치를 물어뜯는 숫낙타 처럼, 눈보라 속에서 밀려드는 이리처럼, 제 새끼를 쫓아내다 못해 잡아먹는 원앙이처럼, 소굴을 건드리면 떼지어 덤벼드는 승냥이처럼, 잡아서 길들일 수 없는 호랑이처럼, 이유없이 덤벼드는 바룩 개처럼 … (후략) (78장)

- … 족제비 되어 듣는 덕에, 쇠흰 족제비 되어 보는 덕에, 온몸을 도망쳐, 발이 묶인 말을 타고, 사슴의 길을 길삼아 (중략) 이[곤충] 같은 내 목숨을 도망했다 (중략) 혼자만 말을 타고, 뿔사슴의 길을 길삼아 (중략) 귀뚜라미 같은 그런 목숨을 보호받았다 (후략) (103장)

- … "우리 둘을 시기하는 이빨 있는 뱀에게 부추김을 받아도 부추김에 빠지지 말자! (중략) 어금니 있는 뱀에게 이간질 당해도 그 이간질을 서로 취하지 말자!" (후략) (164장)

---

17) 체렌소드놈(2001 : 156~159) 참고.

　제2장 설화와 동물상징을 통한 유목문화 보기

- … 올가미에 걸린 야생마, 살 맞은 사슴이 되어서 달아났다. 그들이 날짐승이 되어 하늘로 날아오르면 그대 수베에테이는 해동청이 되어 날아 잡지 않겠는가? 타르바가가 되어 발톱으로 땅을 파고 들어가면 그대는 쇠 지레가 되어 두들겨가며 찾아내지 않겠는가? 물고기가 되어 텡기스 바다로 들어가면 그대 수베에테이는 투망, 예인망이 되어 건져 올려 잡지 않겠는가? … (후략) (199장)

- … 카한 형 그대를 거세마처럼 고르고, 거세양 처럼 쓰다듬어 당신의 큰 자리에 그대의 몸을 지목하여 여러 백성을 그대의 위에 실어 주었습니다 (중략) 연어의 등허리뼈를 제가 분질렀습니다. 철 갑 상어의 등허리뼈를 제가 분질렀습니다 (후략) (271장)

위에서 기술한 내용을 자세하게 살펴보면 다양한 동물을 동원하여 역사 속의 상황을 잘 묘사해 주고 있다. 특히 자신의 그림자를 보고 덤벼드는 어리석은 해동청이라든지 무리를 지어서 함께 공격하는 승냥이와 같이 동물이 가지고 있는 야생적인 습성을 이용하여 역사적인 인물을 빗대어서 표현하고 있는 것이다. 그리고 뱀은 이간질을 잘하는 동물로, 귀뚜라미와 같은 곤충은 언제 죽을지도 모르는 위험한 상태에 처한 입장을 잘 반영해 주고 있다. 또한 재미있는 내용은 날짐승이 되어서 하늘을 날아오르면 해동청이 되어 날아서 잡고, 타르바가가 되어 땅 속에 숨으면 쇠지레가 되어서 잡고, 물고기로 변하여 깊은 바다에 숨으면 투망과 예인망이 되어서 잡을 수 있다는 내용을 통하여 유목문화 속에 담겨져 있는 동물사이의 먹이사슬과 변화무쌍한 대초원에서의 적응과 대응관계를 적절하게 보여주고 있다.

(3) 생업과 관련된 생활 속의 민속

『몽골비사』는 일종의 민족대서사시로 몽골민족의 기원과 역사 그리고 일상적인 생활문화와 같은 폭 넓은 내용을 담고 있다고 해도 과언이 아닐 정도로 몽골 유목민들의 삶과 생활방식을 압축해서 잘 묘사하고 있다. 따라서 동물과 관련해서 생업과 관련된 생활 속의 민속에는 사냥민속을 비롯하여 가축을 중심으로 하는 음식문화 그리고 동물에게 특정한 이름을 지어주는 풍속 등 내용도 다양한 편이다. 이러한 내용 중에서 먼저 사냥민속이 두드러지는데 이것과 관련된 부분을 열거해 보면 다음과 같다.

- 코릴라르타이 메르겐은 담비와 다람쥐같은 사냥감이 있는 자신의 코리 투마드의 땅에서 사냥을 금하여 사람들과 사이가 나빠지자 코릴라르씨가 되어 부르칸 칼둔의 사냥감 많은 땅이 좋다며… (후략) (9장)

- 그 뒤 하루는 도분 메르겐이 토고착 운두르로 사냥하러 나갔다. 숲 속에서 우리양카이족 남자가 3살 난 사슴을 죽여 그 갈비와 창자를 굽고 있는 것을 보고 (12장)

- 도분 메르겐이 "동무여, 구이에…!"라고 하자 "주마!"하고는 허파가 붙은 질두와 가죽은 자기가 갖고 사슴 고기 전부를 도분 메르겐에게 주었다 (13장)

- 먹을 것이 없을 때는 이리가 깊은 데로 몰아 넣은 짐승을 엿보다 활로 쏘아 죽여 매와 함께 나눠 먹고… (후략) (26장)

- 봄이 되었다. 오리들이 올 때에 매를 굶겨 날렸다. 잡은 오리들, 기

러기들이… (중략) 누린내를 풍기도록 매를 놓았다 (27장)

- 그때, 이수게이 바아투르는 오난강에서 매 사냥을 하고 있었는데 메르키드족의 예케 칠레두가 올쿠누우드 사람들한테서 신부를 데려오는 것을 만나게 되어… (후략) (54장)

- 그러자 테무진과 카사르가 안 좋아하며, "어제도 고도리살로 잡은 작은새를 그렇게 빼앗아갔습니다" (후략) (77장)

- 거기서 함께 나아가 부르칸 칼둔의 남쪽 쿠렐쿠 안에 있는 셍구르 천의 카라 지루켄의 쿠케 나우르에서 살 때는 타르바가, 들쥐를 잡아 연명했다. (89장)

- … 벨구테이는 꼬리가 짧은 밝은 황갈색 말을 타고 타르바가 사냥을 나가 있었다 (후략) (90장)

- … 도망 잘 하는 짐승을 사냥할 때 몰이꾼들의 앞장을 서주마! 초원의 짐승들이 그 배가 서로 닿도록 포위를 죄어주마! 골짜기 짐승들의 그 뒷다리가 서로 닿도록 몰아붙여주마! (후략) (123장)

- … 서로 약속하기를, "많은 적을 공격할 때 함께 하나가 되어 공격하자! 도망 잘 하는 짐승을 사냥할 때 하나가 되어 함께 사냥하자!" (164장)

- … 도망 잘 하는 짐승에게 몰이꾼들의 앞장에 서게 하면, 벼랑의 짐승을 그 앞다리가 서로 닿도록 몰아 줄 것이었다. 골짜기의 짐승을 그 뒷다리가 하나 되도록 몰아붙여 줄 것이었다. 초원의 짐승을 그 배가 하나 되도록 포위를 죄어 줄 것이었다 (후략) (179장)

- … "그대는 매 사냥하는 것과 몰이 사냥하는 것 두 가지밖에는 다

　　른 생각도 재간도 없습니다"고 하자 거기서 타양칸이 … (후략)
　　(189장)

　　위의 내용을 보면 몽골 유목문화 속에 내재되어 있는 사냥에 대한 구체적인 방법이 잘 제시되어 있다. 즉 매를 이용하여 오리와 기러기 같은 날짐승을 사냥하는 것과 몰이사냥[18]을 하여 사슴, 타르바가, 담비, 다람쥐 등을 사냥하는 것에 대하여 잘 묘사하고 있는 것이다. 특히 몰이사냥의 경우에는 사냥꾼들 사이의 협조와 협력이 중요한데 이러한 특성을 몽골 초원에서 행하여지는 정치적 동맹과 협공으로 잘 묘사하고 있다.

　　다음으로 살펴볼 것은 생업과 관련해서 가축으로부터 음식을 얻는 방법, 물물교환의 수단이나 예물로 가축이 사용되는 경우, 가축에게 이름을 지어주는 생활풍속, 낚시를 통한 생업활동 등 유목생활에서 동물을 통한 다양한 생활방식이 잘 기술되어 있다. 가령 예를 들어서,

- 보르지기다이 메르겐의 아들 토로골진 바얀에게는 보르그친 고아라는 이름의 아내, 보롤다이 수알비라는 젊은 하인, 다이르, 보로라고 부르던 준족의 거세마 2마리가 있었다 (3장)

- 어느 봄날, 말려 저장해 두었던 양을 삶고, 벨구누테이, 부구누테이, 부쿠 카타기, 부카투 살지, 보돈차르 몽칵 이들 다섯 아들을 나란히 앉히고는… (후략) (19장)

- 그의 딸을 보니 얼굴에는 빛이 있고, 눈에는 불이 있었다… (중략)

---

18) 전통적으로 몽골 유목민들은 개인이 혼자서 사냥하기보다는 무리를 지어서 사냥을 하는 경우가 많다. 자세한 내용은 이평래(2006 : 267) 참고.

"내 아들은 개한테 잘 놀랍니다. 사돈, 내 아들이 개한테 놀라는 일이 없도록 하십시오!"라고 당부하고 자신의 예비마를 예물로 주고, 테무진을 사위로 맡기고 돌아갔다 (66장)

- … 낚시대와 바늘을 갖춰 각종 고기를 낚아 올리고 바늘을 구부려 낚시 바늘삼아 구을무지, 사루기를 낚으며 그물을 엮어 작은 고기를 건져 올려 자신들의 어머니를 봉양했다 (75장)

- … 탕구드의 땅으로 초라하게 다닐 때 겨우 염소 5마리를 붙들어 젖을 짜 먹고, 낙타의 피를 찔러 먹으며 … (후략) (177장)

- … 사르탁 사람 아산이 흰 낙타를 타고, 1천 마리의 거세양을 몰고, 에르구네강을 따라 담비, 다람쥐와 바꾸러 내려오다가 발주나 호로 가축에게 물을 먹이러 들어갈 때 만났다 (182장)

이상의 내용을 살펴보면 다이르(*dair* ; 안장에 눌린 상처)와 보르(*bor* ; 회색) 등과 같이 말(馬)에게 이름[19]을 지어주는 유목민들의 생활방식이 나타나 있으며, 말린 양고기, 염소의 젖, 낙타의 피와 같은 유목민들의 음식문화, 말(馬)과 같은 가축을 예물로 주는 풍속, 담비와 다람쥐를 양과 같은 가축과 물물교환 하는 생활방식 등 동물과 관련해서 몽골인들의 일상적인 생업활동을 잘 보여주고 있다.

(4) 시간민속

『몽골비사』는 역사적인 사건을 기록한 것이기 때문에 시간에 대한

---

19) 몽골 유목민들은 말(馬)외에도 보통은 개에게 이름을 지어주는 풍속도 있다. 자세한 내용은 박환영(2005c : 145) 참고.

기술은 필수적이라고 할 수 있다. 그러나 『몽골비사』의 내용을 자세하게 들여다보면 시간의 구분이 그렇게 명확하지는 않은 것 같다. 오히려 애매한 표현으로 정확한 시간을 감추고 있는 느낌까지도 든다. 정확하게 연월일(年月日)을 구체적으로 기술하기 보다는 "쥐해 여름의 첫 달 열엿새, 붉은 만월의 날"에서와 같이 몽골의 유목민들이 사용하는 방식대로 표기하고 있는 것이 재미있다. 이와 같이 『몽골비사』에는 역사적인 사건이 일어났던 해(年)를 명기하기 위해서 동물을 사용하여 시간을 구분하고 있는 내용을 쉽게 찾아 볼 수 있다. 예를 들어서,

- 그 뒤 닭해(1201년)에 카다긴과 살지우드가 연합하여 바구 초로기가 이끄는 카다긴과 치르기다이 바아투르가 이끄는 살지우드가, 두르벤과 타타르가 화해하여… (후략) (141장)

- … 돼지해(1203년)의 봄에 자무카, 알탄 쿠차르, 카르다킨 사람, 에부게진 사람, 노야킨 사람, 수게에테이, 토오릴, 카치운 베키가 한 생각들이 되어… (후략) (166장)

- 쥐해 여름의 첫달 열엿새, 붉은 만월의 날(1204년 음력 4월 16일) 군기에 술 뿌려 제사지내고 출정하는데, 제베와 쿠빌라이를 전위로 하여 … (후략) (193장)

- 그 쥐해(1204년) 가을 카라 달의 발원에서 메르키드의 톡토아 베키와 칭기스칸이 싸워 톡토아를 쫓아내고 사아리 케에르에 있는 그의 백성과 나라를 약탈했다 (후략) (197장)

- … 알타이의 남쪽에서 겨울을 나고 소해(1205년) 봄에 아라이 고개로 넘어가니 나이만의 쿠출룩칸이 나라를 빼앗기고 도망해 온 그

소수의 인원으로 … (후략) (198장)

- 그 소해에 칭기스칸이 철제 전차를 가진 수베에테이를 톡토아의 아들 쿠두, 갈, 칠라운을 추격하도록 보내면서 분부를 내려 말을 받들게 하기를 … (후략) (199장)

- 그렇게 몽골 및 주변 유목 민족의 나라들을 평정하고 범해(1206년)에 오난의 발원에 모여 아홉의 배종기를 세우고 칭기스칸에게 칸의 칭호를 주었다 (후략) (202장)

- 토끼해(2007년)에 조치를 우익의 군대를 지휘하여 숲의 사람들에게 출정하였다 (후략) (239장)

- 그 뒤에 칭기스칸은 양의 해(1211년)에 키타드 사람들에게 출정했다 (후략) (247장)

- 칭기스칸은 양의 해(1211년)의 출정에서 키타드 사람들의 아쿠타이라는 이름의 알탄칸을 귀부시키고 … (후략) (250장)

- 토끼해(1219년)에 사르타울 사람들에게로 아라이를 넘어 출정할 때 칭기스칸은 카툰 중에서 쿨란 카툰을 데리고 떠나면서 아우들 가운데 온치긴 노얀에게 대 후방을 맡기고 출정했다 … (257장)

- … 칭기스칸이 돌아와 도중에 에르디시에서 여름을 나고 7년째 되는 해 닭의 해(1225년) 가을에 토올라의 카라 툰에 있는 행궁에서 묵었다 (264장)

- 그해 겨울을 나고, 탕구드 사람들에게 출정하자며 새로 병력을 헤아려, 개해(1226년)의 가을에, 칭기스칸은 탕구드 사람들에게 출정했다 … (후략) (265장)

- ··· 탕구드 사람들에게 칭기스칸이 두 번째로 원정하여 무찌르고 돌아와 돼지해(1227년)에 하늘로 올랐다 (후략) (268장)

- 쥐해(1228년)에 차아다이, 바투를 비롯한 우익의 아들들, 올치긴 노얀, 예구, 이숭게를 비롯한 좌익의 아들들, 톨루이를 비롯한 본영의 아들들, 딸들, 부마들, 만호, 천호들이 무리가 되어 ··· (후략) (269장)

- 토끼해(1231년)에 우구데이칸이 키타드 사람들에게 출정하면서 제베를 전위로 보냈다 (후략) (272장)

- ··· 대 쿠릴타이에 모여, 쥐해 7월에, 케룰렌의 쿠데에섬의 돌로안 볼닥과 실긴첵 사이에 행궁들이 묵고 있을 때 쓰기를 마쳤다 (282장)

12띠 동물은 몽골인들의 생활 속에 자리 잡고 있다. 칭기스칸 그림과 함께 상징화된 12띠 동물

이상의 내용은 모두 12띠 동물이 순환하면서 이루어지는 시간의 연계성을 잘 보여준다. 몽골에서는 나이가 몇 살인지를 묻게 되면 몇 살이라고 대답하기보다는 어떤 동물의 해(年)에 태어났다고 대답하는 것이 일반적이다. 즉 태어난 해(年)의 동물을 알면 대충이라도 사람의 나이를 짐작할 수 있기 때문이다. 이러한 전통은 『몽골비사』에서도 그대로 적용하고 있는 것 같다. 그러므로 모든 정치적인 사건의 기록을 동물의 해(年)로 표기하고 있는 것이다.

3. 『몽골비사』 속에서 동물관련 민속문화가 가지는 의미

『몽골비사』는 13세기에 몽골을 중심으로 중앙아시아의 역사를 기록한 문헌이다. 따라서 대부분의 기술은 역사적인 사건이나 정치적인 사건에 초점을 맞추고 있다. 그런데 『몽골비사』를 좀 더 구체적으로 분석해 보면 또한 많은 내용은 당시 유목민들의 삶과 생활방식을 잘 반영해 주고 있기도 하다. 이러한 입장에서 『몽골비사』를 심도있게 여러 가지 각도로 고찰하여 보았는데 그 속에 들어있는 동물관련 민속문화는 다음과 같이 몇 가지 의미를 가진다고 할 수 있다.

첫째, 몽골의 설화[20)]에 보면 몽골의 우주와 자연세계 중에서 동식물의 종류를 식물(*urgamal bodis*), 가축(*mal*), 야수(*araatan am'tan*), 날개가 있는 동물인 조류(*jigüürten*), 인간과 인간과 관련된 동물(*hüm ba hümchilsen am'tan*) 등으로 분류하고 있다. 따라서 몽골 설화에 등장하는 동물은 가축, 야수인 야생동물, 조류, 인간과 관련된 동물이다. 이러한 분류 중에서 가축과 인간과 관련된 동물 속에는 다섯 종류의 대표적인 가축인 말, 소, 염소, 양, 낙타가 동시에 양쪽에 모두 포함되어 있다. 같은 방식으로 유목생활에서 가축을 보호하고 주인의 재산을 지키는 데 중요한 역할을 담당하는 개도 양쪽에 중복되어서 들어있다. 이러한 몽골설화의 동물 분류와 비교해 본다면 『몽골비사』에 나오는 동물은 다섯 종류의 대표적인 가축이며, 그 중에서도 말(馬)에 대한 내용이 특히 많은 편이다. 아마도 이러한 이유는 말(馬)이 가지는 여러 가지 기능 중에서 정치적인 권력의 쟁탈전 속에서 기동력을 가진 말(馬)의 중요성과

---

20) Tserensodnom(1989) 참고.

↘ 터브(Töv) 아이막 보르노르숨(sum)에 있는 12오보(oboo) 중 양띠를 상징하는 오보의 기둥

역사적인 사건의 적나라한 기술을 위하여 당시의 전투 상황이라든지 전술(戰術)상황을 현장감 있게 묘사하면서 말(馬)이 가지는 전략적인 역할을 강조하고 있기 때문일 것이다. 또한 몽골의 유목문화 속에서 말(馬)은 가축이면서, 다른 가축을 효율적으로 방목할 수 있게 만들어 주는 유목민의 발이며, 단거리와 장거리를 이동하기 위한 교통수단이며, 예물로 주어지거나 다른 물품과 교환을 할 수 있는 재화(財貨)의 가치를 가지고 있으며, 사냥을 수행하기 위한 필수적인 요소이며, 전쟁이나 다른 정치적인 분쟁에서 가장 효과적으로 공격과 방어를 할 수 있는 수단이기도 하다. 아마도 다른 가축에 비하여 몽골의 말(馬)이 가지는 이러한 다목적 혹은 다기능적인 요소 때문에 『몽골비사』에서도 말(馬)과

관련된 기술이 많은 것 같다.

둘째, 동물을 구분하기 위해서 몽골의 유목민들은 동물이 가지고 있는 다양한 성분이나 요소를 가지고 동물을 구분하고 있다. 이러한 유목민들이 가지고 있는 구분방법은 과학적인 동물의 구분방법과 차이가 나며 따라서 민속분류라고 부르기도 한다. 몽골의 유목민들이 민속분류를 가지고 동물을 구분하는 방법의 대표적인 방식은 나이에 의한 동물의 구분이다.[21] 그런데 『몽골비사』에 나오는 민속분류의 경우 나이 외에도 색깔, 동작, 습성, 신체의 특징 등 다양한 분류방법을 보여주고 있다. 특히 가축이 가지고 있는 색깔을 통하여 가축을 구분하는 방법이 잘 반영되어 있다. 이러한 방법은 전체적인 가축의 색깔 외에도 눈(目), 꼬리, 등, 엉덩이와 같은 특정한 신체부위의 색깔을 가지고 구분을 하고 있는 것이 특징이다. 또한 『몽골비사』에 보면 다른 동물에 비하여 말(馬)에 대한 민속분류가 유독 많은 편인데, 이러한 경향은 오늘날 몽골의 유목민들이 구분하고 있는 말(馬)의 민속분류 속에서도 잘 반영되어 있다. 예를 들어서 오늘날 몽골의 유목민들은 말(馬)의 종류, 색깔, 신체, 뼈와 골격, 걸음걸이 등으로 세분하여 분류하고 있는데, 일상적인 유목의 현장에서 지금도 사용되고 있는 말(馬) 관련 민속용어가 대략적으로 430여 개나 된다.[22] 따라서 『몽골비사』에 나오는 동물을 구분하는 민속분류는 몽골 유목문화의 대표적인 특징을 잘 반영해 주고 있다.

셋째로 사냥민속에 대한 내용이 『몽골비사』에서 잘 드러나 있다. 당

---

21) 박환영(2005b와 2008b) 참고.
22) Dorjgotov(2008)와 박환영(2009f) 참고.

시(13세기) 몽골의 대초원에서는 가축을 중심으로 방목을 하는 것이 주된 생업활동이긴 하였지만 필요에 따라서는 사냥도 중요한 생업활동의 하나였던 것이 분명하다. 매를 이용해서 개별적으로 행하는 사냥에서부터 집단이 체계적으로 사냥 팀을 구성하여 업무를 분장해서 몰이사냥을 하는 것까지 자세하게 묘사되어 있다. 또한 사냥의 대상이 들쥐, 다람쥐, 타르바가, 담비, 사슴에서부터 오리, 기러기, 작은새 등 다양한데 사냥하는 방법이 조금씩 다르다는 것을 암시해 준다. 예를 들어서 『몽골비사』를 보면 작은새는 고도리살로 잡는 데 반하여, 큰 동물은 활로 사냥하며,23) 사슴과 타르바가와 같은 발빠른 동물은 말을 타고 사냥을 하는 내용이 잘 기술되어 있다.

넷째, 동물을 시간민속의 측면에서 보면 『몽골비사』의 경우에는 12띠 동물을 사용하여 해(年)를 나타내는 표현방식이 분명하게 나타난다고 볼 수 있는데 『몽골비사』 외에도 몽골의 민담 속에서도 12띠 동물을 이용하여 시간을 나타내는 경우가 제법 있다. 예를 들어서, "쥐해 가을의 첫 달 초사흗날"과 뱀의 해 정월 초하룻날"24) 등과 같은 묘사가 여기에 속한다고 볼 수 있다. 또한 몽골의 민담에 보면 동물을 이용하여 시간을 구분하는 방법 중에서 "그해 낙타 해의 봄 염소의 달 양의 날 청명일을 맞아"25)라는 표현이 있는데 이것은 유원수(2003 : 114)가 주(註)에서 기술하고 있는 바와 같이 십이지(十二支)를 상징하는 12마리 동

---

23) 한편 몽골의 설화를 보면 타르바가(*tarbaga*)와 관련된 설화가 몇 개 있는데, 이중에는 타르바가를 사냥할 때는 절대로 활을 쏘아서는 안 되는데 그 이유는 활로 타르바가를 쏜 사람은 타르바가가 된다는 내용이 들어 있다. 체렌소드놈(2001 : 116) 참고.
24) 유원수(2003 : 121과 155) 참고.
25) 유원수(2003 : 106) 참고.

 제2장 설화와 동물상징을 통한 유목문화 보기

물에 속하지 않는 낙타 해(年)나 염소 달(月) 같은 것은 실제로 없음을 알 수 있다. 그러나 12마리 동물을 이용해서 해(年)와 달(月) 그리고 날(日)을 표현하는 방식은 오래전부터 몽골인들의 생활문화 속에 반영되어 있었음을 암시(暗示) 해준다. 이러한 전통은 오늘날 몽골에서도 여전히 이어져서 사용되고 있기도 하다.[26]

이상의 논의를 통해서 『몽골비사』 속의 동물관련 민속문화가 가지는 특징을 살펴보면 특히 12띠 동물이 두드러진다고 하겠는데, 12띠 동물은 몽골의 민속문화 속에서 자주 볼 수 있는 문화요소임을 알 수 있다. 가령 몽골의 전통적인 주거공간인 겔(ger) 내부의 물건은 전통적으로 12띠 동물에 기초하여 위치를 정하는데 겔의 가장 안쪽은 쥐(子)의 방향이며, 여기에는 부처나 신(神)을 모신다. 또한 시계방향으로 돌아서 소(丑)의 방향이 나오고 그 다음은 호랑이(寅) 방향인데 여기에 가장(家長)이 주로 앉고, 토끼(卯) 방향에는 안주인이 기거한다. 같은 방식으로 용(辰)과 뱀(巳) 방향에는 부엌 살림살이를 두며 문 쪽은 말(午)의 방향으로 이곳에는 말(馬)에 관련된 도구 등을 둔다. 한편 손님이 오면 서쪽에 위치하는 원숭이(申) 방향에 앉게 하며, 따라서 여기에는 손님을 위한 깔개 등을 놓는다.[27] 덧붙여서 시간민속과 관련해서 12띠 동물은 오늘날 몽골의 민속문화 속에 여전히 남아있다. 가령 몽골의 섣달 그

---

26) 자세한 내용은 Terbish(2001)을 참고.

27) 이안나(2005 : 134). 또한 Maidar and Dar'süren(1976)의 부록 50쪽에 보면 태양이 몽골의 전통적인 주거 공간인 겔(ger)의 천장(toono)을 비추어서 겔 안쪽으로 반사되는 장소를 동물로 상징해서 시간의 경과를 나타내기도 한다. 에를 들어서 아침 6시를 토끼 시간(*tuulai tsag*), 아침 8시를 용의 시간(*luu tsag*), 아침 10시를 뱀의 시간(*mogoi tsag*), 정오인 12시를 말의 시간(*mor' tsag*), 오후 2시를 양의 시간(*hon' tsag*), 오후 4시를 원숭이의 시간(*mich tsag*), 오후 6시를 닭의 시간(*tahia tsag*)으로 묘사하기도 한다.

믐날인 비퉁(*bit üün*)의 민속에 보면 울란바타르에 있는 몽골인들은 쥐의 시간인 자시(子時)가 되어야만 불교사원인 간등사(*gadan biid*)에 가서 예불을 올릴 수 있다.[28) 이것은 새로운 한 해의 시작은 12띠 동물의 첫 번째인 쥐의 시간에 비로소 시작되기 때문이다. 또한 오늘날 행하여지는 몽골의 대표적인 불교 가면춤인 후레 참(*büree tsam*)의 연희양상을 살펴보면 후레 참은 매년 몽골력으로 여름 마지막달 9일 경에 울란바타르의 다쉬촐링 사원에서 열리는데, 보통 12띠 동물의 여덟 번째인 양의 시간인 미시(未時)에 사원의 마당에서 시작된다.[29) 따라서 8세기경부터 몽골의 초원에서 12띠 동물을 이용하여 시간을 구분하던 전통은 비록 『몽골비사』에는 해(年)의 시간구분만 나타나지만 13세기를 거쳐서 오늘날까지도 이어져오고 있다고 하겠다.

↘ 터브(Töv) 아이막 보르노르숨(sum)에 있는 12오보(oboo) 중 뱀띠를 상징하는 오보의 기둥

28) 이안나(2005 : 94) 참고.
29) 김경나(2009 : 19) 참고.

4. 『몽골비사』를 통해서 본 동물 민속

『몽골비사』에 대한 이제까지의 연구는 부분적인 일부 측면에서만 조금씩 진행된 바 있다. 그러므로 『몽골비사』 속에 내재되어 있는 몽골의 유목문화와 민속에 대한 구체적인 이해를 위하여 여전히 많은 연구가 필요한 것 같다. 이러한 입장에서 몽골의 대표적인 역사문헌자료에 근거하여 몽골의 유목문화를 고찰하기 위한 한 방편으로 『몽골비사』의 내용을 분석하여 그 속에 담겨져 있는 동물관련 민속문화를 분석해 보았는데 몽골의 유목문화를 고찰하는 방법 중에서 동물이라는 코드(code)는 아주 중요한 문화요소임을 알 수 있다. 따라서 역사문헌자료라는 정해진 틀 속에서 역사적인 사건이나 인물을 중심으로 기술하면서 당시(13세기) 몽골의 생활문화도 진솔하게 묘사되어 있는 『몽골비사』를 동물이라는 키워드(keyword)를 가지고 다루어 보는 것은 나름대로 중요한 의의를 가지는 셈이다.

『몽골비사』를 민속학적으로 분석해 보면 동물과 관련해서 민속분류, 민속상징과 은유, 생업민속, 시간민속 등 주요한 네 가지 영역을 발견할 수 있다. 먼저 민속분류는 몽골의 대표적인 다섯 종류의 가축을 중심으로 가축의 색깔, 나이, 동작, 신체적 특징 등 정말로 다양한 요소를 가지고 가축을 구분하고 있는 것을 잘 보여준다. 둘째로 민속상징과 은유라는 영역에서는 몽골의 유목문화 속에서 축적된 동물의 습성이나 특징을 역사적인 인물을 묘사하거나 역사적인 사건의 현장에서 실제적인 상황을 기술할 때 적절하게 사용하고 있다. 즉 일상적인 생활공간에서 오랜 시간 동안 만들어진 동물에 대한 상세한 정보를 바탕으로 당시의 시대상과 분위기를 동물상징과 은유로 시대를 초월해서 구체화시키고 있는 것이다.

셋째로 생업민속은 유목문화 곳곳에 배어있는 유목민들의 삶과 생활방식을 그대로 반영해주고 있다는 점에서 큰 의의를 가진다. 특히 가축의 방목과 같은 전형적인 유목형 생업활동 외에도 필요에 따라서는 필수적으로 행하여야 하는 사냥민속에 대한 구체적인 기술을 통하여 당시의 사냥민속을 간접적으로나마 이해할 수 있는 좋은 자료를 제공해주고 있다. 넷째로 동물이 시간민속에 사용되는 경우이다. 몽골의 민속문화를 보면 작은 단위의 시간(時)에서 부터 날(日), 달(月), 해(年)에 이르기까지 모두 동물로 상징화해서 나타내기도 하는데 『몽골비사』의 경우에는 12띠 동물을 이용한 해(年)의 시간표기만 나타난다고 볼 수 있다.30) 비록 부분적으로 해(年)의 시간구분만 보여지기는 하지만 동물을 이용해서 역사적인 사건의 전개를 기술하고 있다는 점에서 당시(13세기) 몽골의 유목문화 속에서 동물이 가질 수 있는 문화적인 코드로서의 중요성을 다시 한번 일깨워준다고 하겠다.

마지막으로 『몽골비사』는 역사적인 기록이면서 몽골의 다양한 민속문화가 고도로 압축된 민족의 대서사시이므로 비록 동물이라는 제한된 잣대를 가지고 분석해 보았지만 몽골의 유목문화를 가늠해 볼 수 있는 충분한 가능성을 보여주고 있다. 다시 말해서 정해진 틀 속에서 은유와 상징을 가미하면서도 사건과 정치적 동맹에 기반을 둔 역사적인 서

---

30) 몽골의 문화와 민속을 살펴보면 시간(時,) 날(日), 달(月)의 구분도 동물로 상징해서 기술하기도 한다. 좀 더 자세한 내용은 Dondog(1994 : 11~13), Terbish(2001), 박환영(2003 : 121~122) 참고.

술이지만 그 속에는 몽골의 유목문화를 이해할 수 있는 핵심적인 문화 요소가 수없이 많이 내재되어 있는 것이다. 따라서 대략적으로 13세기의 문헌으로 추측할 수 있는 『몽골비사』에서 찾아낼 수 있는 동물관련 민속문화는 오늘날에도 면면히 이어져오고 있는 경우가 많기 때문에 앞으로 몽골 유목문화의 현대적 전승과 변화양상을 통시적으로 접근하는 데 좋은 연구 자료가 될 수 있다.

✉ 『알타이학보』 20호, 한국알타이학회, 2010

유목문화 속에 반영된 몽골의 낙타 민속

1. 유목문화와 낙타

몽골의 문화와 민속은 유목문화와 밀접하게 연관되어 있는데 이것은 말, 소, 양, 염소, 낙타와 같은 다섯 종류의 가축을 중심으로 대부분의 생업활동이 이루어지기 때문이다. 따라서 몽골인들의 일상적인 생활 곳곳에 오축(五畜)과 관련된 생활문화가 배어있다고 해도 과언이 아니다.[1] 몽골의 유목민들은 이러한 다섯 종류의 가축을 "다섯 가지 주둥이의 가축"이라는 뜻으로 타븐 호쇼 말(*tavan hoshuu mal*)이라고 부르기도 한다.

---

[1] 몽골의 유목민들이 믿고 있는 천신(天神) 중에서 유목민의 일상사 및 평범한 생활과 관련된 자야가치 탱그리(Zayagachi tenger)는 가축을 보호하는 수호신이기도 하다. 오늘날 남아서 전해지는 몽골의 민간 축원문 중에서 자야가치 탱그리(Zayagachi tenger)에게 가축에게 축복을 내려주기를 축원하는 내용도 들어 있는데, 그 내용은 몽골의 대표적인 오축(五畜)인 씨낙타, 씨말, 황소, 새끼 양, 새끼 염소 순으로 되어 있다. 센덴자빈 돌람, 『몽골 신화의 형상』(이평래 역, 태학사, 2007), 134~135쪽.

몽골의 유목문화 속에서 이러한 다섯 종류의 가축을 개별적으로 고려해 본다면 일반적으로 낙타는 말(馬)에 비하면 조금 덜 중요하다고 여겨질 수도 있겠지만 전통적인 몽골사회에서 유목경제를 구성하는 데 여전히 필수적인 가축으로 소와 함께 무거운 수레를 끄는 데 중요하게 이용되고 있다.[2] 특히 몽골 유목문화 속에는 말과 낙타를 동등하게 중요시 여기는 요소가 곳곳에서 발견되기도 한다. 예를 들어서 몽골의 전통적인 법령에 보면 말과 낙타를 훔친 자에게 똑같은 형량을 구형하고 있다. 가령 칭기스칸 법령에 보면 말이나 낙타를 훔친 자는 훔친 가축을 돌려주는 것은 물론이고 벌금으로 훔친 것의 아홉 배로 보상하거

---

2) D. Morgan, The Mongols(Oxford : Basil Blackwell, 1990), p.32.

나 자신의 자식을 대신 주어야 하며 만약에 자식이 없으면 양을 도살하는 것과 같은 방식으로 죽인다고 나와 있을 정도로 말과 낙타를 귀중하게 다루었음을 알 수 있다.[3] 같은 맥락이긴 하지만 서쪽 몽골로 잘 알려진 오이라트 몽골인들의 오이라트법에서는 유목민들의 기본재산인 가축의 절취에 대한 형벌을 언급하면서 "낙타 1마리 절취에 대한 재산형은 벌 9의 15배, 거세된 말이나 종마 각 1마리 절취는 벌 9의 10배, 암말 1마리의 절취는 벌 9의 8배, 암소와 2살된 망아지 또는 양 각 1마리 절취는 벌 9의 6배로"[4] 처벌한다고 나와 있을 정도로 낙타는 몽골의 유목문화에서 소중한 기본재산이며, 꼭 필요한 가축이었던 것 같다. 더욱이 고비사막과 같은 몽골의 특수한 지역에서는 낙타의 똥이 연료로 사용되기도 한다.[5]

유목경제에서 낙타가 가질 수 있는 이러한 중요성 외에도 내몽골의 일부 지역에서는 나담축제 때 말 경주와 함께 낙타경주(*temeenii uraldaan*)나 행진(*temeen jagsaal*)을 하기도 한다.[6] 낙타가 가지는 독특한 습성과 외형적인 특징 때문에 몽골의 유목문화 속에서도 낙타는 빠질 수 없이 중요한 부분을 차지한다. 다시 말해서 변화무쌍한 주변의 자연환경과 방목하는 가축의 종류에 따라서 가지각색의 다양한 대응과 적응이 필요한데 낙타와 관련한 이러한 문화와 민속은 오랜 시간동안 여과되고

---

3) H. Haslund, Men and Gods in Mongolia(Stelle : Adventures Unlimited Press, 1992), p.91.

4) 랴자노프스키, 『몽골의 관습과 법』(서병국 역, 혜안, 1996), 144쪽.

5) H. Haslund, In Secret Mongolia(Stelle : Adventures Unlimited Press, 1995), p.64.

6) 박원길, 「몽골 나담에 관한 역사·민속학적 고찰(하)」, 『몽골학』 11(2001), 209쪽과 김기선, 「몽골의 나담축제와 낙타 축제」, 『아시아인의 축제와 삶』(서울 : 민속원, 2001c), 50~51쪽.

축적된 하나의 생활방식으로 몽골의 유목문화 속에 고스란히 담겨져 있는 셈이다.

한편 몽골의 낙타는 고비사막을 중심으로 사막지대와 반(半) 사막지대 그리고 일부 초원지대에 이르기까지 널리 분포하는 가축으로 다음과 같은 특성을 가지고 있다. 가령 예를 들어서 낙타는 물을 조금씩 장시간 동안 천천히 마시면서 엄청난 양의 물을 몸속에 저장하는 습성이 있다. 따라서 몽골인들 사이에서는 40세 미만의 몽골인들은 인내심이 부족하기 때문에 낙타에게 물을 적절하게 먹일 수 없다고 이야기하곤 한다. 또한 낙타와 관련한 다음과 같은 속신어도 몽골의 유목민들 사

이에서 전승되고 있다. 예를 들어서 "임산부가 낙타를 타면, 낙타와 같이 임신기간이 13개월까지 길어진다"라든지 "임신 중인 여성이 낙타고기를 먹으면 낙타와 같은 언청이를 낳게된다"와 같은 속신어가 전해지기도 한다(Damdin, Even and Chapman:1991 : 45~46). 낙타와 관련한 몽골의 민속문화를 포괄적으로 분석하고, 구체화하기 위한 하나의 시발점으로 본 논문에서는 유목문화 속에 반영되어 있는 낙타 설화, 속담과 수수께끼와 더불어서 『몽골비사』와 같은 역사문헌자료에 투영되어 있는 낙타 관련 내용 그리고 일상적인 생활 속의 민속어휘 등 구비전승 되거나 역사문헌자료에 남아서 전해 오는 생활문화의 다양한 영역 속에서 낙타의 민속을 살펴보고자 한다.

➘ 몽골의 시골에서 낙타와 말(馬)

2. 설화 속의 낙타

설화 속에는 주어진 자연환경과 관련해서 일상적인 생활 속에서 만들어지고 다듬어진 다양한 경험과 풍부한 상상력이 들어있다. 이러한 상상력의 배경에는 대다수 민중들에게 공감을 형성할 수 있는 공통되는 요소와 내용이 들어있기 마련이다. 낙타와 관련한 몽골의 설화도 몽골인들이 바라보는 그리고 인식하는 낙타에 대한 이미지와 상징성을 잘 나타내어 준다고 하겠다. 먼저 아래에서 낙타와 관련된 몽골 설화를 하나 소개해 보면 다음과 같다.

> 원래 낙타는 탕구트 사람들의 저주로 인해 몽골에 왔다. 탕구트인들은 몽골의 어떤 사람을 저주하여 해치려고 했지만 나이(십이간지)를 모르기 때문에 토끼의 코, 소의 눈, 쥐의 귀, 원숭이의 혹, 용의 목, 닭털, 호랑이의 허벅지, 뱀의 꼬리, 양의 눈, 말의 목덜이, 돼지의 배, 개의 발톱 등 열두 해 동물의 특징을 담은 낙타라는 동물을 만들어 보냈다 (체렌소드놈, 2001 : 102)

위의 설화는 낙타가 어떻게 해서 오늘날 몽골에서 널리 사육하게 되었는지 또한 낙타가 가지고 있는 특이한 외형적인 형상의 유래를 설명해 주는 일종의 유래담으로 볼 수 있다. 설화의 내용에 등장하는 내용과 같이 역사적으로 몽골의 낙타는 탕구트와 많은 연관이 있는 것이 분명하다. 예를 들어서 몽골의 유목문화 속에서 낙타가 가지는 가치를 논하면서 하자노프(1990 : 84)와 블라디미르초프(Vladimirtsov, 1934 : 36)는 몽골인들이 본격적으로 대규모의 낙타군을 보유하게된 것을 13세기 초에 탕구트를 공격하여 낙타를 얻게 된 이후부터라고 주장하고 있기도 하다. 한편 다음에 기술할 설화는 낙타가 가지는 독특한 외형적인 형상에 대한 유래를 또한 설명하고 있다. 예를 들어서,

> 먼 옛날에 보르항 박시와 에를렉 칸(염라대왕)이 사람들이 시샘할 만큼 놀랄만한 동물을 만들기로 내기를 했다. 보르항 박시는 말떼의 으뜸인 준마를 만들었는데 이는 진정으로 남자들에게 행운을 가져올 만한 아름다운 동물이었다. 시샘이 난 에를렉 칸은 준마보다 더욱 신기하고 아름다운 동물을 만들기 위해 고심했다. 그리고 마침내 뒤로 처진 긴 목에, 불룩하고 커다란 배에, 짧고 가느다란 꼬리에, 부루퉁한 혹을 가진 신기한 동물을 만들었다. 에를렉 칸이 이렇게 하여 낙타를 창조했다. 낙타가 이처럼 신기한 동물이기 때문에 '사람과 다르고, 낙타보다 뒤로 처진'이라는 말이 생겨났다(체렌소드놈, 2001 : 101).

위의 설화를 보면 보르항 박시(*burhan bagsh* ; 석가모니 부처)와 에를렉 칸(염라대왕)이 서로 사람이 놀랄만한 동물을 만들기로 내기를 하면서 준마(駿馬)와 신기한 외형의 낙타가 만들어진 내용을 보여주고 있다. 다음에서 살펴볼 설화에서도 보르항 박시가 낙타의 괴이한 모습을 만들게 되었다는 내용을 기술하고 있다. 예를 들어서,

> 먼 옛날 보르항 박시가 동물을 만들다가 그만 소의 콩팥과 낙타의 고환을 잊어버렸다. 소가 콩팥을 달라고 오자 보르항 박시는 남은 콩팥 조각을 붙이고 손질하여 가까스로 콩팥하나를 만들어 주었다. (중략) 그리고 낙타가 고환을 받으려고 오자 남아 있는 조그마한 고환을 주었다. 그러나 낙타는 자신의 몸집에 비해 고환이 너무 작다고 거절하며 받지 않았다. 그러자 화가 난 보르항은 받으려면 받고, 싫으면 그만두라고 소리치면서 등 뒤에서 두 개의 조그마한 고환을 던져 버렸다. 낙타 고환이 뒤쪽에 처져 있는 것은 이 때문이다. 보르항이 동물에게 선

물을 준다는 말을 들은 사슴은 그에게 가서 뿔을 달라고 했다. 그러나 보르항은 '가장 아름다운 뿔은 낙타에게 주었다. 네가 낙타를 속여 그에게서 뿔을 얻어낼 수 있을 것이다'고 하며 사슴을 돌려보냈다. 이 말을 들은 사슴은 곧 낙타를 찾아가서 간청했다. "오늘 동물 잔치에 가려고 하는데 딱 하루만 뿔을 빌려 주겠니. 내일 물가에서 만나 꼭 되돌려 주겠다." 사슴의 간청에 못 이겨 낙타는 뿔을 빌려 주었다. 다음날 낙타는 물가로 가서 뿔을 돌려받으려고 한참 동안 기다렸지만 사슴은 오지 않았다. 이때부터 낙타는 물을 마실 때마다 사슴이 뿔을 돌려줄지 모른다는 기다림 때문에 이쪽 저쪽 먼 곳을 쳐다보게 되었다. (후략) (체렌소드놈, 2001 : 102~103)

위의 설화는 낙타가 오늘날 등 뒤에 작은 고환이 달려있게 된 배경과 낙타가 사슴에게 자신의 아름다운 뿔을 빌려주고 지금도 물을 마실 때마다 사슴을 기다리고 있듯이 이곳저곳을 쳐다보게 되었다는 내용을 담고 있는 설화이다. 다음에 소개할 설화는 사슴 대신에 쥐가 등장하는데 쥐가 낙타와 내기를 하여 덩치만 크고 지혜롭지 못한 낙타를 꾀로 이긴다는 내용이다. 예를 들어서,

옛날 몽골력의 열두해(십이간지)에 동물의 이름을 붙일 때 열한 가지 동물의 이름은 곧 정해졌지만, 열두해 첫해의 동물은 낙타와 쥐가 서로 자신의 이름을 올리기 위해 다투었다. 보르항은 어느 쪽도 미워하지 않았기 때문에 둘이 알아서 결정하라고 맡겨 두었다. 그리하여 낙타와 쥐는 다음날 아침 떠오르는 태양을 먼저 본 쪽이 열두해 중 첫해의 동물이 되기로 하자고 약속했다. 낙타는 해가 뜨는 동쪽을 바라보면서 해뜨기를 기다리고, 쥐는 낙타 등의 혹에 올라가 서쪽 산꼭대기를 주시하고 있었다. 마침내 해뜰 때가 되어 떠오르는 태양의 맨 처음 빛이 서쪽 산꼭대기를 비추자 쥐가 햇빛을 먼저 보고 해가 떴다고 소리쳤다. 내기에 진 낙타는 화를 내며 쥐를 밟아 죽이려고 펄쩍 뛰었지만, 쥐는 재빨리

잿더미 속으로 들어가 목숨을 건졌다. 그후로 낙타는 재가 뿌려진 곳을 볼 때마다 가증스런 쥐를 박살내려고 재를 짓밟으며 그 위에서 뒹굴게 되었다. 결국 이렇게 쥐는 열두해에 포함되고 낙타는 제외되고 말았다. 하지만 낙타는 비록 열두해에 끼지는 못했지만 쥐의 귀, 소의 배, 호랑이의 발굽, 토끼의 코, 용의 몸, 뱀의 눈, 말의 갈기, 양의 털, 원숭이의 혹, 닭의 깃털, 개의 허벅지, 돼지의 꼬리 등 열두 해에 낀 모든 동물의 특징을 두루 갖추게 되었다(체렌소드놈, 2001 : 104~105).

이상에서 기술한 낙타와 관련한 여러 종류의 몽골 설화를 살펴보면 몽골의 낙타는 키와 덩치는 크지만 우둔하고 고집이 센 동물로 나온다. 보르항 박시(*burhan bagsh*)에게 고환을 돌려달라고 애원하지만 정작 작은 고환은 싫다고 고집을 부리는가 하면, 사슴의 감언이설(甘言利說)에 속아 넘어가서 자신의 아름다운 뿔을 빼앗기게 된다. 또한 12띠 동물의 하나가 되기 위해서 쥐와 내기를 하지만 쥐의 계략에 속아서 쥐에게 12띠 동물의 자리를 내어주고 만다. 그러나 내기에서는 졌지만 결과론적으로 보면 12띠 동물의 특징을 모두 가진 신비한 동물이 되었다는 점이 재미있다.

3. 속담과 수수께끼에 투영된 낙타

속담과 수수께끼는 짧은 단문(短文)의 형식으로 생활문화의 다양한 측면을 상징과 은유를 통하여 진솔한 민중들의 삶과 생활방식을 적나라하게 보여준다. 즉 속담과 수수께끼가 만들어지고 입에서 입으로 전승되는 과정에서 대다수 민중들이 공감대를 형성할 수 있는 부분이 중심이 되어서 전승되기 마련이다. 따라서 낙타를 소재로 하는 몽골의 속담과 수수께끼를 자세하게 고찰해 보면 그 속에는 낙타와 관련한 몽골 유목민들의 유목문화와 일상적인 삶의 지혜가 내재되어 있음을 알 수 있다.

(1) 속담

낙타를 소재로 하는 몽골의 속담은 낙타의 신체적 특징, 타고난 습성에서부터 유목민들의 생업현장에서 낙타의 중요성까지 다양한 입장에서 다루어지고 있다. 특히 낙타가 가지는 외형적인 특징 중에서 큰 키와 상대적으로 작은 꼬리를 적절하게 이용한 속담이 눈에 띈다. 아래에서 낙타와 관련한 몽골의 속담[7]을 살펴보면 다음과 같다.

- 낙타는 고비[고비지역]의 장식, 차량은 도시의 장식 (*temee goviin chimeg tereg hotyn chimeg*)
- 낙타 이야기 하는데 염소 이야기 하고, 이런 이야기 하는데 저런 이야기 한다 (*temee gehed yamaa geh tiim gehed iim geh*)
- 낙타가 왔을 때 염소가 부러워 한다 (*temee irehed yamaa ataarhana*)
- 낙타는 못생겼고 낙타 새끼는 잘 생겼다 (*temee n' myyhai botto n' höörhön*)
- 낙타를 구해 왔는데 수레가 없고 수레를 구해 왔는데 묶을 끈이 없다 (*temee olohod tereg baidagg üi tereg oldohod tatlaga baidagg üi*)
- 낙타는 키가 크지만 밥을 좋시히고 비보는 이리석지만 징직하다 (*temee öndör bolovch budaan sain teneg mulguu bolovch shudarga n' sain*)
- 낙타가 낙타이지 낙타의 똥은 낙타가 아니다 (*temee n' temee bolohoos*

---

7) G. Rinchensambuu,, Mongol züir tsetsen üg, ded devter(Ulaanbaatar, 2002), pp.145~147와 B. Damdin, Even Marie-Dominique and Chapman M, "The Camel in Mongolian Literature and Tradition : Some Examples", Journal of the Anglo-Mongolian Society 8,-1 & 2(1991), pp.35~47에 나오는 낙타 관련 속담을 한데 모아서 정리하였다.

horgol n' temee bish)

- 낙타 치는 사람은 수컷 낙타의 성격을 잘 안다 (*temee hariulsan hün buurynhaan zang andahgüi*)
- 낙타는 소금지대를 향해서 죽고, 티베트 사람들이 죽을 때는 자기 고향을 향한다 (*temee ühevch hujrynhaan züg tüvd ühevch nutgiinhaan züg*)
- 낙타는 소금을 좋아하고 바보는 무엇이든지 좋아한다 (*temee hujirt durtai teneg heregt durtai*)
- 낙타가 높아서 먹지 못하는 풀을 염소가 먹으려고 희망한다 (*temee hürehgüi övsiig yamaa ideh gej durlah*)
- 낙타는 하늘을 바라보고 돼지는 땅을 바라본다 (*temee tenger shirtej gahai gazar shirteh*)
- 낙타와 염소를 같이 묶어놓으면 똑같은 힘을 사용할 수 없고 마차와 썰매를 함께 하면 똑같이 움직일 수 없다 (*temee yamaa hoör tegsh zütgehgüi tereg charga hoör tegsh ergehgüi*)
- 낙타와 염소는 둘이 서로 다르고 마차와 썰매도 서로 다르다 (*temee yamaa hoör shig ondoo tereg charga hoör shig yalgaatai*)
- 낙타가 나뭇잎을 먹을 때 염소가 놀라서 목에 걸리고 염소가 바위산에 올라가면 낙타가 놀란다 (*temeeg modny navch idehed yamaa gaihah yamaag hadan deer garahad temee gaihah*)
- 낙타가 없으면서 줍는 것을 좋아하고 힘이 없으면서 씨름하는 것을 좋아 한다 (*temeegüi mörtöön tüüh durtai tenheegüi mörtöön barildah durtai*)
- 낙타 위에서 하늘이 가깝고 하늘에서 땅이 가깝다 (*temeen deerees tenger oirhon tenger deerees gazar oirhon*)
- 낙타 만큼 큰 구름이 하늘에 나오면 하늘이 쉬지 못하고 힘이 센 아들이 나면 아버지가 쉬지 못한다 (*temeen üül garval tengert amargüi tenheet hüü garval etsegt amargüi*)
- 낙타에 묶어둔 수레를 끄는 끈은 고장날 수 있지만 당나귀에 묶어둔 수레를 끄는 끈은 고장나지 않는다 (*temeen hom evdrevch iljgen hom*

evdreeg üi)

- 낙타에다 짐을 실어도 다 싣지 못하고 마차에 짐을 실어도 마차가 무게를 견디지 못한다 (*temeend achaad bagtahg üi teregnd achaad daahg üi*)
- 낙타에 실리지 못하면 망아지에도 실리지 못한다 (*temeend teegdehg üi daagand daagdahg üi*)
- 낙타에 얹지도 못하는 손으로 하늘에 손을 벌린다 (*temeend h ürehg üi garaan tengert sarvaih*)
- 낙타의 먹이에 염소가 놀라고 염소의 먹이에 파리가 놀란다 (*temeenii idshiig yamaa gaihah yamaany idshiig yalaa gaihah*)
- 낙타의 꼬리는 땅에서 멀고 염소의 꼬리는 하늘에서 멀다 (*temeeniin s üül gazart hol yamaany s üül tengert hol*)
- 낙타의 안장을 찾을 때 당나귀의 안장이 잡힌다 (*temeenii tohosh erehed iljigiin tohosh barigdah*)
- 짐을 실을 때 양쪽에 똑같이 싣지 못하면 낙타를 고생시키고 화해하지 못하는 사귐은 마음을 고생시킨다 (*ten teng üi achaa temee malyn zovlon tentsverg üi amrag setgel sanaany zovlon*)(이상 Rinchensambuu, 2002)
- 낙타가 뛰어오른다고 해도 하늘을 만질 수 없고 염소가 뛰어오른다고 해도 길마를 부러뜨릴 수 없다
- 낙타를 탄 사람과 걸어가는 사람은 서로 속삭일 수 없고 어리석은 사람과 현명한 사람은 서로 공통된 말을 찾을 수 없다 (이상 Damdin, Even and Chapman, 1991 : 46~47)

이상의 속담을 살펴보면 먼저 낙타와 대비하여 속담에 제법 자주 등장하는 가축은 염소이다. 아마도 몽골의 대표적인 다섯 종류의 가축 중에서 낙타가 가장 덩치와 키가 크다면 반대로 염소는 키와 덩치가 가장 왜소하고 작은 가축이기 때문이다. 즉 속담의 구조를 큰 것과 작은 것을 대비시켜서 전달하게 되면 일상적인 삶의 경험이나 생활 속의 지혜를 효과적으로 강조할 수 있는 것이다. 또한 유목생활의 현장에서

경험할 수 있는 낙타의 습성이나 신체적 특징을 세밀하게 묘사하고 있는 것이 두드러진다고 하겠다.

(2) 수수께끼

낙타를 은유적으로 표현하는 몽골의 수수께끼는 낙타가 가지고 있는 미세한 특징까지도 빠짐없이 관찰하여 정확하게 묘사하고 있다. 즉 몽골의 수수께끼 속에는 낙타의 걸음걸이, 성격, 신체적 특징, 계절에 따른 낙타의 상태 등을 예리하게 분석하고 있다. 아래에서 낙타를 소재로 하는 몽골의 수수께끼[8]를 기술해 보면 다음과 같다.

- 빠른 걸음으로 셀렝가(Selenga) 상류로 향하는 것은? (낙타)
- 여기서 포트(pot) 소리를 내고, 저기서 포트(pot) 소리를 내고, 잉헤(Engkhe)의 집 근처에서도 세 번째로 포트(pot) 소리를 내는 것은? (낙타가 자신의 불안을 누그러뜨리는 것)
- 키 큰 것이 네 개, 남동생들과 아이들이 다섯명, 양자택일을 할 수 있는 오른쪽과 왼쪽으로 움직이는 것 두 개, 불쌍한 건달이 하나인 것은? (낙타의 네 다리, 다리와 머리, 두 개의 혹, 꼬리)
- 러시아 사람 다섯명이 씨를 뿌리고, 두 러시아 사람이 주의 깊게 살펴보고, 한사람의 러시아인이 파리를 쫓는 것은? (낙타의 머리, 혹, 꼬리)
- 똑바로 곧은 것이 네 개이며, 돌출한 것은 세 개이며, 밑으로 달려 있는 것은 하나인 것은? (낙타의 다리, 머리와 혹, 꼬리)

---

8) A. Taylor, An Annotated Collection of Mongolian Riddles(Philadelphia : The American Philosophical Society, 1954), pp.327~328과 B. Damdin, Even Marie-Dominique and Chapman M, "The Camel in Mongolian Literature and Tradition : Some Examples", Journal of the Anglo-Mongolian Society 8,-1 & 2(1991), pp.35~47의 자료에 나오는 낙타 관련 수수께끼를 모아서 정리하였다.

- 쥐와 같은 형상에, 소와 같이 갈라진 발굽에, 호랑이의 가슴, 토끼의 입술, 용의 목, 뱀의 눈, 말의 갈기, 양의 털, 원숭이의 혹, 닭의 벳, 개의 넓적다리, 돼지의 꼬리를 가진 것은? (낙타)
- 입에 작은 공을 가지고, 복부에는 북을 하나 가지고, 등에는 성스러운 물을 가지고 있는 것은? (더운 날씨의 수컷 낙타)
- 자손들을 위하여 등에 얼음을 가지고 다니는 것은? (더위 속의 수컷 낙타)
- 두 산 사이에 잡초와 갈대가 자란 것은? (낙타의 혹 사이에 자란 털)
- 하늘 아래 바늘이 하나 달려있는 것은? (낙타의 꼬리)
- 하늘 아래 두꺼운 바늘이 매달려 있는 것은? (낙타의 꼬리)
- 하늘로부터 하나의 송곳이 내려와 있는 것은? (낙타의 꼬리)
- 초원 위에 절반이 부족한 담배 주머니가 있는 것은? (낙타의 발자국)
- 초원 위에 윗부분이 없는 담배 주머니가 놓여져 있는 것은? (낙타의 발자국)
- 초원 위에 조그만 담배 주머니는? (낙타의 발자국)(이상 Taylor, 1954)
- 나의 것 중에서 네 개는 흙으로 반죽하여 있고, 나의 것 중에서 두 개는 멀리 있는 사물을 보고 있고, 나의 것 중에서 하나는 파리를 겁주고 있는데 나는 누구인가? (낙타) (이상 Damdin, Even and Chapman, 1991 : 46)

이상에서 살펴본 바와 같이 몽골의 수수께끼는 다양한 측면에서 낙타를 은유적으로 묘사하고 있다. 특히 앞에서도 잠시 언급했던 낙타와 관련한 설화의 내용을 기초로 하여 12띠 동물의 특징이 하나씩 들어있는 낙타의 외형적 특징을 소재로 만들어진 수수께끼도 재미있다. 또한 하나의 단순한 형태의 수수께끼가 될 수 있는 낙타의 신체와 관련된 내용을 몇 개씩 한데 묶어서 좀 더 복잡한 수수께끼로 만든 것이 두드러지는 특징이라고 할 수 있다.

↘ 낙타의 특이한 신체적 특징은 몽골의 유목문화 속에서 다양한 속담과 수수께끼를 만들어
내는 소재가 되었다.

4. 『몽골비사』 속에 내재되어 있는 낙타

『몽골비사』는 13세기에 저술된 작자미상의 역사문헌이다.9) 몽골 관
련 학자들 사이에서 『몽골비사』는 대표적인 몽골의 역사문헌자료는 물
론이고 몽골의 민속자료로도 여겨지는데 그 이유는 피상적으로 보면
초원의 권력 다툼을 주로 기술하려는 정치사(政治史)의 성격이 강한 듯
보이지만 좀 더 심층적으로 분석해 보면 기술된 내용 속에 다양한 몽

---

9) 『몽골비사』는 학자에 따라서 조금씩 의견은 다르지만 일반적으로 저술된 연대를 1228
년, 1240년, 1252년, 1264년 등과 같이 13세기에 저술된 것으로 본다. 자세한 내용은
유원수, 『몽골비사』(사계절, 2004), 10쪽.

골의 생활문화가 빼곡하게 채워져 있기 때문이다. 아래에서 좀 더 구체적으로 『몽골비사』에 나오는 낙타 관련 민속문화의 내용을 분석해 보면 다음과 같다.10) 첫째로 낙타와 관련해서 13세기 당시의 몽골 유목민들의 생업민속이 잘 반영되어 있다. 예를 들어서,

> 그 뒤 옹칸의 아우 에르케 카라가 제형 옹칸에게 죽임을 당하게 되자 도망하여 나이만의 이난차칸에게 들어갔다 (중략) 거기서도 서로 반목하게 되어 위구르인, 탕구트인들의 도시들을 돌아다니며 겨우 5마리만 남은 염소를 붙잡아 젖을 짜고, 낙타의 피를 찔러 먹으며, 지쳐서 구세우르 다우르에 오니 (후략) (151장)

> … 타타르의 아자이칸이 13살짜리를 어머니와 함께 다시 납치해다가 낙타를 치게 하여 낙타를 치고 다니다가 아자이칸의 양치기가 데리고 도망해 왔다 (중략) 위구르, 탕구트의 땅으로 돌아다닐 때 궁핍하여 5마리의 염소를 붙들어 젖을 짜고, 낙타의 피를 찔러 먹고 눈 먼, 꼬리 검은 황말을 타고 테무진 아들에게 오니까 테무진이 세금을 거두어 돌보았다 (후략) (152장)

> … 옹구드족의 알라쿠시 디기드 쿠리로부터 사르탁 사람 아산이 흰 낙타를 타고, 1천마리의 거세양을 몰고, 에르구네강을 따라 담비, 다람쥐와 바꾸러 내려오다가 발주나호로 가축에게 물을 먹이러 들어갈 때 만났다 (182장)

> … 어머니가 알고 밤이었지만 서둘러 흰 낙타를 매어 검은 수레를 타고 밤새워 가서 해뜰 무렵 도착하니 칭기스칸은 카사르의 소매를 묶고, 그의 모자와 허리띠를 뺏고, 심문을 하고 있다가 어머니가 나타나자 놀라 두려워했다 (후략) (244장)

---

10) 유원수, 『몽골비사』(혜안, 1994), 1~266쪽과 유원수, 위의 책, 1~551쪽을 참고했음.

위에서 볼 수 있는 바와 같이 생업민속과 관련해서는 유목생활 속에서 낙타가 생업의 현장에서 얼마나 중요한가를 잘 보여주고 있다. 즉 먼 거리를 이동할 때의 교통수단은 물론이고, 낙타의 피는 비상식량으로도 사용되고 있음을 알 수 있다. 둘째로 탕구트인들을 "낙타의 짐을 가진 백성"으로 묘사하고 있는 내용이 눈에 띈다. 예를 들어서,

> … 칭기스칸이 허락하신다면, 우리 탕구트 사람들은 키큰 나래새풀을 가리개로 하여 기른 많은 낙타를 내어 공물로 드리겠습니다 (중략) 탕구트 사람들로부터 낙타를 징발하여 이루 다 몰고 갈 수 없도록 가져다 주었다 (249장)

> … 칭기스칸이 알라샤이를 향해 가서 아샤 감부와 싸워 제압하고 알라샤이 위에 요새를 쌓은 아샤 감부를 잡고, 모전 장막을 빼앗고, 낙타 짐을 가진 그의 백성들을 재로 날리도록 약탈했다 (후략) (265장)

> 칭기스칸이 차수투 위에서 여름을 나고, 아샤 감부와 산에 올라 저항하던 모전 장막을 가진, 낙타 짐을 가진 탕구트들을 군대를 보내 의도한 바대로 전멸할 때까지 약탈했다 (후략) (266장)

이상의 내용은 탕구트의 정벌과 그 결과로 낙타가 몽골에 들어오게 되었음을 암시해 주는 대목인데, 앞에서 이미 다루었던 낙타 관련 설화 부분과도 일맥상통하는 부분이다. 여하튼 탕구트인들에게 낙타는 중요한 부분을 차지했음이 분명하며, 몽골과의 지속적인 정치적 분쟁 속에서 낙타와 관련된 탕구트의 문화가 몽골에도 많은 영향을 주었음을 알 수 있다. 또한 셋째로 낙타에 빗대어서 사람의 성격을 묘사하는 부분이나 노획물과 예물로 낙타가 사용된 내용이 『몽골비사』 속에 들어 있

다. 예를 들어서,

> 집에 돌아오자 우진 어머니가 두 아들의 안색을 보고 알아차리고 이
> 르기를, "제 형제를 죽인 놈들 (중략) 제 새끼의 뒷꿈치를 물어뜯는 숫
> 낙타처럼 (후략) (78장)

> … 회군하여 흰두스의 변방 백성들을 약탈하고 많은 낙타, 많은 거세
> 염소들을 가지고 왔다 (후략) (264장)

> … 부르칸이 칭기스칸을 알현하러 왔다. 거기서 부르칸이 황금 불상
> 을 비롯한 금은 기명을 9가지로 9벌, 동남동녀 각 9명, 거세마와 낙타
> 각 9마리 등 모든 것을 9가지씩 9벌로 갖추어 알현할 때 부르칸을 문
> 을 닫은 채 알현케 했다 (후략) (267장)

이상에서 살펴본 바와 같이 낙타가 가지는 독특한 습성에 빗대어서 자신의 형제를 죽인 칭기스칸을 어머니인 후엘룬 우진이 꾸짖는 내용이라든지 전쟁에서 약탈하는 노획물 속에는 낙타도 포함되어 있다. 그 외에도 사신(使臣)이나 사절단이 칭기스칸을 방문하면서 가져오는 예물을 보면 당시(13세기) 몽골 초원의 유목생활에서 가장 소중한 가축으로 거세마와 함께 낙타가 들어있음을 알 수 있다.

5. 일상적인 유목문화 속의 낙타 민속과 낙타 관련 민속어휘

몽골 유목민들의 일상적인 유목문화 속에서 낙타 민속은 생업의 현장 속에 내재되어 있는 경우가 많은 편인데, 몽골의 시골에서 지금도 전승되고 있는 대표적인 낙타 민속은 새끼를 거부하는 어미 낙타가 새

끼 낙타를 받아들여서 젖을 먹이게 만드는 독특한 민요와 음악이다. 삼필덴데브(2004)의 연구에 의하면 몽골의 유목민들에게는 호오링 타트륵(악기를 연주하면서 전설적인 이야기를 읊조리는 연주 형태)이라는 민속예능이 잘 보존되어 있는데, 낙타의 발걸음에 맞춘 슬프고 느린 음율을 가지고 있어서 낙타 타트륵(연주)이라고도 부른다고 한다. 이와 유사하게 홉스골 지역에 있는 다르하드 몽골인들은 새끼를 잘 받아들이지 않는 어미 낙타에게 새끼를 받아들이게 할 때 호오르(huur)를 연주하면서 다음과 같은 노래를 부르는 전통이 남아있다.[11]

> 어린 흰 고아 낙타야
> 굶주려 죽기를 기다리느냐
> 누런 낙타새끼야
> 큰 대자로 힘없이 쓰러지기를 기다리고 있느냐

이상과 같이 몽골의 유목민들에게 낙타는 변덕이 심해서 참으로 다루기가 조심스러운 가축이라서 조금은 독특하지만 유목민들 나름대로의 방식으로 낙타를 방목했음을 알 수 있다. 음악과 구비시가가 아우러져서 예술적인 운율을 가지고 낙타를 대하는 몽골 유목민들의 호연적(浩然的)인 기질과 자연과 하나가 되려는 예술성을 엿볼 수 있다.

또한 낙타와 관련된 일상적인 생활문화는 언어생활 속에서도 잘 투영되어 있는데 대표적인 것이 낙타 관련 민속어휘이다. 낙타와 관련된 민속어휘를 크게 낙타의 나이 및 암수의 구별, 낙타의 신체동작과 습

---

11) 삼필덴데브, 「몽골 목민의 생활의례와 구비시가의 예술적 상관성」, 『세계무형유산과 민속예술』(서울 : 국학자료원, 2004), 359~367쪽.

성 그리고 낙타와 관련한 생업과 민구(民具) 등 모두 세 가지 영역으로 나누어서 살펴보고자 한다.12) 첫째로 낙타의 나이와 암수를 적절하게 구별해 주는 민속어휘를 살펴보면 다음과 같다.

한 살배기 낙타(*botgo*) ; 한 살배기 수컷 낙타(*er botgo*) ; 한 살배기 암컷 낙타(*ohin botgo*) ; 두 살배기 수컷 낙타(*torom*) ; 두 살배기 암컷 낙타(*ohin torom*) ; 세 살배기 낙타(*shilbe*) ; 세 살배기 수컷 낙타(*built*) ; 세 살배기 암컷 낙타(*shar shilbe*) ; 네 살배기 수컷 낙타(*tailga*) ; 네 살배기 암컷 낙타(*gunj*) ; 다섯 살배기 수컷 낙타(*at*) ; 다섯 살배기 암컷 낙타(*inge*)

이상의 민속어휘를 분석해 보면 한 살부터 다섯 살까지 낙타의 나이에 따라서 낙타를 부르는 용어가 다르고 또한 서로 다른 용어를 사용해서 암수의 구분을 명확하게 하고 있음을 알 수 있다. 낙타와 관련해서 이렇게 다양한 용어를 개별적으로 사용하고 있는 것은 나이별로 혹은 암수 별로 제각기 구분이 절실한 유목문화의 결과물이기 때문에 몽골의 유목문화 속에서 낙타가 가지는 가치와 중요성을 잘 반영해 준다고 하겠다. 둘째로 낙타의 신체동작과 습성에 관한 민속어휘의 내용을 살펴보면 다음과 같다.

낙타의 수염(*zogdor*) ; 한쪽으로 기울어진 낙타의 혹(*leg böh (hevtee bolson böh*)) ; 낙타의 털(*noos (temeenii*)) ; 발정기의 씨(種) 낙타가 사람을 향해서 돌진하는(*orson buur hün rüü dairna*) ; 발정기의 씨(種) 낙타로부터 조심하는(*orson buurnaas bolgoomjil*) ; 낙타가 큰 소리로 울부짖는(*temee*

---

12) H. Dorjgotov, Angri mongol züilchilsen tol' (Ulaanbaatar, 2008), pp.80-81과 H. Yambuu, Hamgiin erhem yoson (Ulaanbaatar, 1991), p.47과 Ch. Dondog, Shireenii lablah (Ulaanbaatar, 1994), p.22의 낙타 관련 민속어휘를 참고하였음.

builna) ; 낙타의 혹(*temeenii bÖh*) ; 낙타의 빠른 걸음(*temeenii jonjoo*) ; 낙타가 어린 동물을 발로 짓밟는(*temeenii tavralt*) ; 낙타의 발길질(*temeenii tiirelt*) ; 낙타의 쪼개진 입술(*temeenii uruul salaa*) ; 솟아오른 낙타의 혹(*shiree bÖh*)

이상의 민속어휘를 보면 앞에서도 잠시 고찰해 본 속담과 수수께끼에 반영된 낙타의 신체적 특징이나 습성과 마찬가지로 낙타의 외면과 내면을 섬세하게 묘사하고 있다. 또한 발정기 때의 낙타가 가질 수 있는 저돌적인 습성을 나타내는 어휘도 몽골의 유목문화가 짙게 깔려있는 민속어휘 중의 하나이다. 한편 어린 동물을 발로 짓밟는 습성은 『몽골비사』 78장에서 "제 새끼의 뒷꿈치를 물어뜯는 숫낙타처럼"이라는 표현과 같은 맥락에서 다루어질 수 있을 것 같다. 셋째로 낙타와 관련해서 생업과 민구(民具)의 내용을 담고 있는 민속어휘를 열거해 보면 다음과 같다. 예를 들어서,

낙타의 전염병(땅벌레가 낙타의 코와 코의 연골조직에 들어가서 생기는 병)(*guvruu*) ; 낙타가 식물의 가시를 먹는(*temee harganaar hoollono*) ; 다섯 살 배기 암컷 낙타의 젖(*ingenii süü*) ; 다섯 살 배기 낙타의 젖으로 만든 음료(*ingenii hoormog*) ; 낙타 대상(隊商)(*temeen jin*) ; 낙타 수레(*temeen tereg*) ; 낙타 경주(*temeen uraldaan*) ; 낙타를 모는 사람(*temeechin*) ; 낙타가 토해낸 것(*borgol*) ; 씨(種) 낙타(*buur*) ; 야생 낙타(*havtgai (temeen gÖrÖÖs*)) ; 짐을 싣기 위해서 펠트로 만든 밑 깔개(*bambai*) ; 낙타에 거는 코걸이(*buil*) ; 낙타의 고삐(*burantag*) ; 펠트로 된 낙타의 안장(*tohosh*) ; 길마(*hom*)

위의 내용에서 잘 나타나 있는 바와 같이 다른 다섯 종류의 대표적인 몽골의 가축과 마찬가지로 낙타도 유목문화의 중요한 한 축을 담당했

음을 알 수 있다. 낙타의 질병이라든지 낙타의 먹이 그리고 낙타가 토해 내는 것까지 다른 어휘와 변별력을 가질 수 있도록 만들어진 구체적인 민속어휘와 낙타의 젖으로 만든 음료, 여기에 덧붙여서 부분적이기는 하지만 낙타와 관련한 다양한 민구(民具)에 대한 민속어휘는 낙타와 관련한 몽골의 민속문화를 더욱더 윤택하게 해준다.

6. 유목민들의 일상적인 생활 속에서 낙타의 중요성

몽골에서 낙타는 대표적인 다섯 종류의 가축 중의 하나로 몽골 유목민들의 삶과 생활방식을 잘 반영해 주고 있다. 몽골 유목민들의 생활문화를 낙타를 중심으로 고찰해 보기 위하여 낙타 관련 민속문화를 담고 있는 설화, 속담과 수수께끼, 역사문헌자료, 일상적인 생활공간에서 사용하는 민속어휘 등 전체적으로 네 가지 측면에서 살펴보았다.

첫째, 몽골 설화 속에 투영되어 있는 낙타는 키와 덩치는 크지만 고집이 세고 어리석은 존재로 비추어지고 있다. 따라서 자신보다 덩치가 작은 쥐와 내기를 해서 쥐의 간계(奸計)에 빠져서 내기에 지기도 하며, 사슴의 계략(計略)에 속아 넘어가서 자신의 아름다운 뿔을 잃기도 한다. 또한 외형적으로 낙타가 가지고 있는 신비하고 괴이한 모습과 관련해서는 12띠 동물과 탕구트 사람들 그리고 보르항 박시와의 관계 등을 재미있게 설명해 주고 있다.

둘째, 낙타를 소재로 하는 몽골의 속담과 수수께끼를 분석해 보면 외형적인 낙타의 특징뿐만 아니라 내면적인 낙타의 습성과 습관을 예리한 관찰력을 동원하여 잘 묘사하고 있다. 특히 낙타 관련 몽골의 속담 속에는 낙타와 짝을 이루어서 염소가 자주 등장하는 것이 두드러지는 특징이라고 할 수 있다. 몽골 유목문화 속의 가축 중에서 외형적으로 덩치가 가장 큰 낙타와 대비하여 속담이 전달하고자 하는 메시지를 극대화할 수 있는 가축은 몽골 유목문화 속의 오축(五畜) 중에서 덩치가 가장 작은 염소인 것이다.

셋째, 몽골의 대표적인 역사문헌자료인 『몽골비사』 속에 등장하는 낙타 관련 내용은 생업활동 속에 기술되어 있는 낙타가 많은 편이며, 탕구트인들과 관련한 내용 중에도 낙타에 대한 언급이 자주 나오는 편이다. 또한 낙타의 습성을 인간의 행동에 빗대어서 표현하는가 하면 노획물이나 예물(禮物)로도 낙타는 중요한 가축이었음이 잘 반영되어 있다.

넷째, 일상적인 몽골의 유목문화 속에는 새끼에게 젖을 주지 않으려는 어미 낙타를 음악과 구비시가로 달래어주는 민속이 남아 있어서 일방적인 방식으로 낙타를 대하기보다는 노래와 가락으로 낙타를 위로해주고 일깨워주는 몽골 유목민들의 지혜를 엿볼 수 있다. 덧붙여서 일상적인 언어생활 속에서 사용되는 낙타와 관련한 민속어휘를 살펴보면 낙타의 나이와 암수구별은 물론이고 낙타의 미세한 신체동작과 습성에 대한 민속어휘가 많이 나타난다. 또한 낙타와 관련한 생업과 낙타를 다루기 위한 다양한 민구(民具)도 곁들여서 나타난다. 다시 말해서 낙타의 세부적인 성장과정과 암수의 구분은 물론이고, 낙타의 독특한 동작이나 신체적 특징 그리고 생업의 현장에서 경험하게 되는 풍부한 민속어휘가 몽골의 유목문화 속에 내재되어 있는 것이다.

✉ 『중앙아시아연구』 14호, 중앙아시아학회, 2009

축제와 여성을 통해서 보는 유목문화

유목문화와 축제

1. 문화를 함축하고 있는 축제

축제 속에는 한 지역 혹은 한 민족의 문화와 민속이 가장 잘 반영되어 있다. 이러한 의미에서 복잡하고 다양한 세계의 문화와 민속을 축제를 통하여 살펴보는 것은 큰 의미를 지닌다고 할 수 있다.

한편 축제는 정해진 기간에 정기적으로 행하여지는 경우가 많은데, 이렇게 시간과 관련되어 있는 경우에 어떤 역사적인 사건과 인물을 기념하거나, 전통적인 세시와 연관되어 있는 경우가 많다. 특히 후자의 경우는 축제가 주기성과 반복성을 가지면서 대자연의 질서 속에 펼쳐지는 계절의 변화와 그 속에서 자연의 질서에 맞게 영위되는 인간들의 생업활동과 밀접하게 연계되어 있다.

세계 곳곳에서 진행되는 축제는 그 나름대로의 기능을 하고 있으며, 이러한 기능 속에는 서로 유사한 점뿐만 아니라 차이점도 발견할 수

있다. 가령 예를 들어서 서구에서는 일반적으로 축제를 페스티벌
(festival), 피스트(feast), 카니발(carnival) 등 정기적인 향연, 잔치, 놀이행
사, 제례, 사육제, 종교적인 기념일 혹은 경축일 등으로 해석한다. 반면
에 몽골에서 축제는 바야르(*bayar* ; 문자 그대로 즐거움 혹은 축제), 바야르
에스롤(*bayar eslol* ; 즐겁고 행복한 행사 혹은 축제 행사), 나이르 나담(*nair
naadam* ; 기념적인 게임 혹은 축제) 등의 내용이 들어있는데 이러한 의미
속에는 주기적으로 반복되거나 삶의 주요한 순간에 펼쳐지는 즐겁고,
기쁜 일련의 게임, 향연, 잔치 등을 나타냄을 알 수 있다.

↘ 몽골의 나담축제는 남녀노소 모두가 하나가 되는 축제이다. 축제장에서 모든 몽골인들은 몽
골의 전통문화를 직접 보고 느끼고 경험하게 된다.

특히 유목문화가 아직까지도 영향을 미치고 있는 몽골의 경우 대부
분의 축제는 절기의 변화에 따라서 이루어지는 그네들의 생업활동 속
에서 시작되었고, 지금도 그러한 전체적인 틀 속에서 전승되고 있다고
할 수 있다. 절기에 따른 축제 외에도 유목생활에서 경험하게 되는 인
생의 다양한 고비마다 행하여지는 통과의례를 통한 일부 축제도 의미
를 둘 만하다. 이 글에서는 몽골의 축제를 크게 두 가지로 나누어서 살

 제3장 축제와 여성을 통해서 보는 유목문화

펴보고자 하는데 하나는 통과의례(通過儀禮)와 관련된 축제이고, 다른 하나는 세시(歲時)와 관련된 축제이다.

2. 통과의례와 관련된 축제

통과의례(通過儀禮)와 관련된 몽골의 축제 중에서 대표적인 것은 출생의례(出生儀禮), 이름짓기, 머리카락 자르기, 그리고 혼인식과 관련된 축제이다. 이러한 축제는 다양한 삶의 단계 속에서 하나를 매듭짓고, 또다른 과정으로 나아가게 하는 데 필수적인 의례이다. 한편 세계의 다양한 문화 속에는 상례(喪禮)와 제례(祭禮)도 일종의 축제로 취급되기도한다. 따라서 통과의례와 관련해서 몽골의 장송의례(葬送儀禮)[1]도 넓은의미의 축제로 포함될 수 있지만[2] 오늘날 몽골인이 사용하는 축제와관련된 용어가 주로 밝고 긍정적인 입장을 많이 내포하고 있기 때문에여기서는 다루지 않겠다.

통과의례와 관련한 몽골의 축제 중에서 먼저 출생의례(出生儀禮)와 관련된 축제를 살펴보자. 아기가 태어난다는 것은 새로운 가족의 구성원을 가진다는 의미 외에도 아기가 건강하게 성장할 수 있도록 주의를요하는 시기(時期)이기도 하다. 특히 전통적인 몽골의 출산방식이 작은천막이나 오두막을 짓고는 그 안에서 산모는 산파의 도움으로 앉아서출산하게 되므로 산모나 갓 태어난 아기의 건강이 쉽게 보장되지 않는

---

1) 몽골의 장송의례와 관련해서 자세한 내용은 박환영(2002c, 2005c) 참조.
2) 임권택 감독의 영화 <축제>는 한국의 전통적인 상례(喪禮)의 내용을 주로 담고 있는데 상례와 같은 대소사에서 친족 사이의 유대와 공동체 집단의 결속을 가질 수 있어서넓은 의미의 축제에 포함시킬 수 있는 것이다.

경우가 많다. 아기가 태어났기 때문에 그리고 별다른 어려움이 없었거나 혹은 어려움을 잘 극복하고 아기를 출산했기 때문에 일종의 축제가 있기 마련이다. 이러한 축제의 하나로 갓 태어난 아기를 목욕시키는 의식을 행하면서 가까운 가족이나 친척 외에도 주변의 이웃들이 함께 아기의 건강한 성장을 축원하는 자리를 마련한다. 아기의 피부가 탄탄해지길 바라면서 양고기와 뼈를 넣고 끓인 양고기 국물을 조금 식혀서 목욕시킨다. 그리고는 모인 사람들은 함께 음식을 나누어 먹는다. 이렇게 양고기 물로 목욕을 시키는 것은 갓 태어난 아기의 피부에 양의 뼈와 고기에 있는 영양분이 스며들어서 아기의 건강을 지켜준다고 믿기 때문이다.

다음으로 살펴볼 것은 이름짓기와 머리카락을 자르는 것과 관련된 일종의 축제이다. 이름을 부여하는 것이나 머리카락을 자르는 것은 태어난 아이가 비로소 사회적인 구성원이 되었음을 의미한다. 따라서 이름짓기와 머리카락을 자르는 것을 함께 묶어서 살펴보고자 한다. 이름짓기는 보통 아기의 부모나 라마승에 의하여 행하여지는데, 부분적이지만 지역에 따라서는 부계(父系) 혹은 모계(母系)의 할아버지나 할머니가 이름을 짓기도 한다. 또한 경우에 따라서는 친척 중에서 사회적으로 존경을 받는 사람이 있으면 직접 이름짓기에 관여하기도 한다. 한편 몽골의 시골에서는 친척이나 이웃들이 각자 마음에 드는 이름을 하나씩 적어서 항아리 속에 넣고는 그 중에서 하나를 집어내어서 아기의 이름으로 지어주기도 한다.3) 때로는 이러한 이름이 일시적으로 사용되는 "대용적인" 이름4)이기도 하여 적당한 때가 되면 다시 정식의 이름

---

3) 박환영(2000b).
4) 대용적인 이름은 보통 갓 태어난 아기가 허약하거나 아기가 귀한 집에서 사용하는 이

을 지어주기도 하지만 이름짓기에 참여한 여러 사람들은 아이의 밝은 미래를 위하여 축원하는 하나의 축제를 벌이게 된다.

갓 태어난 아기의 머리카락을 자르는 것은 보통 아기가 2살에서 5살이 된 후에 행하여지는데, 남자아이의 경우는 세 살 혹은 다섯 살과 같은 홀수 해에, 그리고 여자아이의 경우는 두 살 혹은 네 살과 같은 짝수 해에 이루어진다. 태어나서 처음으로 머리카락을 자르게 되면 성(性)의 구분이 생겨지고, 때로는 "정식의" 이름이 주어지기 때문에 사회적으로 하나의 존재를 인정받는 계기가 된다. 한편 머리카락 자르는 날짜가 정해지면 가까운 친척과 이웃들이 모여서 공동체의 새로운 구성원의 건강과 행운을 기원하며 말과 양과 같은 가축뿐만 아니라 돈, 옷, 음식 등 일상적인 생활용품을 선물한다. 처음에는 나무로 만든 칼로 배냇머리를 자르는 흉내를 내고, 다음에는 가위로 아기의 이마 털부터 잘라서 비단에 싸서 보관한다(吳人惠, 1999). 이러한 행사가 대충 끝나면 모인 사람들은 함께 음식을 나누어 먹고, 즐기면서 견고한 유대를 재확인한다.

끝으로 살펴볼 것은 몽골의 통과의례 중에서 혼례와 관련된 축제이다. 특히 혼례는 몽골과 같은 유목사회에서 사회공동체의 기반을 이루는 가족과 친족을 구성하는 중요한 계기를 마련해 준다. 따라서 잘 준비되고 체계화된 하나의 공적인 의례(儀禮)인 축제가 행해지기 마련이다. 이러한 민속을 반영하듯이 몽골인들은 흔히 "에슬지 아바귀 볼 에 흐네르 비시"(*esolj avaagüi bol ehner bish* : 공적이고 적절한 의식과 의례 없이 아내를 맞이하게 되면 그것은 적법한 아내가 아니다)라고 말한다.[5] 그만큼 혼

름으로 보통은 인간의 존재 자체를 부정하거나, 아기를 해칠 수 있는 나쁜 신을 속이기 위한 이름이다. 하마욘(Hamayon, 1973)과 험프리(Humphrey, 1978) 참조.

레는 몽골사회에서 중요하게 취급되고 있는 셈이다.

혼례와 관련된 축제는 신랑측에서 신랑과 신부가 함께 거주할 신겔 (shin ger ; 새 텐트)을 만드는 일에서부터 시작된다. 한편 신부측에서는 혼인식이 다가오면서 신부를 데리러 오는 신랑측의 손님들을 맞이할 준비로 친척과 이웃들이 하나 둘 모여들면서 축제가 시작된다. 멀리 떨어져 있는 친척들이 하나 둘씩 모이면 그 동안의 살아온 생활과 미처 오지 못한 친척들의 안부를 묻는 이야기로 축제의 분위기는 점점 고조되어 간다.

혼례와 관련해서 몽골의 시골에서는 여전히 라마승이 중요한 위치를 점하고 있는 경우가 많다. 그러므로 혼인식에는 특별히 라마승이 초청되어져서 부부의 인연을 맺은 신랑과 신부의 앞날을 축복해 준다. 몽골의 혼인식에서 주목해야 할 것은 신부가 신랑측에서 마련한 새 텐트(*shin ger*)에 오게 되면 신랑의 부모가 거주하는 텐트에서 불씨를 받아서 새 텐트의 화로에 그 불씨로 불을 지피는 의례이다. 몽골에서 불씨는 생명의 상징이요, 풍요의 상징이다. 그러므로 불씨를 받아서 불을 지핀다는 것은 혼인과 동시에 부모로부터 독립하여 새로운 가정을 꾸민다는 것이며, 그 동안 이어져 오던 집안의 전통이 부모에게서 아들로 계속해서 연계 고리로 이어져 감을 상징한다고 볼 수 있다. 이러한 몽골의 전통은 몽골의 친족용어에서도 잘 반영되어 있다. 예를 들어서 몽골에는 "불꽃 손자"(*gal zee*)라는 용어[6]가 있을 정도이다.

---

5) Sampildendev(1981 : 5)와 박환영(2000a : 242) 참조.
6) 박환영(2000b : 28).

3. 세시(歲時)와 관련된 축제

세시의 민속은 곧 시간의 민속이다. 다시 말해서 주어진 시간을 적절하게 생활에 맞추어 가면서 생겨나는 생활문화인 셈이다. 세시와 관련되어 있는 몽골의 축제는 크게 두 가지로 나눌 수 있다. 하나는 여름에 행하여지는 나담(*naadam*)축제이고, 또 다른 하나는 겨울에 행하여지는 자간살(*tsagaan sar*) 축제이다. 여름에 행하여지는 나담(*naadam*)축제가 만물의 성장뿐만 아니라 유목생활에서 필수적인 가축의 성장과 초원의 풍요로움을 기원하는 축제라면, 겨울에 행하여지는 자간살 축제(*tsagaan sar*)는 한 해를 마감하면서 새로운 시작을 위하여 1년 동안의 건강과 행복 그리고 풍족한 생활을 축원하는 축제로 볼 수 있다.

↘ 2009년 울란바타르의 나담축제장 공식행사 장면

(1) 몽골의 여름축제 나담(*naadam*)

몽골의 나담축제는 여름을 대표하는 몽골의 유목문화 축제로 매년 7월 11일부터 7월 13일까지 열리는 국가적인 대규모 축제이다. 나담축제는 남자들의 세 가지 경기라고 불리는 말달리기, 활쏘기, 씨름이 주로 행하여진다. 나담축제에서 빼 놓을 수 없는 말달리기(경마)의 경우 수컷 말만 참가할 수 있다고 한다. 또한 2세(*daaga*), 3세(*shüdlen*), 4세(*hyazaalan*), 5세(*soyeolon*), 6세 이상(*ih nas*),[7] 종마(種馬 ; *azarga*), 그리고 측대보로 걷는 말(*joroo mori*) 등 일곱 종류의 경기가 있지만 측대보로 걷는 말의 경기는 경마라기보다는 일종의 묘기를 과시하는 경기이기 때문에 나담에서 펼쳐지는 경마의 종류는 모두 여섯 가지인 셈이다.

❧ 나담축제에서 활 쏘기

❧ 나담축제에서 말 달리기

7) 몽골의 민속에 등장하는 나이에 따른 말(*aduu*)의 종류는 다음과 같다. 예를 들어서 한 살배기 말은 *unaga*(수컷 말)와 *ohin unaga*(암컷 말)이고, 두 살배기 말은 *sarbaa*(수컷 말), *daaga*(수컷 말), *ohin sarbaa*(암컷 말) 그리고 *ohin daaga*(암컷 말) 이다. 또한 세 살배기 말은 *shüdlen*(수컷 말)과 *shüdlen baidas*(암컷 말)이고 네 살배기 말은 *hyazaalan*(수컷 말)와 *baidsan güü*(암컷 말)이며 다섯 살배기 말은 *soyeolon*(수컷 말), 마지막으로 여섯 살배기 말은 *habchig soyeolon*(수컷 말)과 *büdüün güü*(암컷 말)이다(박환영, 2003 : 119).

나담(*naadam*)축제에는 말달리기 외에도 활쏘기와 씨름도 중요한 경기로 행하여진다. 이전에 비하여 활쏘기가 많은 몽골인의 관심을 끌지는 못하고 있지만 여전히 면면히 전승되고 있는 몽골의 유목문화가 잘 반영된 민속경기인 셈이다. 한편 활쏘기 경기에서 표적까지의 거리는 대충 남자의 경우는 75m이고, 여자의 경우는 60m이다. 표적은 버드나무와 가죽으로 만든 원통형 30개를 길게 이층으로 쌓아서 만든다.

한편 몽골의 씨름은 나담(*naadam*) 때는 물론이고 평상시에도 자주 행하여지는 몽골인이 가장 즐겨하는 민속놀이 중의 하나이다. 말달리기와 활쏘기의 경우 여자들이 간혹 참가하기도 하는데 씨름의 경우는 반드시 남자만이 참가하게 되어있다. 남자만이 나담 때 열리는 씨름대회에 참가할 수 있는 것은 경기에 참가할 때 입는 독특한 복장 때문이다. 특히 상의를 노출시키는 조독(*zodog*)이라는 복장의 착용이 여성의 참여를 막기 위한 내용과 관련해서 몇 가지 이야기가 전해져 내려온다.8) 몽골의 씨름은 경기 시간의 제한이 없으며, 상대방의 어깨나 무릎이 땅에 닿아야 이기기 때문에 손이 땅에 닿아도 경기는 계속 진행된다.

▶ 2008년 서울 광진구의 몽골 나담축제에 참가한 몽골 씨름선수가 가슴이 드러나 보이는 조독(zodog)이라는 복장을 하고 있다.

---

8) 이안나(2001 : 56) 참조.

(2) 몽골의 겨울축제 자간살(*tsagaan sar*)

몽골의 겨울축제 자간살(*tsagaan sar*)은 문자 그대로 "흰색 달(月)"이라는 뜻이다. 몽골의 대표적인 겨울축제인 흰색 달(月)은 태음력과 불교력에 기초하기 때문에 매년 다르지만 대개는 1월 말이나 2월 초 혹은 2월 중순경에 시작된다. 다시 말해서 자간살(*tsagaan sar*)은 몽골의 전통적인 새해의 첫 달인 셈이다. 마치 흰색이 순수하고, 때 묻지 않은 것과 마찬가지로 새해 첫 달은 말 한마디라도 조심해야함을 나타낸다. 한번 단추를 잘못 끼우게 되면 연속적으로 단추가 어긋나듯이 한 해의 성공 여부도 한해의 시작을 상징하는 흰색 달 즉 첫째 달에 많이 좌우되는 것이다.

몽골인은 자간살(*tsagaan sar*) 때 "흰색" 음식을 즐겨 먹는 것 같다. 흰색 달에 다양한 유제품, 국수 그리고 만두와 같은 흰색 음식을 먹으면 한 해가 흰색과 같이 부정이 없고 평안하다고 믿는다. 또한 흰색 달에는 가까운 친척뿐만 아니라 멀리 있는 친척을 방문하고, 선물을 교환하기도 한다. 이 때가 되면 대부분의 몽골인들은 친척들을 만나기 위하여 도시에서는 시골로, 시골에서는 도시로 분주하게 이동을 하게 된다. 그러므로 몽골의 여름축제인 나담(*naadam*)과 더불어서 1년 중에서 몽골인이 가장 분주하게 움직이는 날이기도 하다.

한편 흰색 달에 친척이나 이웃 사람들을 만나면 졸곡흐(*zolgoh*)라고 부르는 전통적인 몽골의 예법으로 서로 새해 인사를 하게 된다. 즉 서로가 두 손을 펼쳐서 연소자(年少者)의 손이 연장자(年長者)의 손 밑으로 가서 양자(兩者)의 손이 서로 포개어 지는데, 마치 연장자를 연소자가 밑에서 떠받치듯이 인사를 나누는 방식이다. 자간살(*tsagaan sar*)이 되면 몽골의 시골에서는 말을 타고 가다가도 잠시 멈추어서 말을 탄 채로 이렇게 인사를 나누는 모습을 흔히 볼 수 있다.

자간살(*tsagaan sar*)은 새 해의 시작이지만 다른 한편으로 보면 또한 한 해를 마감한다는 의미를 가진다. 자간살(*tsagaan sar*)의 하루 전날은 그래서 큰 의미를 두며, 비툰(*bit üün*)이라고 부른다. 비툰(*bit üün*) 때까지는 한 해 동안 빌린 돈이나 물건을 돌려주어야 한다. 그리고 새로운 한 해를 맞이하기 위하여 집을 깨끗하게 청소하는 일도 빠지지 않는다. 또한 자간살(*tsagaan sar*) 때 손님을 맞이하기 위하여 다양한 종류의 음식을 장만하느라고 밤늦게까지 음식 준비를 한다. 특히 비투러그(*bit üüleg*)라는 음식을 장만하는데, 이것은 양의 엉덩이 부분을 삶은 오오츠(uutsS)와 밀가루로 만든 보오브(boov), 그리고 다양한 종류의 흰색 유제품을 함께 올려놓은 것이다.

몽골의 겨울 축제인 자간살(*tsagaan sar*)은 깨끗하고 오염되지 않은 흰색처럼 새롭게 시작하는 의미를 가지고 있으며, 순수하고 정화된 흰색 달과 같은 몽골인의 심성이 또한 잘 반영되어 있는 축제다. 다시 말해서 정기적으로 옮겨 다니는 유목생활 속에서 지나친 집착과 욕심을 버리고 대자연의 순환질서 속에 순응하고자하는 자세뿐만 아니라 지난날의 어려움과 오해를 청산하고 오염된 속세의 온갖 잡념을 떨쳐 버리고 새롭게 한해를 시작하려는 유목민의 강한 의지를 엿볼 수 있는 것이다.

4. 유목적 특성이 강한 몽골의 축제

몽골의 축제는 다양한 몽골의 유목문화를 잘 반영해 준다. 여기서 언급하지는 않았지만 불교와 관련된 몽골의 종교적인 축제도 포함시킬 수 있다. 다시 말해서 몽골의 불교축제 속에는 통과의례나 세시에 관련된 축제에서는 볼 수 없는 또 다른 측면의 몽골문화를 엿볼 수 있는 것이다. 그럼에도 불구하고 몽골인의 일상적인 생활과 생업활동 속에서 생겨난 진솔한 민속문화와 좀 더 밀접하게 연계되어 있는 통과의례와 세시에 기초를 두고 있는 일련의 축제를 통하여 유목문화가 투영되어 있는 몽골의 살아있는 생활문화를 부분적이지만 그 나름대로 살펴본 것 같다.

역시 몽골의 축제는 그 사회에 속한 구성원들이 겪게 되는 다양한 지위의 변화라든지 생업활동에 관여하고 있다. 축제를 통하여 닫혀있는 공간이 열려지게 되고, 또는 하나의 단계를 지나서 다른 단계로 나아가는 기회를 제공해 주기도 한다. 음식을 장만하고 함께 나누어 먹으면서 연대감을 견고히 할 수도 있고, 여러 가지 전통적인 민속놀이가 곁들여져서 흥을 돋우고 그동안 쌓였던 불협화음을 포용하고 조화로운 공동체의 기초를 다지기도 한다.

특히 몽골과 같은 유목문화 속에서는 공동체의 결속이 강력히 요구되기도 한다. 정기적으로 이동을 하지만 주어진 여건에 따라서 때로는 그 빈도수가 잦아질 수도 있다. 또한 기후의 변화와 예측하기 힘든 자연 요건 속에서 공동체의 중요성은 이루 말할 수 없을 정도이다. 바쁘고 규격화된 유목생활 속에서 일종의 여유를 제공해 주고, 그동안 집

착해 온 경제활동에 윤활유를 선사하고, 더욱이 공동체 구성원들 사이
에 갈라진 틈을 다시 연결시켜 주는 기능을 몽골의 축제가 담당하고
있는 것이다. 덧붙여서 1989년부터 몽골에서 진행되고 있는 자유화와
개방화의 움직임 속에서 몽골의 축제는 더욱더 활성화되고 있는데 그
이유는 표면적으로는 관광분야와 관련된 부분도 있지만 좀 더 심층적
인 면에서는 몽골의 축제를 통하여 전통문화를 지키고 보존해 가고자
하는 몽골인의 강한 의지가 담겨져 있다고도 볼 수 있다.

✉ 『서울대 박물관 강좌(몽골의 축제) 자료집』, 서울대학교 박물관, 2004

유목민의 가정생활과 여성민속

1. 여성의 시각에서 유목문화 접근하기

한 문화권의 일상적인 생활문화를 이해하기 위해서는 다양한 측면에서 문화를 접근해야 한다. 몽골의 유목문화와 전통 그리고 민속에 대한 논의는 샤머니즘, 불교, 민속놀이와 나담축제 그리고 설화와 의식주 문화 등과 같은 주제로 많이 다루어지고 있다. 몽골의 유목문화와 관련한 이러한 연구성과를 살펴보면 민속문화의 전승주체인 남성들에 주로 초점을 두고 다루어지는 경우가 많은 편이다. 이러한 전통은 민속문화를 연구하는 민속학이 이제까지 진행하였던 학문적인 경향이었지만 최근에는 이러한 경향에서 벗어나서 남성에 못지않게 여성의 일상적인 생활문화에도 많은 관심을 가지고 연구가 진행되고 있기도 하다. 특히 몽골의 유목문화에 대한 접근 중에서 여성들의 전통과 민속에 대한 관심은 부분적이지만 험프리(Humphrey)에 의하여 많이 연구되어져 왔다.[1]

몽골의 일상적인 생활문화를 여성의 입장에서 재조명하기 위하여 이 글에서는 몽골의 여성들이 가지고 있는 생활문화를 살펴보고, 몽골의 민속문화 속에 투영되어 있는 몽골의 여성과 관련된 민속을 고찰해 보고자 한다. 한편 몽골 여성이 중심이 되는 문화를 어느 한 측면을 가지고 접근할 수는 없다. 더욱이 유목문화의 전통이 강하게 남아 있으면서도 거의 70년 이상을 지속해 온 사회주의의 전통도 사회 곳곳에 남아 있으며, 오늘날에는 자유무역과 시장경제로 빠르게 탈바꿈하는 역동적인 몽골의 가정생활문화를 제대로 이해하기는 참으로 어려운 것

---

1) Humphrey(1974, 1992, 1993 그리고 1994) 참조. 한편 최근의 한국민속학에서도 한국의 무속신앙과 관련해서는 여성 무속인들의 입장에서 다루어진 연구가 나오고 있기도 하다. 김은희(2004) 참조.

이 사실이다. 그러나 몽골의 전통과 민속에 기초를 두면서 몽골의 여성이라는 측면에서 몽골의 가정생활문화를 접근해 볼 수는 있을 것 같다. 따라서 이 글은 몽골의 가정생활문화를 이해하기 위한 한 방법으로 몽골 여성들의 민속에 대한 고찰인 셈이다. 다시 말해서 접근하는 방식과 측면에 따라서 몽골의 여성들과 관련된 민속문화는 다양한 논의가 진행될 수 있겠지만 이 글에서는 설화, 『몽골비사』와 같은 역사문헌자료, 속담과 수수께끼, 일상적인 생활공간 등에 초점을 두고 몽골의 여성과 관련된 민속문화를 집중적으로 고찰해 보고자 한다.

전통적인 유목문화의 연장선상에서 현대 몽골의 여성들은 경제활동에 있어서도 남자에 못지 않게 적극적인 편이다.

2. 몽골 설화 속에 투영된 여성

설화는 오랜 시간 동안 민중들 사이에서 회자(膾炙)되면서 구비전승되는 민속문화이다. 따라서 정확하게 언제부터 만들어졌고 어떻게 전승되었는지를 알 수는 없지만 대다수 민중들에 의하여 입에서 입으로 전승되기 때문에 민중들의 공감대를 형성하는 내용을 중심으로 전승되고 있는 특징을 가지고 있다. 설화가 가지는 이러한 특징은 설화 속에 반영되어 있는 몽골의 여성들과 관련된 민속을 살펴보는 데 중요한 기초를 제공해 준다. 즉 설화 속에 투영되어 있는 몽골 여성들을 분석해봄으로써 몽골 사회에서 여성들이 가지고 있는 사회적인 지위, 역할, 그리고 기대되는 이상적인 인물상 등에 이르기까지 포괄적으로 살펴볼 수 있는 좋은 자료를 제공해 준다고 하겠다. 아래에서 기술할 몽골의 설화는 해와 달이 된 두 자매에 대한 이야기로 언니와 동생 사이의 관계를 잘 보여준다.

↘ 몽골 역사박물관의 조각에 투영된 몽골의 여성상

> 해와 달은 원래 큰 부잣집의 미모가 빼어난 따님들이었다. 두 자매는 지상에서 함께 살만한 어울리는 남자를 구하지 못하고, 하늘로 올라가 해와 달이 되어서 사람들에게 밝은 빛을 주며 살게 되었다. 처음에 언니가 달이 되려고 했지만, 동생이 낮에 많은 사람들이 자기를 쳐다보는 것이 부끄럽다고 하여 언니에게 낮에 돌아다니라고 하고, 자신은 달이 되어 밤에 돌아다니게 되었다(체렌소드놈, 2001 : 40).

위의 설화를 보면 언니가 달이 되려고 했지만 여동생이 해가 되어서 낮에 돌아다니면 부끄럽다고 하여 달이 되기를 원하기 때문에 동생을 위하여 달이 되기를 양보하는 언니의 넓은 마음을 잘 묘사해주고 있다. 또한 몽골사회에서 자매 사이의 관계가 아주 친밀했음을 알 수 있게 해준다. 다음에 살펴볼 몽골의 설화는 시아버지와 며느리 그리고 시어머니 사이의 관계를 보여준다.

> 옛날 어느 집에 매우 어여쁜 며느리가 있었다. 어느날 밤 시아버지가 며느리를 깨워 함께 길을 가게 되었다. 그리하여 시아버지가 앞장서고 며느리가 그 뒤를 따라갔다. 그 때 달이 나타나자 며느리가 물었다. "아버님, 저것이 무엇입니까?" "달이라는 아름다운 것이란다. 이쪽으로 가거라". 동틀 무렵에 시아버지가 뒤돌아보니, 자기를 따라오던 사람은 며느리가 아니고, 자기의 아내였다. 아내가 며느리 옷을 입고 따라왔던 것이다. 그러자 시아버지가 말했다. "이상한 소리가 들리더라 했더니 당신이었구먼". 이렇게 말하고 시아버지는 아내를 팽개치고 가 버렸다. 이때 며느리는 시아버지로부터 도망쳐 하늘로 올라가 새벽의 샛별이 되었다고 한다(체렌소드놈, 2001 : 92).

위의 설화는 며느리의 입장에서 보면 시어머니보다는 시아버지가 조금 더 며느리 편에 있음을 간접적으로 보여준다. 며느리에게 엄격하고 수동적인 시어머니에 비하여 시아버지는 며느리에게 친절하고 적극적일 수 있음을 시사해준다고 하겠다. 한편 며느리와 시아버지 사이의 친밀한 관계를 보여주는 이러한 설화와 같은 맥락에서 이야기의 내용은 조금 다르지만 시아버지와 며느리와의 관계를 보여주는 설화가 또 있다. 즉 아래에서 기술할 몽골의 설화는 지혜로운 며느리가 시아버지를 위험으로부터 구해준다는 내용을 담고 있다.

어떤 왕이 자신의 아들에게 성격 좋고, 모든 일에 사람을 놀라게 할 만한 재주가 있는 아름다운 여인을 아내로 삼아 주었다. 오래지 않아 왕이 사냥을 하다가 아웃 나라로 들어가게 되어 그 나라의 왕에게 붙잡힌다. 이웃 나라의 왕은 매우 포악한 사람이었기 때문에 자신의 국경을 침범해 들어온 왕을 처형하기로 한다. 포로로 붙잡힌 왕은 자신의 궁으로 편지를 써서 보내게 해달라고 간청한다. 그 편지에 "나는 이곳에 와서 푸른 비단 이불을 덮고, 녹색 비단 요 위에서 잠을 잔다. 이곳에서 즐거운 잔치를 벌이게 되었으니 뿔 있는 가축을 앞세우고 뿔 없는 가축은 뒤로 하여 몰고 오너라. 그러나 성미가 급한 흰 암낙타와 시끄럽게 울어대는 흰 새끼낙타는 남겨놓고 오너라"라고 써 있었다. 그러자 며느리가 편지의 의미를 해석해 "푸른 비단 이불이라는 것은 '하늘'을 말하며, 녹색 깔개라는 것은 '땅'을 말한다. 뿔이 있는 말을 앞세우라는 것은 무장한 군사를 데리고 오라는 의미가 들어있다. 성미 급한 암낙타는 왕비를 말하며 흰 새끼낙타는 아들을 말한다"라고 했다. 며느리는 편지에 담긴 우의적 의미를 깨닫고 군사들을 무장시켜 그 나라로 가서 자신의 부왕을 구했다고 한다(테. 남질, 2007 : 173~174).

위의 설화는 지혜와 슬기를 지니고 있는 며느리가 어려움에 처한 시아버지를 구한다는 내용인데 이 설화 역시 시아버지와 며느리 사이의 친밀한 관계를 보여주고 있다. 다음에 기술할 몽골의 설화는 남편과 아내의 관계를 잘 보여주고 있는데, 가정을 잘 돌보지 않는 남편을 응징하는 강인한 몽골의 여성상을 보여주고 있다.

　게세르는 함 보르항의 남편이었다. 그러던 그가 사냥을 나갔다가 숄마스(악령)와 동무가 되어, 숄마스의 음식을 먹은 뒤, 집에 되돌아가는 것을 까맣게 잊어버린 채 수년을 지냈다. 어느날, 그는 숄마스의 음식을 먹지 않고 벌판을 돌아다니다가 까마귀를 만났다. 그러자 까마귀가 이 한마디를 남기고 날아가는 것이었다. "나는 집을 잊어버린 게세르가 아니고 집에 돌아가는 까마귀다." 다시 여우를 만났는데, 그 여우 역시 이 한마디를 남기도 달려가는 것이었다. "나는 집을 잊어버린 게세르가 아니고 집으로 돌아가는 여우다." 계속해서 길을 가다가 이번에는 이리를 만났는데, 그 이리 역시 이 한마디를 남기고 재빨리 달아나는 것이었다. "나는 집을 잊어버린 게세르가 아니고 집으로 돌아가는 이리다." 게세르는 생각에 잠겼다. "야수나 날짐승까지 이렇게 말하는 것을 보면, 지금 내가 집에 돌아가지 않고 있다는 것이고, 그럴 마음조차도 없다는 것이다." 그리하여 게세르는 그대로 곧장 집으로 달려갔다. 집에 도착해 보니, 세 살 된 아들이 나와 '아버지' 하면서 달려들었다. 게세르가 아이에게 물었다. "어머니는 무얼 하고 있느냐?" "아버지가 돌아오면 즉시 죽이겠다며 튼튼한 노란 활을 만들고 있습니다." 그러자 아버지가 아들에게 다시 말했다. "아버지에 대해 물어보면, 어머니한테는 북쪽으로 갔다고 말하거라." 그리고 나서 게세르는 남쪽으로 질주했다. 아들이 집안으로 들어오자 어머니가 물었다. "누가 왔느냐? 무슨 일이냐?" "아버지기 집에 왔다가 무서워 북쪽으로 달아났습니다." 함 보르항은 곧바로 남편을 뒤쫓았다. 그녀는 북쪽 산으로 달려가다가 우연히 고개를 돌렸을 때, 남쪽 산 저쪽으로 달려가고 있는 모자의 황금 구슬이 햇빛에 반짝거리는 것이 보였다. 그녀는 조준하고, 또 조준하여 황금구슬을 정확히 맞췄다. 그녀는 집에 돌아왔다. "그 애비에 그 아들이다." 이렇게 중얼거리고 나서 그녀는 아들의 가슴과 궁둥이 부위를 마구 물어 뜯었다. 몽골의 바이드락 사원에서 행해지는 미륵불 함 보르항

의 탈춤을 보면, 아이의 가슴과 궁둥이 살을 입에 문, 그러한 보르항이
등장한다. 이는 필시 게세르의 부인인 함 보르항일 것이다(체렌소드놈,
2001 : 196~197).

위의 설화는 몽골의 대표적인 영웅서사시인 게세르 속에 불교적인
요소가 가미되어 있는데 그 기저(基底)에는 가정생활을 소홀히 하여 가
정에 무관심한 남편의 나쁜 버릇을 단단하게 고쳐주고자 활을 만들고
있는 아내의 지엄함이 엿보인다. 또한 자식을 이용하여 거짓말을 하고
도망가는 비겁한 남편에게 배신감을 느껴서 끝까지 쫓아가는 모질고
끈질긴 아내를 통하여 소중한 가족의 가치를 다시금 생각하게 해준다.
한편 위의 설화와 유사한 형식과 내용을 담고 있는 설화가 있는데, 즉
부리야트 몽골 무당들 사이에서 전승되고 있는 전설 중에는 다음과 같
은 내용을 가진 전설이 있다.

아브갈다이와 그의 부인 헤테르
헤엥(Heterheeng)은　무당이었는데,
어느날 부인이 신도 집에 굿을 하
러 갔다. 그녀는 굿을 하러 가면서
남편에게 어린 아이를 잘 돌보라고
부탁했다. 대단한 끽연가였던 아브
갈다이는 마침 담배가 떨어지자 잠
자고 있는 아들을 그대로 두고 멀
리 떨어진 옆집으로 갔다. 그런 사
이에 잠을 자던 아들이 깨어나 집
을 나가 버렸다. 아브갈다이는 아
들을 부르면서 뒤따라갔으나, 아들

▶ 몽골인들이 신성시하는 어머니바위

은 갑자기 불어온 회오리바람에 휩쓸려 물에 빠져 죽고 말았다. 집에 돌아와 그 사실을 안 헤테르헤엥은 칼을 들고 남편을 쫓아가 느릅나무 아래에서 아브갈다이의 목을 잘라 죽였다. 그리고 나무에 걸어 두고 "모든 사람들의 일을 맡아라"라고 했다. 그래서 아브달가이의 영혼은 옹고드가 되었고, 그의 혼은 아직도 느릅나무를 오르내리고 있다(장장식, 2002a : 54~55).

위의 설화에서도 함보르항과 마찬가지로 헤테르헤엥도 가정생활을 소홀하게 여기고 자신의 편의에만 집중하면서 아들을 잘 돌보지 못한 남편 즉 아브갈다이를 엄하게 상대하고 있다. 따라서 가족과 가정생활의 소중한 가치를 일깨워준다고 하겠다. 다음에 살펴볼 몽골의 설화는 오빠와 여동생 그리고 올케와 시누이 사이의 관계를 잘 보여주고 있다.

엘데와 델데에게는 에르덴돈도그라는 여동생이 있었다. 엘데와 델데는 부인들과 함께 살았으나 에르덴돈도그는 혼자 살았다. 두 형제는 늘 함께 사냥을 다녔는데 수달이나 담비를 잡게 되면 여동생에게 주고 여우나 작은 들여우를 잡게 되면 마누라에게 주곤 했다. 어느날 두 형제는 평소처럼 사냥을 갔고 여동생 에르덴돈도그는 밖에서 놀고 있었다. 엘데의 부인이 델데 부인에게 말했다. "우리 에르덴돈도그를 죽여 없애버립시다. 그 애 오라버니들은 수달이나 담비를 잡으면 언제나 여동생한테 주고 우리한테는 여우나 들여우만 준단 말이에요. 그러니 에르덴돈도그만 없으면 수달과 담비를 우리에게 주지 않겠어요?" (중략) "우리는 엘데와 델데의 온갖 뒷바라지를 다하고 겨우 그 따위 것을 받는데 저 여동생은 노는 것 밖엔 아무것도 안하면서 제일 좋은 것을 받잖아요. 죽이는 건 어렵지 않아요. 조카들과 놀도록 오라고 한 다음 죽이면 돼요" (중략) "우리 이런 놀이를 하자. 먼저 이 반지를 삼켰다가 목 뒤로 뱉아내는 거야." 조카 하나가 반지를 삼키는 척하고는 목 뒤에서 다시 꺼내보여 주었다. "자, 내가 한 것처럼 고모도 해봐." 에르덴돈도

유목민의 가정생활과 여성민속 183

그는 반지를 진짜로 삼키려고 하다가 그만 목에 걸려 죽고 말았다. (중략) 엘데와 델데가 에르덴돈도그의 집에 가보니 여동생은 이미 죽어 있었다. 형제는 동생의 시체를 가슴에 안고 사흘 밤낮을 서럽게 통곡하였다. (중략) 형제는 흐느껴 울고 또 울며 누이의 조그만 몸을 담은 상자를 사슴뿔에 단단히 묶은 뒤 사슴을 놓아 주었다. (중략) 어느날 늙은 부부가 살고 있는 오막살이 집에 무엇이 부딪히는 소리가 나서 나가보았다. 사슴 한 마리가 놀라서 껑충껑충 뛰어 달아나다가 그만 뿔 위에 있던 것을 떨어뜨렸다. 그것을 주워든 늙은 부인은 기뻐하여 소리쳤다. (중략) 쇠상자에서 은상자를 꺼낸 다음 은상자에서 금상자를 꺼냈다. 그러자 금상자에서 면과 비단으로 싼 어리고 예쁜 여자아이가 나왔다. 그리고 옆에는 녹슨 반지가 놓여 있었다. (중략) 그 딸은 자라서 왕의 신하와 결혼하여 예쁜 아들을 낳았다. 어느날 오빠 형제가 사냥을 하다가 그 집에까지 오게 되었다. 그런데 두 오빠를 첫눈에 알아본 에르덴돈도그가 차와 음식을 대접하였다. 그러나 두 오빠는 자기 누이동생을 알아보지 못하였다. (중략) 그 다음부터 형제는 사냥하고 가는 길에 거의 매일 그 집에 들리곤 하였다. 어느날 에르덴돈도그가 아들의 유모에게 이렇게 말했다. "내일 그 두 사냥꾼을 위해서 내가 음식을 준비할 터인데 그 동안 애기가 울지 않으면 꼬집어서라도 울려서 이런 노래를 하여 달래거라."

아가야 너는 물과 땅과 신의 손자란다.
아가야 너는 하릴타이 신하의 아들이란다.
아가야 너는 엘데 델데의 조카란다.
아가야 너는 에르덴돈도그의 아들이란다.

누이를 알아본 형제는 서로 얼싸안고 울고 또 울었다. 두 오빠는 누이에게 어찌된 일인지 영문을 물었다. 누이는 자기에게 일어난 일의 자초지종을 이야기하였다. 누이의 애기를 다 듣고 난 오빠들은 화가 나서 집에 가면 부인을 혼내주겠다고 야단이었다. 하지만 에르덴돈도그는 오빠를 말리며 이렇게 위로하였다. "현명한 자는 전에 저지른 잘못에서 교훈을 얻어 앞으로 더욱 조심하는 법이에요. 올케 언니들을 괴롭게 하지 마세요." (중략) 형제는 부인들의 손과 발을 예순 마리 빠른 말의 꼬리와 갈기에 붙들어 매어 죽게 했다. 그 후 세 남매는 잘 살았다(이정희, 2000 : 120~125).

위의 설화 속에는 에르덴돈도그라는 여동생을 끔찍하게 사랑하고 아끼는 두 오빠로 인하여 부인들은 에르덴돈도그를 시기하고 질투하게 되며, 급기야는 올케들이 에르덴돈도그 시누이를 죽게하지만, 에르덴돈도그는 극적으로 다시 살아나고 두 오빠를 만나서 남매끼리 함께 다시 행복하게 산다는 내용이 들어있다. 질투와 시기심이 강한 올케와 대비시켜 하나뿐인 여동생의 소중함을 강조하고 착하고 순진한 여동생을 향한 오빠의 헌신적 사랑을 잘 보여주고 있다. 다음에 소개할 몽골의 설화는 아내들 사이의 관계를 보여주는데, 착한 아내를 구박하고 거짓으로 일을 꾸며 남편의 사랑을 독차지 하려는 나쁜 아내들의 틈바구니 속에서 주어진 시련을 슬기롭게 이겨내는 착한 아내의 이야기이다.

아주 오래 전에 칸(Khan)이 세 명의 아내와 함께 살고 있었다. 첫째와 둘째 부인은 제일 젊은 셋째 부인을 질투하였고, 항상 셋째 부인을 없애버릴려고 시도하였다. 어느날 칸은 먼 원정을 떠나기에 앞서 세 부인들에게 그가 돌아 올 때 받을 수 있도록 아주 특별한 선물을 준비해 놓으라고 말했다. 첫째 부인은 제일 좋은 가죽으로 훌륭한 한 짝의 신발을 만들어 놓겠다고 말했다. 두 번째 부인은 제일 좋은 천으로 옷 한 벌을 만들어 놓겠다고 말했다. 세 번째 부인은 은으로 된 척추와 금으로 된 가슴을 가진 미남 아들을 낳겠다고 말했다. 칸은 부인들의 말을 듣고 기쁜 마음으로 여행을 떠났다. 첫 번째 부인과 두 번째 부인은 칸을 위한 자신들의 선물 준비를 마치고 셋째 부인은 말한 약속을 지키

지 못할 것이라고 생각하고는 행복해 했다. 그러나 모두를 놀라게할 정
도로 세 번째 부인은 금으로 된 가슴과 은으로 된 척추를 가진 아들을
낳았다. 다른 두 부인들은 매우 질투하면서 새로 태어난 아들을 없애버
리기로 작정하였다. 어느날 첫째 부인이 셋째 부인과 이야기를 나누는
틈을 타서 두 번째 부인은 그 아이를 더러운 천으로 싸서 굶주린 개에
게 던져 주었다. 그러나 개는 킁킁거리며 냄새만 맡고는 아이를 두고
가버렸다. 화가 난 두 번째 부인은 이번에는 건초로 묶어서 암소에게
던저 주었다. 암소는 아이를 감싸고 있는 건초 묶음을 아이와 함께 삼
켜버렸다. 아이의 엄마는 아이가 없어진 것을 알고는 가슴이 찢어지도
록 슬퍼했다. 칸이 먼 여행에서 돌아왔을 때 첫 번째와 두 번째 부인들
은 약속한 선물을 칸에게 주었다. 그런데 세 번째 부인은 약속을 지키
지 못한 것을 알고는 무척 화를 내었다. 칸은 그녀를 암소의 꼬리에 묶
여서 궁전으로부터 추방하도록 명령했다. 암소와 세번째 부인은 많은
시간동안 나라 안의 여러 곳을 돌아다녔다. 어느날 암소가 송아지를 낳
았는데 그것은 송아지가 아니라 금으로된 가슴과 은으로 된 척추를 가
진 아들이었다. (중략) 어느날 첫 번째 부인과 두 번째 부인은 떠돌아
다니는 음유시인으로부터 불가사의한 어린이에 대한 이야기를 들었다.
자신들의 죄가 탄로날까 두려운 나머지 두 부인들은 아이를 다시 없애
버리기로 결심한다. 첫 번째 부인은 거짓으로 아주 큰 병에 걸린 척 행
동한다. 칸은 유명하다는 의사들을 모두 불러서 첫 번째 부인을 치료하
게 했지만 부인의 병은 차도가 없었다. 칸이 첫 번째 부인을 간호하면
서 앉아 있는데 부인은 슬프고 긴 한 숨을 내 쉬면서 "제가 만일 금으
로 된 가슴과 은으로 된 척추를 가진 소년의 심장을 먹는다면 완쾌될
수 있습니다"라고 말했다. 칸은 즉시 군사들을 시켜서 이러한 어린이를
찾아오도록 명령했고 아이를 찾기 전에는 결코 돌아올 수 없음을 지시
하였다. 왕의 병사들은 나라 안을 모두 찾아다녀서 결국에는 초원에서
놀고 있는 그 아이를 발견하였다. 병사들이 아이를 잡으려는 순간 하늘
에서 큰 벼락이 치고 엄청난 소리의 천둥이 울렸다. 병사들은 너무 놀
라서 모두 도망쳐버렸다. 그러나 빈손으로는 돌아갈 수 없기 때문에 죽
은 개의 심장을 잘라서 가지고 갔다. 첫 번째 부인은 개의 심장을 먹고

는 병이 나은 것처럼 행동하였다. 세월이 흘러서 불가사의한 아들은 미남의 소년으로 자라났다. 어느날 그의 어머니는 이제까지 있었던 일을 모두 이야기 해 주었다. 그래서 그 젊은이는 칸에게 진실을 밝혀야겠다고 결심했다. 세상을 돌아다니는 음유시인의 복장을 하고서 그 젊은이는 칸의 궁전으로 가게된다. 마침내 왕을 접견하게 되었을 때 그는 "위대한 칸이시어 제가 아주 재미있는 이야기를 하나 해드릴까요?" 하고 말했다. 호기심이 가득찬 칸은 이야기를 하라고 말한다. 그래서 젊은이는 그가 이제까지 겪었던 인생살이에 대하여 이야기 한다. "아주 오래 전에 세명의 아내를 가진 칸이 살았습니다. 첫 번째와 두 번째 아내는…" 젊은이가 이야기를 모두 마쳤을 때 속옷을 벗고는 금으로 된 가슴과 은으로 된 척추를 보여주었다. 칸은 슬픔과 분노를 느끼면서 부도덕한 두 부인들을 궁전에서 쫓아버리고, 용서를 빌면서 세 번째 부인을 다시 돌아오게 했다. 칸은 그의 진실한 아내 그리고 미남 후계자와 함께 오랫동안 행복하게 살았다(Khurelbat and Narain, 1996 : 84~88).

위에서 기술한 설화의 내용 속에는 다른 아내의 모략과 음모로 인하여 아들과 헤어지고, 궁중에서 쫓겨 나지만 이러한 위기를 잘 극복하는 착한 부인과 어머니의 억울한 누명을 지혜와 용기를 가지고 벗겨주는 현명하고 용감한 아들 그리고 비로소 진실을 알고 나쁜 부인들을 내 쫓고 자신의 잘못에 대하여 용서를 구하는 결단력 있는 남편이 설정되어 있다.

이상에서 몽골의 여성들이 중심이 되는 여러 가지 내용의 설화를 살펴보았다. 몽골의 설화 속에 반영되어 있는 여성들은 착한 여동생, 정직하고 충실한 아내, 나쁜 아내, 며느리, 자매들, 남편의 부재에서도 강직한 아내 등 다양하다. 특히 눈에 띄는 것은 가정 일에 소홀한 남편을 당당하게 상대하는 우직하고 강인한 몽골의 여성상이 설화 속에 짙게

깔려있다는 사실이다. 설화라는 이야기를 통하여 조금은 가장되고 부풀려서 기술되기도 하겠지만 설화를 통하여 한편으로는 가정생활의 안정을 꾀하고 어린 자식들을 보호하고 양육하는 충실한 어머니와 다른 한편으로는 가정을 잘 돌보지 않는 남편에 대한 응분의 징벌도 불사하는 날카롭고 매서운 몽골의 여성상을 엿볼 수 있다.

한편 몽골의 설화 속에 내재되어 있는 몽골 여성의 독립성과 자립성은 조금은 다른 형태이긴 하지만 큰 틀 속에서는 유사한 내용을 가지고 있는 다른 몽골 설화 속에서도 찾을 수 있다. 즉 남자로부터 독립하여 자신의 갈 길을 가고자 하는 여성의 의지는 남편과 자식들을 두고서도 떠날 수 있는 독립적인 여성의 모습이기도 하다. 예를 들어서 이러한 유형의 몽골 설화를 보면 남자는 주로 사냥꾼으로 나오고 여성은 고니나 백조 혹은 선녀로 나오는 경우도 있는데 혼인을 한 후에 다시 여성이 하늘로 올라가는 내용이 많다. 이러한 설화로 대표적인 것은 <호릴다이 메르겡> 설화2)인데 하늘에서 내려온 여성은 지상에서 자

---

2) 좀 더 자세한 내용은 장장식(2001) 참조.

 제3장 축제와 여성을 통해서 보는 유목문화

신의 날개옷을 숨긴 사냥꾼과 결혼하여 자식들을 11명이나 낳았지만 결국에는 하늘나라로 올라가면서 자식들의 이름을 지어주고 올라가며 자식들은 몽골의 여러 씨족의 기원이 되었다는 내용이다.

3. 『몽골비사』 속의 여성

몽골의 대표적인 역사문헌자료인 『몽골비사』 속에는 수많은 인물과 사건 그리고 복잡한 당시의 권력구조에 이르기까지 많은 내용이 포함되어 있어서 전통적인 몽골의 사회와 문화를 이해하는 데 필수적인 역사문헌자료이다. 이러한 내용 중에서 몽골의 여성에 대한 내용도 제법 들어있다. 우선 대표적인 몇 가지를 살펴보면 몽골인들의 영웅인 칭기스칸의 조상을 이야기 하면서 몽골의 대표적인 어머니요 여성을 상징하는 코아이 마랄(흰 사슴)[3]과 알룬고아(Alun Gua)가 나오고 다음으로는 칭기스칸의 어머니인 후엘룬과 칭기스칸의 첫째 부인인 보르테에 대한 내용이 자세하게 들어있다. 서로 밀고 밀리는 팽팽한 관계 속에서 조금이라도 앞날을 예측할 수도 없는 유목사회에서 여성이 가져야 하는 역할을 비롯하여 책임과 의무는 한 가정의 안전에서부터 한 사회, 부족 그리고 국가의 중대한 운명을 결정하고 경영하는 남자들의 그림자 역할을 톡톡히 했음을 잘 반영해 주고 있다. 다시 말해서 유목사회에서는 끊임없이 밀려오는 외부로부터의 위협에 효과적으로 대처하기 위해 가정생활 속의 조화를 깨뜨리는 반목과 불신을 없애버리는 것이 우

---

[3] 몽골의 여성이 가지는 민속상징에 대한 좀 더 자세한 내용은 박환영(2008b : 72~75) 참조

선적인 과제였는데, 『몽골비사』를 보면 이러한 역할을 몽골의 여성들
이 담당했음을 잘 보여주고 있다. 예를 들어서 『몽골비사』의 17장과
42장에는 칭기스칸의 조상을 기술하면서 다음과 같은 내용이 나온다.

> 지고하신 하늘의 축복으로 태어난 부르테 치노(잿빛 푸른 이리)가 있
> 었다. 그의 아내는 코아이 마랄(흰 사슴)이었다. 그들이 텡기스를 건너
> 와 오난강의 발원인 보르칸 성산에 터를 잡으면서 태어난 것이 바티치
> 칸이다(유원수, 2004 : 23).

> 알룬고아(Alun Gua)는 그녀의 남편인 도부 메르건(Dobu Mergen)이 죽
> 은 뒤 세 아들을 낳았는데, 그녀는 하늘로부터 온 빛에 의하여 임신을
> 하였다. 가장 막내 아들인 보돈차르(Bodonchar)는 칭기스칸이 속하는 보
> 르지긴(Borjigin) 씨족의 시조가 되었다(Gaadamba, 1990 : 27).

위의 내용은 몽골의 기원과 관련해서 몽골 최초의 어머니인 흰 사슴
과 칭기스칸이 속한 보르지긴 씨족의 시조(始祖)가 되는 보돈차르의 어
머니인 알룬고아(Alun Gua)에 대한 내용이다. 특히 알룬고아(Alun Gua)
는 남편 없이 다섯 자녀들을 양육하는 억척스러운 여성이면서 형제들
사이의 반목과 갈등을 슬기롭게 해결하는 지혜로운 어머니요, 가족의
중심에서 어려운 난관을 앞장서서 해결하는 지도자이기도 하다.

한편 약탈혼의 풍속이 남아있었던 당시 몽골의 여성들은 강제적으
로 납치되어서 남편과 생이별을 하는 경우도 많았던 것 같다. 이러한
내용은 『몽골비사』 속에도 제법 보이는데, 예를 들어서 『몽골비사』 54
장에서 56장을 보면 다음과 같은 구절이 나온다.

그 때 예수게이 용사는 오난 강에서 매 사냥을 하고 있었는데, 메르키드족의 에케 칠레두가 올코노오드 사람들한테서 신부를 데려오는 것을 만나게 되어 엿보니 미모가 빼어난 귀부인이었다. 집으로 말을 달려가 형 네쿤 타이지와 동생 다리타이 막내를 데려왔다. 그들이 다가오자 칠레두는 겁이 나서 타고 있던 발빠른 호박색 말의 뒷다리를 때려 언덕을 넘어 달아나고 그 뒤를 셋이서 쫓았다. 칠레두가 멧부리를 돌아 수레로 오자, 후엘룬 부인은 "저 세 사람이 어떤 자들인지 알겠어요? 인상들이 예사롭지 않아요. 당신의 목숨을 헤칠 얼굴들이에요! (중략) 당신은 살아만 있으면, 숙녀와 귀부인을 얼마든지 얻을 수 있어요. 다른 여자를 얻어 후엘룬이라고 이름지어요! 우선 목숨을 돌보도록 해요! 내 냄새를 맡으며 가요!"라고 말하며 저고리를 벗어 주었다. 칠레두가 마상에서 몸을 굽혀 잡으려 할 때 세 사람이 멧부리를 돌아 다가오니 칠레두는 발빠른 호박색 말의 뒷다리를 때려 급히 달려 오난 강을 거슬러 달아났다. 셋이 뒤에서 일곱 개의 언덕을 넘을 때까지 쫓아갔다가 다시 돌아와서 후엘룬 부인이 탄 수레의 고삐를 예수게이가 끌고, 형 네쿤타이지가 앞장을 서고, 동생 다리타이 막내가 수레 옆에 붙어 나아갈 때 후엘룬 부인이.

"내 신랑 칠레두는
머리칼을 흩뜨린 적도 없고
거친들에서
배를 주린 적도 없었는데
지금은 어찌하여 두 갈래 머리채를
한번은 등뒤로 한번은 가슴 앞으로 날리며
한번은 앞으로 한번은 뒤로 하며 가는가?" 하고

오난 강이 물결치도록
숲이 울리도록 큰 소리로 울어대자 다리타이 막내가 옆에서 나란히 가면서,

"당신이 그리워하는 사람은
고개를 여럿 넘었다
당신이 울어 주는 사람은
물을 여럿 건넜다
외쳐도
당신을 돌아보지 않는다
찾아도 당신은 그가 간 길을 찾지 못한다

이제 그만 좀 해두시오!"하고 달랬다. 후엘룬 부인을 예수게이는 이렇게 해서 집으로 데려왔다(유원수, 2004 : 36~38).

칭기스칸의 어머니이며, 예수게이의 부인이 되는 후에룬은 메르키드족의 에케 칠레두에게 시집가는 신부였는데 남편과 함께 시댁으로 신행(新行)을 가는 도중에 예수게이와 그의 형제들에게 납치를 당하게 된다. 애틋한 신혼의 설레임도 잠시 후엘룬에게 전혀 예측할 수 없이 갑자기 불어닥친 역경 속에서 후엘룬은 남편인 에케 칠레두의 목숨을 살리기 위하여 기꺼이 예수게이에게 잡힌다. 조금 세월이 흘러서 예수게이에게 납치를 당한 후엘룬의 원수를 갚기 위하여 메르키드는 칭기스칸의 진영을 약탈하고 칭기스칸의 아내인 보르테를 납치해 간다. 『몽골비사』 101~102장에 보면 칭기스칸의 아내인 보르테가 메르키드에 붙잡혀가는 내용을 다음과 같이 기술하고 있다.

그 군인들이 저만큼 달려갔다. 코아그친 노파가 허리가 얼룩진 소를 채찍질하여 급히 서둘러 움직이자 수레의 굴대가 부러져 나갔다. 굴대가 부러졌으니 뛰어서 숲으로 들어가자고들 하고 있을 때 곧바로 예의 그 군인들이 벨구테이의 어머니를 말에 태우고 달려와서는 "이 수레

안에 무엇을 실었는가?"하고 물었다. 코아그친 노파가 양털을 실었다고 했다. 그 군인들 가운데 선임자뻘들이 젊은 축들에게 내려가서 보라고 했다. 젊은 축들이 내려와서 검은 수레의 문을 잡으니 안에 귀부인이 앉아 있었다. 그녀를 수레에서 끌어내려 코아그친과 함께 말에 태워 붙들고 테무진을 뒤쫓아 풀이 밟혀 쓰러진 자취를 따라 보르칸 성산 쪽으로 올라갔다. (중략) 이들 삼성 메르키드들은 옛날에 칠레두가 후엘룬 어머니를 빼앗겼다고 이제 원수를 갚으러 온 것이었다. 그 메르키드들은 "후엘룬의 원수를 갚아 이제 그들의 여자들을 빼앗았다. 우리의 원수를 갚았다"며 보르칸 성산에서 내려와 제집으로들 물러갔다(유원수, 2004 : 63~64).

몽골의 대초원에서 여성들은 가족의 중심이면서도 가족을 대신하여 납치되기도 하였다. 그만큼 당시의 몽골 여성들은 거친 자연환경 못지않게 당시의 정치적 분쟁과 알력 사이에서 때로는 강인한 정신력을 가지고 엄청난 고통을 인내해야 하는 운명을 가지고 있었다. 따라서 도처에 내재해 있는 역경을 슬기롭게 이겨낼 수 있는 지혜와 용기 그리고 정신적 고통을 인내할 수 있는 외유내강(外柔內剛)의 이상적인 여성을 신부감으로 맞이하기 위해서 신랑측에서 직접 신부감을 찾으러 다니는 풍속이 생겨나게 된 것으로 추측할 만하다. 가령 이러한 유목사회의 전통으로 『몽골비사』 제61~65장에 보면 칭기스칸이 아내를 맞이하러 올코노오드 사람들을 방문하는 다음과 같은 구절이 나온다.

예수게이 용사는 테무진이 아홉 살이 되자 후엘룬 어머니의 친정인 올코노오드 사람들에게서, 즉 테무진의 외가에서 테무진의 색시를 구하고자 테무진을 데리고 떠났다. 가는 도중에 첵체르와 치코르구 사이에서 옹기라드 사람 데이 현자를 만났다. 데이 현자가 "예수게이 사돈,

누구를 만나러 오셨습니까?"하고 묻자, 예수게이 용사가 "이 아이는 내 아들입니다. 아이의 외가인 올코노오드 사람들에게서 색시를 구하려고 가는 길입니다"하고 대답했다. (중략) 우리 옹기라드 사람들은 예로부터

손녀의 예쁜 얼굴,
딸의 미모를 가진 사람들,
나라를 안 다투는 자.
볼이 고운 딸들을
그대들의 칸이 된 이를 위해
큰 수레에 태워
검은 수낙타를 매어 달려가게 해서
카톤의 자리에 함께 앉힙니다.
우리는 나라와 백성을 아니 다투는 자들
용모가 빼어난 딸들을 길러
앞방이 있는 수레에 태워
잿빛 점박이 수낙타가 끌고 가게 해서
높은 자리 한쪽에 앉게 합니다.

예로부터 옹기라드 사람들은 카톤이라는 방패,
딸이라는 상주자,
손녀의 예쁜 얼굴
딸의 미모를 가진 자들로 있었습니다.

우리의 아들들은
목영지를 돌봅니다.
우리의 딸들은
아름다운 얼굴을 보입니다.

예수게이 사돈, 우리 집으로 갑시다. 내 딸은 어립니다. 사돈이 보세요!"라고 하면서 데이 현자가 이끌어 자기 집으로 데려갔다.4)

이상에서 기술된 바와 같이 칭기스칸의 어머니는 올코노오드 출신이고, 칭기스칸의 아내인 보르테는 옹기라드 출신이다. 당시 몽골과 같은 유목사회에서 안전을 확보하는 방법 중의 하나가 다른 집단과의 지속적인 결혼동맹을 통하여 상호간의 유대와 지지를 확고하게 맺어두는 것이었다. 따라서 올코노오드와 옹기라드는 칭기스칸이 속한 집단에게 지속적으로 아내를 제공해 줌으로써 서로 간에 돈독한 동맹관계를 유지했던 것이다.

4. 속담과 수수께끼 속의 여성

일상적인 생활의 공간 속에서 여성들의 문화와 민속을 살펴보기 위하여 여성을 소재로 하는 몽골의 속담과 수수께끼를 살펴볼 수 있다. 즉 부분적인 내용이지만 몽골의 속담 속에는 몽골인들의 사고관과 생활방식이 녹아있는 경우가 많다. 수수께끼도 속담에

몽골의 옛 수도였던 하라호름(Harahorum)에 있는 관광캠프촌의 화장실에 세워져 있는 몽골 남자와 여자 인형

못지않게 비록 고도로 압축되어 있기는 하지만 몽골의 여성이 가정생활문화 속에서 가지는 역할에 대하여 비교적 자세하게 다루고 있다.

---

4) 유원수(2004 : 39~42) 참조.

(1) 속담

속담은 인간의 생활 속에서 만들어지고 다듬어지면서 형식과 내용
적인 측면에서 보더라도 고도로 압축된 구비전승 되는 단문(短文)이며
언어로 된 일종의 문화유산이다. 따라서 몽골의 가정생활문화를 이해
하는 데 중요한 부분이다. 먼저 몽골의 생활문화 속에서 전승되고 있
는 여성을 소재로 하는 속담을 열거해 보면 다음과 같다.

- 아버지가 없는 아들의 머리는 크고, 어머니가 없는 딸의 엉덩이는
  크다 (*aavgüi hüügiin tolgoi tom, eejgüi ohiny bögs tom*)
- 여자가 결혼하기 전에는 아름답고, 여우는 죽이기 전까지는 아름
  답다 (*avaagüi baihad avgai saihan, alaagüi baihad üneg saihan*)
- 다른 사람의 염소 새끼는 숫염소처럼 크게 보이고, 다름 사람의 아
  내는 여신(女神)처럼 사랑스럽게 보인다 (*ailyn ishig serh shig, avgai n'
  hürrel dagina shig*)
- 게으른 아내에게는 그릇이 그 이유이다 (*aljuu ehnert ayaga shaltag*)
- 딸 한명이라도 없는 것 보다는 낫다 (*orgüigees ohintoi n' deer*)
- 다른 사람의 아내는 공작이고, 자신의 아내는 냄비의 사용자이다
  (*hünii avgai tot' togos shig, ööriin avgai togoony bariul shig*)
- 아들은 일로 평가하고, 딸은 바느질로 평가한다 (*hüüg ajlaar n',
  hüühniig üileer n'*)
- 당신의 물건에 손을 대면 그 물건이 부러지게 되고, 당신의 아내를
  화나게 하면 이혼하게 된다 (*edeeree oroldvol evdehiin temdeg, ehnereeree
  oroldvol salahyn temdeg*)
- 당나귀가 남편과 아내 사이를 측대보로 천천히 걷게 놓아두지 말
  라 (*er emiin hoorond büüi jorool*)
- 남자는 아내에 의해서 압박당하고, 발은 신발에 의하여 구속되어
  진다 (*ehnertee barigdsan er gutaldaa barigdsan höl*) (이상 Akim, 1995)

- 둘째 며느리 맞아보아야 맏며느리 귀한 줄 안다(*amidad muugii ni gaihaj ongorcon hoino sainbig ni shagshina*)
- 남편의 장점은 부인을 통해 알 수 있다 (*eriin sain chanariig ehneriin chanaraar tanina*)
- 남편을 잘못 만나도 당대 원수, 아내를 잘못 만나도 당대 원수 (*buruu zamaar budaa teebel buchahdaa shoroo teene*) (이상 박환영, 2005c)

🡖 몽골의 소녀들은 어머니로부터 미래의 아내로 혹은 어머니로서의 역할과 자질을 배운다. 몽골 시골의 어느 식당에서 어머니의 일을 도와주고 나서 잠시 혼자 놀고 있는 몽골 소녀

이상의 속담은 몽골인들의 생활문화 속에 들어있는 어머니, 아내, 딸, 며느리 등에 관한 압축되고 상징화된 언어적인 표현이다. 특히 아내에 대한 내용을 보면 앞에서 언급한 설화 속에 투영된 여성의 이미지와 많이 유사해 보인다. 한편 몽골의 유목생활을 보면 정기적으로

이동을 해야 하고 혹독하고 긴 겨울을 어려움 없이 나기 위해서 매일 바쁘게 생활을 해야 하는 것이 일반적이다. 즉 몽골의 여성들은 매일 가축을 돌보는 것에서부터 가정에서의 일에까지 중요한 역할을 담당하고 있는 경우가 많다. 따라서 몽골의 여성이 혼인을 하여 한 가정을 꾸미고 남편과 자식을 위하여 아침 일찍부터 저녁 늦게까지 일하다 보면 진작 자신을 위한 시간이 부족하고 외모를 꾸미는 데 소홀할 수밖에 없으며 남편과 자식에게도 엄격한 아내요, 어머니가 될 수밖에 없는 것이다. 일부 몽골의 속담 속에는 이러한 몽골의 여성이 가지는 이미지가 잘 반영되어 있다.

(2) 수수께끼

수수께끼는 묻고 답하는 형식을 가지고 있는 고도로 압축되어서 구비 전승 되는 구비단문이며, 언어로 전승되는 문화유산 중의 하나이다. 수수께끼의 전승은 은유적인 표현과 압축된 상징으로 된 질문항과 고의적인 혼돈과 뒤집어서 사물을 보는 안목을 공유할 수 있는 물음에 대한 대답항이 중심이 된다. 따라서 수수께끼의 묻는 내용이나 답하는 내용 중에서 여성이 중심 소재가 되는 수수께끼를 기술해 보면 다음과 같다.

- 세 가지 장식물은? (*ert öntsiin gurvan chimeg*)－덥수룩한 나무는 산을 장식한다 (*saglagar mod uulyn chimeg*) ; 아름다운 여인은 집을 장식한다 (*saihan ehner geriin chimeg*) ; 멋있는 코 밑 수염은 남자를 장식한다 (*saihan sahal eriin chimeg*)
- 세 가지 단정한 것은? (*ert öntsiin gurvan tsemtsger*)－맑고 푸른 하늘은 단정하다 (*üülee höös ön tenger tselmet*) ; 재를 담은 삼발이는 단정하

다 (*ümsiig n' avsan tulga tsemtsger*) ; 머리를 빗은 아내는 단정하다 (*üsee samnasan ehner tsemtsger*) (이상 Dashdondov, 1994)

- 인생에 있어서 세 가지 귀찮은 것은? – 사냥을 할 때 너무 원기가 왕성한 말(馬), 이웃에게 너무나도 변덕스러운 여자, 여행 할 때 심하게 잔소리 하는 동행자
- 인생에 있어서 세 가지 노발대발한 것은? – 남편에게 투덜거리는 여자 ; 복부 밑의 아장을 내던지는 말(馬) ; 건초에 떨어진 불똥
- 세상에서 세 가지 침울한 것은? – 법을 모르는 소작인의 마음 ; 양 떼가 없는 촌락 ; 자식이 없는 여자의 마음
- 세상에서 세 가지 후회의 원인이 되는 것은? – 활 없이 사냥에 가는 것 ; 종교적인 서적이 없이 라마가 종교적인 의식(儀式)에 가는 것 ; 소녀가 행운을 가지지 못하고 결혼하는 것
- 세상에서 세 가지 붉은 것은? – 바람이 불 때 수평선은 붉다 ; 여자가 즐거울 때 여자의 볼은 붉다 ; 성난 사람의 눈은 붉다
- 며느리가 위에 타고, 고른 보조로 천천히 걷는 말(馬)은? – 개미
- 쑥밭에 노랗고 붉은 색을 띤 시어머니가 있는 것은? – 여우
- 헝클어진 빨간색 머리를 가진 아름다운 소녀는? – 여우
- 남편과 아내가 매일 아침과 저녁에 싸우는 것은? – 절굿공이를 가지고 막자사발 안에서 차(茶)를 두들기는 것
- 언니와 여동생이 동일한 어깨를 가진 것은? – 문설주와 문지방
- 두 명의 자매들이 경주를 하는데, 언니가 여동생을 이기지 못하는 것은? – 수레와 바퀴
- 두 자매가 서로의 얼굴을 보지 못하는 것은? – 안장 앞테
- 네 명의 자매들이 그들의 간을 따뜻하게 하는 것은? – 주전자 탁자의 네다리
- 붉은 실크를 덮고, 푸른색 실크가 휘날리는 것은? – 신부를 데려가는 것
- 아버지에게는 다다를 수 있지만, 어머니에게는 다다를 수 없는 것은? – 몽골어로 아버지를 의미하는 aav를 발음할 때 입술이 서로 닿지만, 몽골어로 어머니를 의미하는 eej를 발음할 때는 입술이 서

로 닿지 않는다
- 아버지의 양가죽 외투를 뛰어 넘을 수 없고, 어머니의 양가죽 외투를 감쌀 수 없는 것은? – 땅과 하늘
- 이름이 없는 사람은 누구인가? – 어머니의 뱃속에 있는 아기
- 우둔한 늙은 노파가 그녀의 남편을 따라 잡을 수 없는 것은? – 그림자
- 큰 여행용 가방 안에 있는 할머니가 더미 안에 있는 것인지 아니면 갱 안에 있는 것인지를 알아내는 것은 불가능하다. 이것은? – 어머니의 자궁 속에 있는 아기가 남아인지 여아인지를 알 수가 없다 (이상 Taylor, 1954).[5]

위의 수수께끼를 자세하게 살펴보면 수수께끼의 형식을 빌어서 몽골의 여성을 적나라하게 묘사하고 있음을 알 수 있다. 몇몇 수수께끼는 질문항에 몽골의 여성들이 가지고 있는 다양한 성격과 특징을 은유적인 문화 기호로 묘사하고 있으며, 또한 일부 수수께끼는 해답 속에 여성이 가지는 사회적 지위와 의무 등을 반영해 주고 있다. 특히 아버지와 어머니를 은유적인 수수께끼로 표현하면서 "아버지는 다다를 수 있지만 어머니에게는 다다를 수 없다"라는 질문항이라든지 아버지의 양가죽 외투를 "땅"으로 그리고 어머니의 양가죽 외투를 "하늘"로 은유한 대답항을 보면 몽골인들에게 어머니의 존재와 인식이 어떠한지를 잘 알 수 있다. 또한 일부 몽골의 속담에서 볼 수 있는 바와 같이 몽골의 여성들은 결혼을 하여 자식이 있는 경우 대체로 남편과 자식들에게 엄격한 가정의 운영자로서 자신이 맡은 바 역할과 책임을 충실히 수행했음을 알 수 있다.

---

5) 일부 자료는 박환영(2005c : 312~321) 참조.

5. 일상적인 생활공간 속의 여성

몽골에서 남성과 여성이 가질 수 있는 생업의 구분 혹은 노동에 의한 젠더(gender)의 구분은 일상적인 언어생활 속에서도 잘 나타나 있다. 가령 화장실에 간다라는 표현 중에는 남자들은 "말을 돌보러 간다(mor' harah)"라고 말하는 반면에 여성들은 "말 젖을 짜러 간다(güü saah)"라고 말한다.6) 이와 유사하게 몽골의 전통적인 주거공간인 겔(ger)도 남성과

여성에 의하여 뚜렷하게 공간이 구분되어 있다.7) 예를 들어서, 몽골의 겔(ger)은 주로 남쪽으로 문(門)이 나 있으며, 제일 안쪽인 북쪽은 호이모르(hoimor)라고 부르는 상석(上席)이라서 가족 중에서 제일 연장자나 귀중한 손님이나 라마승이 겔(ger)을 방문하면 앉는 자리이다. 한편 서쪽은 남성들의 공간으로 남자들이 자주 사용하는 유목용 도구들이 위치하는 공간이며, 동쪽은 여성들의 공간으로 여성들이 주로 사용하는 요리 도구들이 이곳에 위치해 있다.

한편 몽골의 전통 속에는 명예로운(위대한, 신성한) 며느리를 의미하는 "다르항 며느리(darhan ber)"가 있다. 지역에 따라서 전통은 조금씩 다르

---

6) 좀 더 자세한 내용은 Park(1997)과 박환영(2002e와 2008b) 그리고 김기선(2008) 참조.
7) Maidar and Dar'süren(1976) 참조.

지만 몽골의 "중앙 할하의 풍속에는 어떤 집에 며느리로 들어가서 세명의 아들을 계속해서 낳고, 그 집안을 번성케 한 여자에게 '다르항 며느리'라는 칭호를 붙여주고 그에 걸맞은 대우를 했다"(테.남질, 2007 : 148)고 한다. 몽골 사회에서 며느리가 가지는 이러한 지위는 필자가 몽골의 현지조사를 통하여 수집했던 자료8) 속에도 잘 드러나 있다. 예를 들어서 몽골의 터브 아이막에서는 새로 들어온 며느리가 남자 아이를 한 명 출산하면 그 아이는 아기가 아니고(*büü bish*)이고, 아들을 두 명 출산하면 반쪽 아기(*hagas büü*)이고, 아들을 세 명 출산하면 비로소 아들을 한명 가졌다(*neg büütei*)고 말한다고 한다. 그래서 이 지역에서는 "신부(新婦)가 세 명의 아들을 출산하면 시어머니와 맞먹는다"라는 속담이 전승되고 있기도 하다.

또한 몽골의 가정생활문화를 이해하기 위해서는 몽골인들이 가족을 중심으로 친족 그리고 좀 더 확대된 인적 네트워크를 형성한 배경을 이해해야 할 것 같다. 이러한 인적 네트워크의 중심에는 좀 더 작은 단위의 핵심적인 요소가 반드시 포함되는데 이러한 요소가 바로 가족이며 친족이다. 가족과 친족을 기초로 하여 아마도 몽골제국의 형성에 기초가 되는 통합의 원동력을 제공했던 여러 가지 요소 중에서 "안다(*anda*)"와 같은 의형제 관계를 맺는 것이 중요한 것 같다. 칭기스칸과 자무카가 의형제 관계를 맺었고, 칭기스칸의 부친이었던 예수게이 바타르와 옹칸도 의형제 관계를 맺었던 것은 잘 알려진 사실이다. 그런데 『몽골비사』 제164장에 보면 칭기스칸과 옹칸이 일종의 "인위적인

---

8) 박환영(2005c와 2008b) 참조.

친족(*huurai*)"[9] 관계를 맺는 구절이 나온다. 즉 의형제 관계를 맺게 되면 그들의 자식들도 마치 아버지를 대하듯이 아버지의 의형제를 "아버지와 같이" 대하여야 하며, 같은 방식으로 아버지도 아버지의 의형제의 자식들을 마치 자신의 "자식과 같이" 받아들여야 했음을 반영해 주고 있다. 따라서 당시 몽골 사회에서 "안다(*anda*)" 관계에 못지않게 일종의 "인위적인(fictive) 친족" 관계도 중요했음을 알 수 있다. 몽골어로 *huurai aav*(문자 그대로의 뜻은 "마른 아버지" ; 즉 인위적인 아버지) 혹은 *huurai hüü*(문자 그대로의 뜻은 "마른 아들" ; 즉 인위적인 아들)와 같은 피(*tsus*)와 살(*mah*) 그리고 뼈(*yas*)로 연결된 친족관계가 아닌 인위적인 친족관계에 대해서도 "안다(*anda*)" 관계와 더불어서 함께 다루어질 수도 있다.

한편 몽골사회에서 발견되는 이러한 인위적인 친족관계는 남성뿐만 아니라 여성들 사이에서도 성립되었다. 가령 몽골 남성들의 안다(*anda*)와 비교해서 전통적으로 몽골의 여성들은 네이지(*neij*)라는 의자매 관계를 가지고 있었다.[10] 또한 몽골의 여성들은 인위적인 친족관계를 형성하는 것 외에도 기존에 가지고 있던 친족의 네트워크를 시집을 간 후에도 연장하거나 확대함으로써 자신들의 지위와 역량을 강화시켰던 것 같다. 따라서 몽골의 여성들에게 가족을 중심으로 이루어지는 가정생활은 중요한 네트워크를 계속해서 만들어내는 원천이었던 것 같다. 예를 들어서 『몽골비사』 96장과 155장에는 부분적이지만 친정어머니와 딸의 네트워크와 자매 사이의 네트워크에 대한 언급을 볼 수 있다.

---

9) 박환영(2008b : 66).
10) Tserendorj and Shagdarsüren(1982 : 20) 참조.

셍구르 개울에서 이동하여 켕루렌 강의 발원 지역인 부르기 기슭에서 목영할 때 '초탄 어머니의 예물'이라고 처가에서 검은 담비 외투를 보내왔다. 그 외투를 들고 테무진과 카사르와 벨구테이가, "옛날 예수게이 칸 아버지와 케레이드 사람들의 옹칸이 의형제가 되기로 했다. 우리 아버지와 의형제를 맺은 분도 우리 아버지와 같다"고 하며 옹칸이 토올라의 카라 툰에 있다는 것을 알고 갔다. 테무진이 옹칸에게 가서, 일찍이 저희 아버지와 의형제를 맺으신 바 있습니다. 아버지와 같다고 생각하여 아내를 얻은 기념으로 예복을 가져왔습니다"고 하며 외투를 주었다(유원수, 2004 : 61).

그리고 타타르의 에케 체렌의 딸 예수겐 카돈을 칭기스칸이 거기서 취했다. 총애를 받게 된 예수겐 카돈이 "카한께서 허락하신다면 말씀드리겠습니다만 카한께서는 저 같은 것조차 사람으로 여겨 돌보십니다. 제 언니는, 이름이 예수이인데, 저보다 윗길 가는 사람이며 칸에게 적합한 사람입니다. 이제 막 신랑을 맞아들였습니다. 지금은 이 난리 중에 도대체 어디로 갔는지?"하고 말했다. 이 말에 칭기스칸이 "네 언니가 너보다 낫다면 찾자! 네 언니를 찾으면 네가 양보하겠느냐?"고 물었다. 예수겐 카돈은 "카한께서 허락하신다면, 제 언니를 단지 보기만 할 수 있다면, 언니에게 제 자리를 양보하겠습니다!"하고 대답했다. 이 말에 칭기스칸이 찾아내도록 명을 내려 신랑과 함께 숲으로 들어가는 것을 우리의 군인들이 발견했다. 그녀의 신랑은 달아났다. 예수이 카돈을 그리로 데려왔다. 예수겐 카돈은 자기 언니를 보자 앞서 약속한 대로 일어나 자기가 앉았던 자리에 언니를 앉히고 자신은 그 밑에 앉았다. 예수겐 카돈이 말한 대로 칭기스칸의 마음에 들었기 때문에 예수이 카토를 데려다 [카톤의] 반열에 앉혔다(유원수, 2004 : 123).

위에서 기술한 바와 같이 칭기스칸의 장모가 되는 초탄 어머니(보르테의 어머니)가 곤경에 빠진 사위를 구하고자 담비 외투를 보내게 되는데 이것은 친정어머니와 딸 사이의 네트워크가 제대로 기능을 하였기 때문에 가능한 것이라고 볼 수 있다. 결국 칭기스칸은 처가(妻家)에서 보내온 담비외투를 옹칸에게 선물함으로써 옹칸과 인위적인 부자(父子) 관계를 맺게 된다. 또한 전통적인 몽골사회에서는 자매 사이의 네트워크가 상당히 중요했던 것 같다. 특히 자신의 친족집단을 대표하여 다른 친족집단으로 시집을 가는 경우에 두 친족집단 사이의 관계를 돈독하게 하고 확고하게 한다. 이와 유사하게 자매가 함께 칭기스칸의 친족집단으로 들어오는 경우가 『몽골비사』11)에 언급되어 있다.

6. 여성을 통하여 몽골의 유목문화는 지속가능하다

몽골의 가정생활문화를 고찰하기 위하여 몽골인들의 일상적인 생활문화를 잘 반영해 줄 수 있는 설화, 『몽골비사』와 같은 역사문헌자료, 속담과 수수께끼 그리고 일상적인 생활공간 등 네 가지의 측면에 초점을 두고 여성의 민속을 중심으로 논의를 진행하였다. 전통적인 몽골사회에서 가정생활의 중심에서 여성이 중요하게 여겨졌던 것은 분명하다. 유목민으로서 주어진 자연환경에 대한 풍부한 지식을 바탕으로 빠르게 변화하는 주변의 생태환경 속에서 살아남아야 할 뿐만 아니라 여성으로서 자신이 속한 친족집단을 떠나서 남편의 친족집단에서 적응하기 위해서는 지혜와 용기 그리고 인내심이 요구되기도 하였다. 따라서 가정생활을 실제로 운영하고 지속시켜 나가는 데 몽골 여성의 역할은 정말로 지대했다고 해도 과언이 아닐 것이다.

---

11) 예를 들어서 『몽골비사』의 186장에 보면 옹칸의 아우인 자카 감보에게 딸이 두 명 있었는데, 그 중에서 언니인 이바카 베키를 칭기스칸이 취하고, 동생인 소르칵타니 베키를 톨로이(칭기스칸의 넷째 아들)가 취한다는 구절이 나온다.

오늘날 몽골의 젊은 여성들은 서구화와 개방화 속에서 많은 변화를 겪고 있기도 하다. 2010년 여름 FIFA 월드컵 열기로 가득한 몽골의 시골에서 만난 몽골의 젊은이들

설화를 통해서 몽골 여성의 민속을 살펴보면 자매사이의 친밀한 관계가 우선 두드러진다. 그리고 며느리와 시아버지와의 관계도 며느리와 시어머니와의 관계보다는 좀 더 유연해 보인다. 또한 아내의 입장에서 가정에 불성실한 남편을 대하는 것이 다소 엄격해 보이기도 한다. 유목문화라는 특수한 여건 속에서 가정의 질서와 안정을 유지하기 위해서는 남성과 여성이 적절하게 노동의 분할을 담당해야 하며, 때로는 서로의 부족한 부분을 서로가 보충해 줄 수 있어야 한다. 즉 몽골의 설화 속에 반영되어 있는 내용을 보면 이러한 성(性)에 의한 역할의 분할을 극대화하기 위해서 남성도 여성의 일을 적절하게 도와 줄 수 있어야 함을 강조하고 있다. 다시 말해서 몽골의 설화 속에는 게세르와 아

브갈다이와 같이 남편으로서 역할을 충실하게 수행하지 못하면 죄 값을 혹독하게 치르게 된다는 가정생활 속의 교훈이 내재되어 있다.

한편 『몽골비사』와 같은 역사문헌자료 속에도 몽골의 여성들은 가족이나 친족을 구성하는 데 중요한 역할을 담당하고 있음이 잘 나타나 있다. 가령 칭기스칸의 조상들 중에서 알룬고아(Alun Gua)와 칭기스칸의 어머니인 후엘룬은 남편이 죽은 후 자식들을 혼자서 키우면서 온갖 역경을 이겨내고, 자식들 사이의 반목과 갈등을 강력한 지도력을 가지고 슬기롭게 극복한 몽골의 대표적인 어머니이다. 이렇게 몽골사회에서 아내와 어머니는 다소 엄격하고 남편과 자식의 일에 자주 참견하는 이미지로 묘사되고 있는 경우가 많다. 몽골의 속담과 수수께끼도 예외가 아니라서 집안에서 몽골의 여성은 가족의 구성원들에게 엄정하고 원리와 원칙을 고수하지만 집 밖에서는 가족과 친족을 대표하여 최대한 예의와 예절을 지키다 보니 외유내강(外柔內剛)의 성격을 가진 것으로 몽골의 속담에서 종종 은유적으로 묘사되기도 한다.

마지막으로 일상적인 생활공간인 겔(ger) 속에서 몽골의 여성은 남성과 구분되는 공간을 가지고 있는 경우가 많다. 이러한 성(性)에 의한 공간의 구분은 생업현장에서의 효율성을 강조하기 위한 구분인 셈이다. 한편 몽골의 여성 중에서 아들을 세 명 놓으면 누릴 수 있는 다르항 며느리(darhan ber)와 같은 칭호라든지 가족이나 친족을 중심으로 한 인적 네트워크의 확대와 강화는 몽골의 여성들이 가지고 있는 가정에서의 핵심적인 역할과 책임감을 강조하고 상징하는 민속문화로 볼 수 있는 것이다.

✉ 『몽골학』 28호, 한국몽골학회, 2010

비교민속학적인 입장에서 유목문화 보기

한 · 몽 출생의례의 비교

1. 출생의례 비교연구의 의의

한 문화권의 민속문화를 제대로 이해하기 위해서는 다른 문화권의 민속문화와 비교연구를 통하여 두 문화가 공유하고 있는 보편성은 물론이고 각각의 문화가 다른 문화와 차별화될 수 있는 독창적인 고유성을 찾아내는 작업이 필요하다. 비교민속학에서 행하여지는 다양한 연구방법도 이러한 비교연구에 기초를 두고 있다고 해도 과언이 아니다. 한국과 몽골 두 문화 사이에는 공통점도 많고 차이점도 많다. 불교사원의 문양과 장식에도 공통점이 발견된다. 한편 한국의 민속문화를 구체적이고도 심층적으로 접근하기 위해서는 주변 문화권과의 지속적인 비교연구가 선행되어야 한다. 이러한 관점에서 한국의 출생의례를 몽골 출생의례와 비교해 보는 것은 나름대로의 가치를 지닌다고 볼 수 있다.

↘ 경주 불국사의 귀면(鬼面)

↘ 몽골 에르덴조 사원의 귀면(鬼面)

한국인의 일생의례(一生儀禮)에 대한 연구 중에서 출생의례를 포함하고 있는 주요한 연구는 우선 한국 일생의례에 대한 전반적인 내용을 다루고 있는 장철수(1984)와 이광규(1985)의 연구가 돋보인다. 또한 김용덕(1994)은 한국 일생의례를 통시적으로 분석하였고, 최인학(1995)은 한국인의 일생을 개론적인 입장에서 다루고 있다. 특히 이복규(1997과 1999)는 조선 전기의 문헌자료인 『묵재일기』와 『양아록』을 중심으로 출생의례를 다루고 있으며, 최근에는 강재철(2004)과 이화형(2007)이 상징과 의미를 중심으로 한국 일생의례를 폭넓게 다루고 있다. 또한 정종수(2008)에 의하여 역사문헌자료를 중심으로 한국 일생의례에 대한 민속학적인 접근이 진행되기도 하였다.

한편 몽골 일생의례에 대한 연구는 부분적이기는 하지만 여러 분야에서 다양하게 이루어진 편인데 몇 가지 예를 들어 보면 다음과 같다. 출생의례를 포함한 몽골 일생의례에 대한 전반적인 내용은 바담하탄(Badamhatan, 1987), 다쉬돈도브(Dashdondov, 1988), 냠보(Nyambuu, 1991과 1992) 등이 대표적이다. 그리고 국내에서는 1999년 경기도박물관에서 펴낸 『몽골 유목문화』와 박환영(2005c), 이안나(2005)에서도 단편적이지만 몽골 일생의례에 대한 내용을 다루고 있다. 한편 삼필덴데브(Sampildendev, 1981), 장장식(2005와 2006), 남질(2007) 등은 몽골의 출생의례와 혼례를 중심으로 몽골의 전통적인 가정예절을 다루고 있다. 또한 김기선(2008)은 몽골의 출생의례, 혼례 그리고 장례에 대하여 부분적인 습속을 다루고 있다.

특히 몽골 일생의례와 관련해서 출생의례에 대한 연구는 혼례와 상장례에 비하여 상대적으로 많이 다루어진 것은 아닌 것 같다. 그러나 출생의례와 관련된 민속문화는 설화를 비롯해서 속신어 그리고 『몽골비사』와 같은 역사문헌자료 속에도 투영되어 있으며, 갓 태어난 아이의 태를 자르고 몸을 씻기며 세월이 조금 흐른 후 머리카락을 자르는 민속과 임시적인 이름(人名)과 적절한 이름(人名)을 지어주는 민속과 같이 일상적인 생활문화 영역 속에도 다양한 내용이 여전히 전승되고 있어서 한국의 출생의례와 비교해볼만한 충분한 가치를 지니고 있다. 따라서 이 글에서는 민속문화 속에 내재되어 있는 한국의 출생의례를 몽골의 출생의례와 비교 분석하여 두 문화 속에서 출생의례가 가지는 공통점과 차이점을 찾아내고 고찰해 봄으로써 한국과 몽골의 민속문화가 가질 수 있는 문화적인 친연성을 찾아보고자 한다.

2. 한·몽 문화 속 나이를 통한 시간구분에서 출생의례의 내용 분석

한국과 몽골의 출생의례를 살펴보기 전에 두 문화 속에서 한 개인의 일생과 관련해서 나이를 통한 시간의 구분이 어떠한지를 살펴보고 이러한 구분 속에서 나이의 구분을 통하여 출생의례와 관련한 시간이 가지는 문화적인 특성에 대하여 고찰해 보고자 한다. 먼저 한국 민속문화 속에는 출생의례와 관련해서 나이에 의해서 한 개인의 일생(一生)을 부분적으로 구분하고 있는 경우가 종종 있다. 예를 들어서, 조선전기의 민속을 적나라하게 보여주는 이문건(1494~1567)의 『묵재일기』와 『양아록』의 내용[1]을 면밀히 살펴보면 출생의례와 관련해서 태어나서 11살

---

1) 이복규, 「『默齋日記』에 나타난 出産·生育 관련 民俗」, 『溫知論叢』, 3, 溫知學會, 1997, 135~146쪽 ; 이복규, 『『묵재일기』에 나타난 조선전기의 민속』, 민속원, 1999, 41~58

이 될 때까지의 시간을 세분화해서 구체적인 나이로 이래와 같이 구분하고 있다.

- 태어나서부터 다섯 살까지 : 젖을 먹으면서 걸음마를 배우고 유연한 신체가 하나둘 씩 기능을 시작하는 시기
- 여섯 살부터 열 살까지 : 스스로 음식을 먹고 성(性)의 구분과 글공부를 시작하는 나이
- 열한 살부터 열다섯 살의 관례(冠禮)[2] 전까지 : 세상의 이치를 본격적으로 배우고 깨우치는 나이

위의 내용은 조선시대의 한 사대부 가문에서 전승되었던 단편적인 내용일 수도 있지만 현존하는 최고(最古)의 문헌기록으로 당시의 출생의례와 관련해서 시간의 구분과 그 속에 담겨져 있는 개인의 역할과 사회적 책임감을 잘 반영해 주고 있다. 유교적인 분위기가 팽배했던 조선시대에서 갓 태어난 아이로부터 어느 정도의 나이가 들 때까지 양육하는 과정에서 나이에 의한 시간 구분을 하여 해당 자녀들의 일상적인 생활을 꼼꼼하게 기술하고 있는 것이다. 한편 당시 『周禮』와 『禮記』와 더불어 삼례(三禮)로 간주되었던 사대부들의 필독서였던 『禮記』의 「內則」에 보면 나이 구분과 나이에 따른 역할에 대하여 다음과 같은 내용이 나온다.

자식이 능히 스스로 음식을 먹을 수 있게 되었을 때는 오른손으로 먹도록 가르치고 (중략) 6세가 되면 수(數)와 방향의 이름을 가르치고 7

쪽 ; 김찬웅(쓰고 엮음), 『선비의 육아일기를 읽다』, 글항아리, 2008, 59~203쪽.
2) 『묵재일기』와 『양아록』의 기록에 의하면 이문건의 손자인 숙길(淑吉)은 15세에 관례를 치루었다.

세가 되면 남녀가 같이 앉지 않으며 음식을 함께 먹지 않는다. 8세가 되면 남녀 모두 문호(門戶)를 출입하고, 자리에 앉아 음식을 들 때는 반드시 어른보다 나중에 들게 한다 (중략) 9세가 되면 남녀 모두에게 삭일(朔日)과 15일과 육갑(六甲)의 날을 가르쳐 준다. 남자가 10세가 되면 집을 나가 교사에 거숙(居宿)하면서 육서(六書)와 계수(計數)를 배운다 (11, 12세의 경우도 모두 같다) (중략) 13세가 되면 음악을 배우고 시가(詩歌)를 읊고 작무(勺舞)를 배우며, 15세 이상이 되면 상무(象舞)와 활쏘기 및 말 다루는 법을 배운다.[3]

결국 나이에 의한 시간구분은 갓 태어난 어린 아이가 육체적으로 건강하게 자라는 것 못지않게 사회적인 규범과 관행에 맞도록 자랄 수 있도록 이끌어주는 하나의 사회문화적인 지표로 작용했음을 알 수 있다. 이러한 점에서 나이에 의한 시간 구분은 출생의례가 담고 있는 갓 태어난 아기를 무탈하고 바르게 키우고, 양육하기 위한 다양한 문화장치와 같은 맥락에서 살펴볼 수 있다.

한편 몽골에서 전통문화 속에서도 나이를 중심으로 시간의 구분을 하는 경우가 많은데 이러한 나이에 의한 시간의 구분 중에서 출생의례와 관련한 내용을 살펴보면 다음과 같다. 예를 들어서,

- 태어나서 세 살까지 : 새롭게 태어난 혹은 젖어 있는 시간(*nyalh üe*)
- 세 살부터 일곱 살까지 : 유아 나이(*balchir nas*)
- 여덟 살부터 열두 살까지 : 작은 나이(*baga nas*)
- 열두 살부터 열여덟 살까지 : 큰 혹은 튼튼한 나이(*ööliih üü*)[4]

---

3) 權五惇(譯解), 『禮記』, 弘新文化社, 2003, 267~268쪽.
4) Dondog, Ch, *Shireenii lablah*, Ulaanbaatar, 1994, p.10.

몽골의 남자 어린이들은 보통 4~5살 때부터 말 타는 법을 배우기도 한다.

나이에 의한 이상의 시간분류는 몽골에서 한 개인이 태어나면서 성장하여 가는 과정을 구체적으로 잘 반영해 주고 있다. 특히 태어나서 세살까지는 "젖어 있는 시간"으로 묘사하는 부분이 재미있다. 몽골의 출생의례를 살펴보면 갓 태어난 아기의 몸을 양고기 국물에 목욕시키는 전통이 있다. 이것은 어린 아이의 몸은 젖어있고 부드러워서(z örhen) 양고기 국물에 목욕시키면 아기의 몸이 마르고(huurai), 강해진다(h üchtei)고 믿기 때문이다.5) 이러한 내용은 『묵재일기』와 『양아록』 속에 기술되어 있는 "태어나서부터 다섯 살까지"의 시간과 연계해서 살펴볼 수 있다.

---

5) 박환영, 『몽골의 유목문화와 민속 읽기』, 민속원, 2005c, 275쪽.

즉 이 시간에 갓 태어난 아이는 젖을 먹으면서 걸음마를 배우고, 아기의 피부는 유연하고 젖어있는데 신체가 하나둘씩 기능을 시작하면서 조금씩 굳어지고 단단해지는 것이다. 또한 한국에서 흔히 사용되는 "머리에 피도 안 말랐다"라는 속담도 같은 맥락에서 살펴볼 수도 있을 것 같은데, 이와 유사한 속담6)으로는 "귀 밑에 피도 안 마른 놈", "대가리에 물도 안 말랐다", "이마빡에 피도 안 말랐다", "이마에 피도 안 마른 놈", "입에서 젖내가 난다" 등의 속담이 있다.

3. 한·몽 출생의례의 민속학적 비교 고찰

한국과 몽골의 출생의례를 비교하기 위해서는 민속문화와 관련해서 다양한 영역에서 비교를 할 수 있다. 우선 속담과 같은 영역의 경우 출생의례와 관련된 일부 내용이 함축되어 들어 있다. 가령 한국의 속담7) 중에 "아이 낳는데 속곳 벗어 달란다", "아이는 시골 년이 낳고 미역국은 서울년이 먹는다", "아이는 일곱 번 죽을 고비를 넘겨야 한다", "아이도 낳기 전에 기저귀감 장만한다", "아이를 기르려면 반 무당 반 의사가 돼야한다", "아이 못 낳는 년이 밤마다 태몽(胎夢) 꾼다", "아이 셋 난 어미는 석자 가시도 안 걸린다" 등이 있다. 이와 유사한 내용을 가진 몽골의 속담8)을 몇 개 열거해 보면, "아기를 낳아 보지 않은 여인의 마음은 쇠 마음이다", "아기가 태어나지도 않았는데 쇠로된 요람

---

6) 원영섭, 『우리속담사전』, 세창미디어, 1993, 396쪽.
7) 송재선, 『우리말 속담 큰사전』, 서문당, 2006, 626~628쪽.
8) Akim, G, *Pearl Rosary of Wisdom*, Ulaanbaatar, 1995, pp.76~88.

을 마련한다", "아기나 바보에게는 끝이 뾰족한 물건을 주어서는 안된다", "아기를 가진 사람의 혀는 쉴 사이가 없다" 등을 예로 들 수 있다.

출생의례와 연계되어 있는 이러한 한국의 속담이나 몽골의 속담을 보면 출산(出産)이라는 과정이 얼마나 힘든 것인가가 잘 반영되어 있으며, 이렇게 어려운 과정을 무사하게 통과하기 전에 서둘러서 너무 일찍 아기용품을 준비하는 어리석음을 지적해 주고 있다. 또한 출산에 못지않게 육아(育兒)의 과정도 무척 힘들다는 것을 간접적으로 잘 반영해주고 있다. 한국과 몽골의 속담 속에 압축되어서 단편적으로 담겨있는 출생의례에 대한 이러한 민속문화를 좀 더 구체적으로 살펴보기 위해서 설화, 속신어 그리고 일상적인 생활문화를 중심으로 한국과 몽골의 출생의례를 고찰해 보고자 한다.

(1) 설화

설화는 오랜 시간에 걸쳐서 전승되어 오면서 민중들의 진솔한 삶과 애환(哀歡)을 내포하고 있다. 출생의례와 관련해서 직접 혹은 간접적으로 연관이 되는 한국의 설화와 몽골의 설화를 제법 찾아볼 수 있는데 먼저 한국 설화의 경우 무속신화가 두드러진다고 볼 수 있다. 가령 한국의 무속신화 속에는 치성(致誠)과 태몽(胎夢)을 중심으로 출생의례와 관련된 내용이 많이 들어 있는데 몇 가지 기술해 보면 다음과 같다.

천하문장과 지하문장 부부가 임정국에 살고 있었다. 그런데 부부는 슬하에 자식이 없어서, 날로 근심하였다. 어느날 황금산 황금절의 주지가 집을 찾아와 시주를 청하였다. 천하문장은 쌀을 내준다는 약속을 한 뒤 스님에게 자신들의 사주를 보아 달라고 하였다. 스님은 천하문장 부부의 사주를 보더니 이렇게 말하였다. "자식이 없을 팔자입니다. 하지만 절에 공양을 드리면 자식을 볼 수 있을 것입니다" (중략) "천하문장은 즉시 황금 백 근을 내어 주었다. 스님은 그것을 받은 뒤, '태몽으로 옥동자인지 딸아기인지 여부를 알려 드리겠습니다.'라고 하였다 (중략) 이 일이 있은 뒤 며칠이 지나 천한문장이 술과 호박 안주를 먹는 꿈을 꾸었다. 그가 이것을 이상하게 여겨 부인에게 말하니, 부인도 똑같은 꿈을 꾸었다고 하였다. 그래서 둘은 이것이 곧 태몽이 틀림없다고 생각하고, 해몽하는 사람을 불렀다. 그는 꿈에 여자 음식을 먹은 것으로 보아 딸을 낳을 꿈이 틀림없다고 말하였다. 천하문장은 좋은 날을 받아 부인과 잠자리를 같이 하였고, 그 결과 부인이 아이를 배었다. (후략) (이지영, 2003 : 221~222)

위의 설화는 한국의 대표적인 무속신화 중의 하나인 『제석본풀이』인데, 제주도 지방에서는 이것을 『초공본풀이』라고 불려지기도 한다.9) 위에서 인용한 내용은 1937년 제주도의 박봉춘씨가 구연한 『초공본풀이』의 초반부에 해당하는 내용인데 여기에는 기자속(祈子俗)으로 절 치성(致誠)과 꿈을 통하여 남자아이인지 여자아이인지를 점치는 태몽(胎夢)에 대한 내용이 들어 있다. 태몽의 내용이 잘 반영되어 있는 또 다른 한국의 설화를 일부 기술해 보면 다음과 같다.

… 왕이 왕비에게 태몽을 물었다. "품 안에 달이 돋아 오르고, 오른손에는 푸른 복숭아꽃 한 가지를 꺽어 들고 있었습니다" 왕은 상궁에게 다시 문복을 가서 해몽을 해오라고 하였다. 갈이 박사는 공주를 낳을 꿈이라고 하였다. 왕은 대수롭지 않게 생각했지만 달이 차서 낳은 아이는 과연 공주였다. … 다시 세월이 흘러 왕비는 또 다시 임신하였다. 왕비는 품 안에 칠성별이 떨어지고, 오른손에 붉은 복숭아꽃 한 가

9) 여주인공인 당금애기에 초점을 두어서 『당금애기』 신화로 부르기도 한다.

 제 4 장 비교민속학적인 입장에서 유목문화 보기

지를 들고 있는 꿈을 꾸었다. 길이 박사는 이번에도 공주를 낳을 것이라고 하였다. 그 말대로 왕비는 공주를 낳았다. … 그 후로도 왕과 왕비는 아들이 태어나기를 기다리며 아이를 낳았지만, 계속해서 딸을 낳아 딸 여섯을 두었다. 왕비가 다시 잉태하였다. "이번의 태몽은 어떠하오?" "대명전 대들보에 청룡 황룡이 뒤엉키고, 오른손에는 보라매요 왼손에는 백마가 앉고, 왼 무릎에 흑거북이 앉고, 양 어깨에는 일월이 돋아 보였습니다." "이번에는 세자 대군을 낳을 꿈 같소이다." 왕은 다시 상궁에게 문복을 가게 하였다. 그러나 상궁이 다녀온 뒤 아뢴 말은 이번에도 공주를 본다는 것이었다. (후략) (이지영, 2003 : 232~233)

위의 내용은 1966년 서울 용산의 문덕순씨가 구연한 『바리공주』의 한 부분이다. 한국의 대표적인 무속신화의 하나인 『바리공주』는 전국적으로 전승되는데, 바리공주 외에도 바리데기, 칠공주라는 이름으로 전승되기도 한다. 위에서 언급한 『바리공주』를 자세하게 살펴보면 출생의례와 관련해서 태몽에 대한 기술이 제법 많이 나온다. 그리고 선행을 베풀어서 아이를 잉태하려는 주술기자(呪術祈子)[10]와 유사한 형태로 나라의 중죄인을 용서하고 풀어줌으로써 순산(順産)과 건강한 아기의 출산을 기원하는 주술적인 행위도 볼 수 있다. 한편 한국의 설화 속에는 출산의례와 관련해서 아기를 잉태해 주고, 아기를 순산해 주고, 아기를 일정기간 동안 무탈하게 자랄 수 있도록 보살펴 주는 삼신할머니에 대한 내용도 들어 있다. 예를 들어서,

---

10) 가족의 구성원들이 선행을 행함으로써 아기의 잉태를 기원하는 주술기자로 정월 보름날에 냇가에 길을 놓거나 길을 고치거나, 공동우물을 청소하는 행위를 들 수 있다. 이광규, 『한국인의 일생』, 형설출판사, 1985, 44쪽.

성주신은 하늘의 제석궁에서 태어났으며 이름은 원래 유광덕이다.
유광덕은 하늘에서 죄를 지어 지상의 인간세상으로 유배되어 내려왔다.
그러나 그가 머무를 집이 없었다. 그래서 유광덕은 풍수사를 불러 좋은
곳에다 집터를 잡았다 (중략) 하늘에서 유배된 유광덕은 이렇게 해서
집을 잘 지어 성주님이 되었다. 그런데 성주님은 혼자여서 배필이 필요
했다. 이때 마침 하늘에 사는 옥여 세 분이 지상으로 유배되어 성주님
을 찾으러 오는 길이 었다, 그들을 우연히 길에서 만났다 (중략) 이렇게
길에서 우연히 만나니 그들은 하늘이 맺어준 천생연분인 줄 알았다. 그
리하여 성주님은 옥녀 세 분과 백년가약을 맺어 한 분은 삼신 할머니
로 모시고, 또 한 분은 제석님으로 모시고, 나머지 한 분은 조왕님으로
모셨다. 성주님은 이렇게 해서 옥녀 세 분을 집안에 모시고 함께 살게
되었다. 삼신 할머니는 아기를 잘 낳게 해주고, 제석님은 천 석 만 석
재물을 불어나게 해주었다. 그리고 조왕님은 삼을 갈아서 벗겨내 하늘
에다 베틀 한 끝을 걸어 놓고 베를 짜서, 성주님의 도포를 짓고 손수건
낯수건까지 만들었다. 조왕님은 이렇게 부지런히 살림을 잘 했다. (후
략) (이지영, 2003 : 253~254)

위의 내용은 1965년 안동의 송희식씨가 구연한『성주풀이』의 한 부분
이다. 출생의례와 관련해서 직접적인 내용은 나오지 않지만 민간에서
아기를 잘 낳게 해 주는 가신(家神)으로 모셔지는 삼신할머니에 대한 내
용이 성주신과 조왕신과 함께 들어 있다. 한편 삼신은 산신(産神)이라고
부르기도 하는데 앞에서도 잠시 언급한 서사무가(敍事巫歌)인 당고마기
(당금애기) 신가(神歌)에서도 산신(産神)할머니의 유래[11]와 관련한 내용이
기술되어 있다.

한국의 설화와 비교해서 몽골의 설화 속에도 출생의례와 관련된 내

---

11) 김선풍,『한국시가의 민속학적 연구』, 형설출판사, 1977, 284~297쪽.

용이 제법 나오는데 인간이 어떻게 만들어졌고, 남자와 여자의 성(性)이 어떻게 구분되었고, 또한 아기의 출산 등 폭넓은 내용을 담고 있다. 예를 들어서,

> … 보르항이 사람을 창조하기 위해 진흙으로 남자와 여자 두 사람의 형상을 빚은 뒤, 그들에게 생명을 불어넣기 위해 영생의 감로를 구하러 가게 되었다. 자신이 떠난 뒤 추트구르(유령)가 남자와 여자를 해칠지도 모른다고 우려한 보르항은 개와 고양이에게 진흙으로 만든 두 사람을 지키도록 했다 (중략) 추트구르는 재빨리 고양이에게 젖을 주고 개에게는 고기를 주었다. 개와 고양이가 먹는 데 정신이 팔려 있는 동안, 추트구르는 진흙으로 빚은 두 사람 위에 오줌을 누고 사라졌다. 잠시 후, 보르항이 영생의 감로를 가져왔다. 남자와 여자에게 막 생명을 불어 넣으려고 한 순간, 보르항은 몸을 덮은 두 사람의 털이 이미 더럽혀진 것을 발견했다. 보르항은 버럭 화를 내며, 고양이에게 더럽혀진 사람의 털을 벗겨내고 그것을 핥아 깨끗하게 하라고 했다 (중략) 그리고 추트구르가 오줌을 싼 더러운 털을 개에게 덮어 씌움으로써 개를 처벌했다. 이렇게 하여 사람은 털이 없는 벌거숭이가 되고 개는 털을 갖게 되었다. (후략) (체렌소드놈, 2001 : 165~166)

위의 설화는 태초에 어떻게 사람이 만들어졌는가에 대한 내용을 담고 있다. 역신(疫神)에 해당하는 추트구르와 역신으로부터 사람을 지키는 개와 고양이[12]가 등장한다. 오늘날에도 몽골인들은 "개의 눈은 네 개"라고 해서 사람들이 보지 못한 것도 볼 수 있다고 믿는다. 또한 몽골의 민속에 보면 아이에게 방하르(Banghar), 후데르(Huder), 걸룩(Gulrug), 아

---

12) 몽골의 설화에서 사람의 기원과 관련된 설화가 몇 개 있는데 주된 내용은 조금씩 차이가 나지만 거의 비슷하며 주로 개가 보르항의 명령을 받아서 역신으로부터 사람을 지키는 동물로 묘사되어 있다.

스랑(Arslan), 발스(Bars), 하이착(Haitsag) 등과 같은 개의 이름을 지어주기도 하는데,[13] 이것은 역신을 속이기 위해서 사용하는 이름이다.

한편 다음에 살펴볼 몽골의 설화는 태초에 이 세상에 사람이 만들어지고 남자와 여자가 처음으로 성(性)을 알게 되면서 아기가 태어나게 되는 것을 잘 보여주고 있다. 인류가 처음으로 자신의 힘으로 새 생명을 만들어낼 수 있게 되면서 나타나는 생명에 대한 두려움과 사람을 잡아먹는 망가스(mangas) 그리고 암흑의 세계를 비추어 주는 해(日)의 등장을 잘 기술하고 있다. 예를 들어서,

> 저 위의 하늘이 남자 열 여덟명, 여자 여덟 명을 주고, 이 땅에 인간의 씨앗을 퍼뜨리라고 했다. 처음에 사람들은 남녀 관계를 모르고 지내다가 나중에야 비로소 성(性)을 알게 되었다. 그 뒤 아이가 태어났을 때 그들은 '무슨 일이냐'고 하면서 몹시 두려워하였다. 그 무렵 세상은 해도 별도 없는 완전한 암흑이었다. 사람들은 아이를 낳으면, 무서움 때문에 그 즉시 아이를 내다버렸다. 이렇게 버려진 아이들의 태반에서 나무가 자라나 꽃이 피고 그 나무에 과일이 열려 익으면, 아이들은 그 과일을 따먹고 연명했다. (중략) 한동안 암흑뿐이었던 세상에 어느날, 석가모니가 어디선가 해를 가져다가 매달아 주었다. 처음에 그 해를 망가스일 거라고 생각한 사람들은 놀라서 허겁지겁 구멍을 파고 들어가 숨어버렸다. (후략) (체렌소드놈, 2001 : 168~169)

위의 설화에는 새로운 생명의 탄생에 대한 무서움과 아이를 잡아먹는 망가스라는 괴물의 등장 그리고 암흑을 밝게 비추는 해와 그것을 망가스로 알고 동굴을 파고 숨어버린 사람들이 등장하면서 아이의 출산이

---

13) 박환영, 앞의 책, 2005c, 145쪽.

가져다주는 여러 가지 변화를 잘 보여주고 있다. 한편 출산과 관련해서 또 하나의 몽골 설화가 있다. 예를 들어서,

> 텡게르가 대지를 창조할 때 거기에 한 노파가 있었다. 그런데 그 노파는 뜻하지 않게 아이를 갖게 되었다. (중략) 오랜 시간이 흘렀는데도 하늘은 완전히 닫히지 않았으며 아이도 태어나지 않았다. 그러자 뱃속의 아들이 어머니에게 조르듯 묻곤 했다. "어머니 하늘의 문이 닫혀 가나요?" 노파는 그때마다 똑같은 대답을 했다. "아직 멀었다". 그러다가 하늘이 거의 완성되어 갈 무렵, 아들이 똑같은 질문을 반복했다. 노파는 오랫동안 태어나지 않으면서 쓸데없이 미련한 질문만 해대는 우둔한 아들에게 화를 내며 퉁명스럽게 말했다. "하늘[대문]이 닫혔다." 그러자 아들은 어머니에게 왼팔을 올리라고 했다. 아이는 어머니의 겨드랑이를 통해 태어났다 (중략) 이 세상에 맨 처음 태어난 사람이 예정보다 일찍 태어났기 때문에, 사람의 수명이 짧게 되었다. 또 노파가 거짓말을 했기 때문에 지금도 사람들이 거짓말쟁이 혹은 도둑이 되기도 한다는 것이다(체렌소드놈, 2001 : 169~170).

위의 설화는 어머니의 뱃속에서 정해진 시간을 인내하지 못하고 일찍 나와 버린 아기와 하늘의 문이 닫히지도 못했는데 뱃속에 있는 아기의 투정에 지쳐서 그냥 무책임하게 "닫혔다고" 말해 버린 산모인 노파에 대한 내용을 담고 있다. 결국 아이를 잉태하게 되면 적절한 금기를 행하여야 하고 참고 인내하는 습성을 가져야 하는데 성급하게 일을 처리하게 되면서 태어난 사람의 수명이 짧아지게 되었고, 노파가 한 거짓말 때문에 오늘날 세상 사람들이 거짓말쟁이와 도둑이 되기도 한다는 점을 강조하고 있다.

(2) 속신어

속신어는 길조어, 흉조어, 권장어, 금기어 등으로 크게 구분할 수 있다. 이 중에서도 금기어[14]는 어떠한 행위를 조심해서 하도록 하거나 혹은 전혀 하지 못하도록 통제하고 억제하는 기능을 한다. 즉 어떠한 행위를 하게 되면 그러한 행위로 인하여 부정적인 결과를 초래한다는 세속적인 믿음을 토대로 일정한 기간 동안 특정한 행동을 삼가도록 만들어 준다. 따라서 아기의 출생을 전후해서 행하여지는 금기의 설정은 반게넵(Van Gennep, 1999)이 제시했던 통과의례의 주요한 세 과정인 분리, 전이, 통합으로 해석할 수 있기 때문에 출생의례의 한 영역으로 다룰 수 있다.[15] 먼저 한국의 임산부가 가지고 있는 이러한 금기어를 일부 열거해 보면 다음과 같다.

- 임부(妊婦)가 개고기를 먹으면 부정 탄다.
- 임부가 불난 것을 보면 얼굴에 붉은 점 있는 아이를 낳는다.
- 임부가 새고기와 술을 먹으면 아기가 음란하다.
- 임부가 초상집 음식을 먹으면 하혈이 심하다.
- 임부는 크게 웃거나 떠들거나 곡하거나 울어서는 안 된다.
- 임산부가 닭고기, 달걀, 찹쌀을 썩어 먹으면 태어날 아기가 닭살이 된다.
- 임산부가 담을 넘어 다니면 애가 도둑이 된다.

---

14) 몽골의 금기어 연구 및 몽골과 한국의 금기어가 가지는 특징에 대한 대표적인 연구로는 Nyambuu, H and Natsagdorj, Ts, *Mongolchuudiin tseerleh esnii huraangui toli*, Ulaanbaatar, 1993와 장장식, 「몽골 금기어의 원리와 몇 가지 특징」, 『몽골학』, 제9호, 한국몽골학회, 2000, 1~17쪽 그리고 장장식, 『몽골 유목민의 삶과 민속』, 민속원, 2005, 283~301쪽을 참고할 수 있다.

15) Van Gennep, 'The Rites of Passage', in Alan Dundes(ed.) *International Folkloristics*, Oxford : Rowman & Littlefield Publishers, 1999, pp.99~108.

- 임산부가 마늘을 먹으면 태기가 소멸한다.
- 임산부가 말총빗자루를 넘어 다니면 12달 만에 아이를 출산한다.
- 임산부가 메밀묵이나 도토리묵을 먹으면 유산한다.
- 임산부가 문어고기(또는 오징어)를 먹으면 뼈없는 아이를 낳는다.
- 임산부가 생강 싹을 먹으면 아이의 손가락이 많아진다.
- 임산부가 소고삐를 밟거나 넘어가면 해산달이 늦어진다.
- 임산부가 오리고기를 먹으면 아기의 발이 붙는다.
- 임산부가 율무를 먹으면 낙태의 위험이 있다.
- 임산부가 이 빠진 밥그릇에 밥 먹으면 언챙이 자식 난다.
- 임산부가 자라고기를 먹으면 아이 목이 자라처럼 짧아진다.
- 임산부가 메기고기를 먹으면 언청이가 태어난다.
- 임산부가 토끼고기를 먹으면 입이 째진 애기를 낳는다.
- 임산부가 꿩을 먹으면 장님의 애를 낳는다.
- 임산부는 소를 매어 넣은 말뚝줄을 넘어서면 12달 만에 출산한다.
- 임신 중 도라지를 먹으면 눈이 비뚤어진다.
- 임신 중 먹은 가물치는 아기 살결이 얼룩진다.
- 임신 중 먹은 가재미는 낙태하거나 아기가 납작해진다.
- 임신 중 먹은 문어는 애기 머리가 이상하게 커진다.
- 임신 중 먹은 숭어는 눈이 먼 아기를 낳는다.
- 임신 중 부엌을 고치면 아기 목젖이 없어진다.
- 임신 중 손가락으로 반찬을 집어먹으면 애기가 혀를 내민다.
- 임신 중 쌍율(雙栗)을 먹으면 쌍둥이를 낳는다.
- 임신 중 아궁이를 새로 만들거나 수리하면 벙어리를 낳는다.
- 임신 중에 남의 궂은 일에 가서는 안 된다.
- 임신 중에 두부나 호박을 먹으면 산모의 이가 상한다.
- 임신 중에 석가래(구들장)를 타 넘으면 벙어리를 낳는다.
- 임신 중에 집수리를 하면 젖이 말라간다.
- 임신 중 창구멍을 바르면 아기가 벙어리가 된다.
- 임신한 몸으로 개를 발길로 차면 불길하다.
- 임신한 사람이 있을 때 묘를 이장하면 병신이 태어난다.

- 임신한 여자가 개고기를 먹으면 반점이 있는 애가 태어난다.
- 임신한 여자가 고양이를 죽이면 고양이를 닮은 애를 낳는다.
- 임신한 여자가 말똥을 밟으면 어린애를 열두 달 만에 낳는다.
- 임신한 여자가 상한 과일을 먹으면 언청이 낳는다.
- 임신한 여자가 체를 넘으면 열두 달 만에 아이를 낳는다.
- 임신한 여자 앞에서 사람 죽는 얘기를 하지 않는다. (이상 최래옥, 1995)

위에서 언급한 속신어를 살펴보면 임산부가 지켜야 하는 금기어가 대부분이지만 때로는 임산부가 소속된 집단이나 공동체 구성원들이 함께 지켜야 하는 금기어도 있다. 다시 말해서 임신부가 소속된 가족이나 친족 그리고 마을과 같은 공동체의 구성원들이 임산부를 위해서 지켜야하는 금기어도 들어 있다. 가령 예를 들어서, "임신 중 부엌을 고치면 아기 목젖이 없어진다" 혹은 "임신 중 아궁이를 새로 만들거나 수리하면 벙어리를 낳는다"와 같은 금기어는 임산부뿐만 아니라 가족의 구성원들이 모두 함께 지켜야하는 금기어인 셈이다. 또한 임산부가 먹는 음식에 대한 금기가 많은 것이 특징이며, 임신 중에 조심해야 하는 행동과 행위에 대한 금기도 중요하게 다루어지고 있는 것 같다.

한국의 임신부들이 가지는 금기어와 마찬가지로 몽골 임산부들의 금기어도 특정한 음식이나 행위를 제약(制約)하는 경우가 많은 것 같다. 즉 해산달이 늦어지거나 때로는 12달만에 출산하는 경우와 같이 출산의 고통과 지연을 가져올 수 있는 행위를 금지시키거나 태어날 아이에게 악영향을 줄 수 있는 음식을 가려서 먹어야 하며, 경솔하고 정숙하지 못한 행동을 자제해야 함을 강조하는 금기어가 대부분이다. 출생의

례와 관련해서 몽골 임산부들이 지키는 금기어를 일부 살펴보면 다음
과 같다.

- 임신한 여성이 얼룩이나 반점이 있는 새의 알을 먹으면 주근깨를
  가진 아이를 낳는다.
- 임산부가 천박한 말을 듣거나, 난폭하고 시끄러운 비명을 듣거나,
  욕을 들으면 나쁜 성격과 사려가 없는 성격을 가진 아이를 낳는다.
- 임신한 여성이 당나귀를 타면 유산을 하게 된다.
- 임산부가 당나귀 고기를 먹으면 임신 기간이 몇 달 더 길어진다.
- 임신부를 인색함과 탐욕을 가지고 대하지 마라.
- 임신한 여성이 붉은색 뽕나무 근처에 거주하면 아이가 태어날 때
  발이 먼저 나온다.
- 임산부가 찌꺼기를 먹으면 태아가 다 자라지 않은 상태로 출산한다.
- 임신한 여성이 태양이나 달을 향해서 소변을 보면, 태어나는 아이
  가 성장기에 과도하게 침을 흘리게 된다.
- 임산부가 얼굴이나 손을 씻은 물을 겔(ger) 안에 밤새도록 놓아두
  게 되면, 눈의 흰자가 붉게 되거나 움푹 들어간 눈을 가진 아이가
  태어난다.
- 임산부가 완두콩 죽을 먹으면 얼굴이 검은 아이가 태어난다.
- 임산부가 말린 물고기를 먹으면 부패하고 염증이 있는 얼굴을 가
  진 아이가 태어난다.
- 임신한 여성이 시체를 매장한 곳을 방문하거나 장례의식에 참가하
  면 태어나는 아기의 운명은 번창할 수 없다.
- 임신한 여성이 담이나 울타리 위를 기어오르면 안 된다.
- 임산부가 낙타를 타게 되면, 12달이 지난 후에 아이가 태어난다.
- 임산부가 낙타 고기를 먹으면 임신기간이 길어진다.[16]

---

16) 이와 유사하게 낙타와 관련한 임산부의 금기는 Damdin, B, Even, M and Chapman,
    M, 'The Camel in Mongolian Literature and Tradition : Some Examples', *Journal of the
    Anglo-Mongolian Society*, vol. XIII, no. 1 & 2, 1991 참조.

- 임산부가 멍에를 넘어가면 길에서 아이를 출산하게 된다.
- 임산부가 펼쳐져 있는 밧줄을 넘어가면 탯줄이 제대로 붙어있지 않은 아이를 출산하게 된다.
- 임산부가 어떠한 길이나 길 주변에서 소변을 보면 출산 때에 심한 고통을 겪게 된다.
- 임산부가 거북 고기를 먹으면 목이 짧은 아이를 출산하게 된다.
- 두 명의 임산부가 마주하고 앉으면 그들의 자녀들이 뒤바뀌게 된다.
- 임산부가 성을 내게 되면 태어날 아이의 정신에 정신질환이 생기게 해서 나쁜 영향을 미치게 된다.
- 임산부가 술을 마시게 되면 태어날 아이는 부족한 마음을 가진 지진아가 된다.
- 임산부가 일식이나 월식을 보면 태어나는 아이의 눈이 멀 수 있다.
- 임신한 여성이 개나 고양이와 장난을 치면 성장발달이 늦은 아이가 태어난다.
- 임산부가 네 살 이상된 양고기로 요리한 고기와 죽을 먹으면 유산을 하게 된다.
- 임산부가 화로 주변에서 작업하면서 발로 걸레나 가위 등의 물건을 차거나 옮기면 여섯 손가락이나 여분의 기관을 가진 아이가 태어난다.
- 임산부가 고추, 양파, 마늘을 먹으면 눈의 시력이 나쁜 아이가 태어난다.
- 임신한 여성이 토끼 고기를 먹으면 쪼개진 입술을 가져서 소통을 하지 못하는 아이가 태어난다. (이상 Oberfalzerova, 2003)
- 불 제의를 드릴 때 임신한 여자가 옆에 있으면 낙태할 위험이 있다.
- 어린아이의 배냇머리를 잘라서 그냥 버리지 않고 잘 보관하거나 싸서 걸어 두어야 한다.
- 임신한 여자는 낙타를 타지 않고, 낙타고기를 먹지 않는다.
- 임신부는 줄이나 끈을 꼬지 않거나 짜지 않는다.
- 임신한 여자는 초원이나 밖에서 잠을 자지 않는다.
- 임신부는 마늘이나 고추를 먹지 않는다.

- 임신한 두 여자는 서로 인사를 나누지 않는다.
- 임신부는 개와 고양이와 장난치지 않는다.
- 임신 기간에 울거나 불평하거나 화를 내지 않는다.
- 어떤 집에서 아기를 낳았으면 곧바로 "아기를 낳으셨습니까?" 혹은 "아들이냐, 딸이냐"라고 직설적으로 묻지 않는다.
- 특별히 간난아이의 몸 상태에 대해 "아프다", "부었다", "열이 난다" 등의 말을 하지 않는다.
- 임신부는 오보제나 장례식에 참여하지 않는다.
- 임신부는 아기를 사산(死産)한 집이나 사람들이 복잡하게 지나다니는 곳에 가서 음식을 먹지 않는다. (이상 이안나, 2007)

위에서 열거한 속신어를 보면 임산부 개인이 지켜야 하는 금기어가 대부분이지만 임산부가 소속된 집단이나 공동체 혹은 좀 더 넓은 집단의 구성원들이 임산부를 배려하기 위하여 지켜야 하는 금기어도 몇 가지 찾아 볼 수 있다. 가령 예를 들어서, "임산부를 인색함과 탐욕을 가지고 대하지 마라"라는 금기어가 있는데 다른 말로는 "눈 네 개를 가진 사람을 인색하게 대하지 마라"라고 표현하기도 한다. 즉 이 속신어 속에는 임산부는 아이를 뱃속에 가지고 있어서 눈이 네 개이며 따라서 임산부에게는 충분한 음식과 마실 것을 주어야 함을 강조하고 있다. 이와 같은 입장에서 "어떤 집에서 아기를 낳았으면 '아기를 낳으셨습니까?' 혹은 '아들이냐', '딸이냐'라고 묻지 않는다"는 금기어의 경우는 출산에 대하여 직설적인 물음을 삼가해야 하며 대신에 "새 사람이 건강합니까?"라고 하든지 "새 사람은 영양을 쫓습니까? 머리를 땋습니까?" 혹은 "말 장대를 끕니까? 수를 놓습니까"[17]라고 완곡하게 돌려서

---

17) 이안나, 앞의 책, 172쪽 참조.

물어보아야 하는 것이다.

(3) 한·몽 역사문헌자료 속의 출생의례

몽골과 한국의 역사문헌자료 속에도 다양한 민속문화가 들어 있는 경우가 많다. 이러한 역사문헌자료로 대표적인 것은 한국의 경우는 『삼국유사』이며 몽골의 경우 『몽골비사』이다.[18] 한국과 몽골의 민속문화를 잘 반영해 주는 두 문헌자료 속에서 출생의례와 관련된 내용도 찾아볼 수 있다. 예를 들어서 『삼국유사』 속에는 빛과 해(日)와 같은 초자연적인 존재와 용(龍) 그리고 지렁이와 같은 동물이 등장하며, 인간의 힘이 아닌 초월적인 힘이나 지시에 의하여 아이를 잉태하는 과정이 잘 묘사되어 있다. 또한 아이의 이름(人名)과 관련한 부분적인 내용도 들어 있다.

> … 한 여자를 태백산의 남쪽 우발수에서 만났는데, 물으니 말하기를, '나는 하백(河伯)의 딸로 이름은 유화(柳花)이며 여러 아우들과 놀러 나왔다. 그때 한 남자가 있었는데 스스로 천제의 아들 해모수(解慕漱)라고 하며 나를 유혹하여 웅신산 아래 압록가 집 안에서 사통하고는 가서 돌아오지 않았다. 부모는 나를 책망하되 중매 없이 혼인하였다 하여 드디어 귀양을 보내어 이곳에서 살고 있다'라고 하였다. 금와가 기이하게 여기고 방안에 가두었는데, 햇빛이 비추자 몸을 끌어 피하니 해의 그림자가 또 따라와 비추었다. 이로써 임신하여 하나의 알을 낳으니 크기가 다섯 되들이 정도였다 (중략) 어미가 물건으로 감싸 따뜻한 곳에 두자 한 아이가 껍질을 깨뜨리고 나왔는데, 골격과 겉모습이 영특하고 기이

---

18) 『몽골비사』는 작자가 미상인데 13~14세기 몽골의 생활문화를 잘 보여주고 있으며, 『삼국유사』는 일연(1206~1289) 스님에 의하여 집필된 역사서로 13세기 당시 고려의 입장에서 우리 민족의 역사와 문화에 대한 입장을 잘 반영해 주고 있다.

하였다. 나이 겨우 7세에 용모가 특출하였고, 스스로 활과 화살을 만들
어 쏘니 백발백중이었다. 나라 풍속에 활 잘 쏘는 사람을 주몽(朱蒙)이
라고 하였기 때문에 이로써 이름을 삼았다 라고 하였다. (후략) (일연,
1999 : 32)

이상은 『삼국유사』 제1권 「기이(紀異)」에 나오는 내용으로 빛과 해의
그림자가 따라와서 비추자 유화(柳花)가 아이를 잉태하는 과정을 잘 묘
사하고 있다. 그리고 아이를 낳는 것이 아니라 알을 낳고 알의 껍질을
깨고 아이가 나오게 되며 또한 아이의 인명(人名)과 관련해서 활을 잘
쏜다고 해서 주몽(朱蒙)으로 이름을 삼는 당시의 풍속을 보여주고 있다.
덧붙여서 『삼국유사』에는 출생의례와 관련해서 다음과 같은 내용이 들
어 있다.

> 제30대 무왕의 이름은 장(璋)인데, 어머니가 홀로 경사(京師) 남쪽 못
> 가에 집을 짓고 살면서 못의 용과 교통(交通)하여 낳았다고 한다. 어릴
> 때 이름은 서동(薯童)으로 기량이 헤아리지 못할 정도로 컸는데, 항상
> 마를 캐다가 파는 것을 생업으로 삼았으므로 나라 사람들이 이로 인하
> 여 이름을 삼았다. (후략) (일연, 1999 : 157~158)

> 옛날 한 부자가 광주(光州) 북쪽 마을에 살고 있었는데, 한 딸이 있어
> 용모가 단정하였다. 하루는 아버지에게 말하기를, "매일 자주색 옷을
> 입은 한 남자가 침실에 이르러서 교혼(交婚)을 합니다"라고 하니, 아버
> 지가 말하기를, "네가 긴 실을 그의 옷에 꿰매놓아라"고 하므로 그대로
> 따랐다. 날이 밝자 실을 북쪽 담장 아래에서 찾았는데, 바늘이 큰 지렁
> 이의 허리에 꿰어 있었다. 이로써 임신하여 사내아이를 낳았는데, 15세
> 기 되자 스스로 견훤(甄萱)이라 일컬었다. (후략) (일연, 1999 : 161)

위의 내용은 『삼국유사』 제2권 「기이(紀異)」에 나오는 대목으로 아이를 잉태하는 하나의 과정으로 인간이 아닌 초월적인 존재나 힘이 작용하는 경우를 잘 묘사해 주고 있다. 이와 더불어서 『삼국유사』 속에는 아이의 이름을 지어주는 몇 가지 예도 함께 들어 있다. 가령 예를 들어서, 마를 캐어서 살아가는 아이라는 뜻을 가진 서동(薯童)이라는 이름이 바로 이러한 예에 속한다고 할 수 있다.

한편 『삼국유사』 제1권 「기이(紀異)」에 나오는 내용은 몽골의 알란고아가 아기를 잉태하는 내용과 유사하다. 예를 들어서 『몽골비사』에는 아이를 잉태하는 과정에서 빛이 스며들거나 인간의 영역을 벗어난 초월적인 계시나 힘에 의하여 아이를 가지게 되는 과정을 잘 보여주고 있다. 이러한 내용을 좀 더 구체적으로 열거해 보면 다음과 같다.

> 내가 이 세 아들을 낳았다 (중략) 밤마다 밝은 노란색 사람이 천장이나 문의 윗틈새로 빛을 따라 들어와 내 배를 문지르면, 그의 빛이 내 배로 스며드는 것이었다. 달이 지고 해가 뜰 새벽 무렵에 나갈 때는 누렁개처럼 기어나가는 것이었다(유원수, 1994 : 30~31).

위의 내용은 『몽골비사』 20장에 나오는데 알란고아가 남편인 도분 메르건이 죽은 뒤에 세 아들을 낳았는데 도분 메르건에게서 태어난 두 아들인 벨구테이와 부구누테이에게 세 동생들의 출생에 대하여 설명하는 대목이다.

또한 『몽골비사』에 보면 아이에게 이름(人名)을 지어주는 몇 가지 사례가 나온다. 즉 몽골의 민속문화 속에는 한 개인이 태어나서 적절한 의례를 행한 후에 이름을 가지게 되는 민속이 있는데 『몽골비사』에 보면 태어난 아기의 이름을 지어주는 풍속 외에도 다른 부족과의 전쟁에서 얻어진 어린 아이를 양자(養子)로 들이게 되는 경우에도 이름을 지어주는 몇 가지 사례가 기술되어 있다. 예를 들어서,

이수게이 바아투르가 타타르의 테무진 우게, 코리 부카를 비롯한 타타르족을 약탈하고 돌아온 바로 그때 임신 중이던 후엘룬 우진은 오난강의 델리운 볼닥에서 칭기스 칸을 낳았다. 타타르족의 테무진 우게를 잡아왔을 때 태어났다고 해서 테무진이라는 이름을 주었다(유원수, 1994 : 45~46).

우두이드 메르키드가 도망할 때 담비 가죽 모자를 쓰고, 암사슴의 종아리 가죽으로 만든 구두를 신고, 무두질한 수달피 가죽을 이어 만든 옷을 입은 5살난 쿠추라는 이름의, 눈에 불이 있는 소년이 목영지에 떨어진 것을 우리 군대가 발견하고 데려다가 후엘룬 어머니에게 선물로 드렸다(유원수, 1994 : 80).

타타르족이 요새화한 나라투 시투엔의 목영지를 약탈할 때 우리 군인들이 목영지에 버려진 한 어린 소년을 발견했다. 금 귀걸이, 코걸이를 하고 금박 물린 비단과 담비 가죽으로 안감을 댄 조끼를 입은 어린 소년을 데려다가 칭기스칸이 후엘룬 어머니에게 "선물입니다"하고 드렸다. 후엘룬 어머니가 이르기를, "훌륭한 사람의 아이였음에 틀림없다. 근본이 훌륭한 사람의 후손임에 틀림없다"고 하며 자신의 다섯 아들들의 아우, 자신의 여섯 번째 아들을 삼아, 시기켄 쿠두구라고 이름 지어 어머니가 돌보았다(유원수, 1994 : 99~100).

이상의 내용은 『몽골비사』 59장, 114장, 135장에 나오는 대목인데 59장의 경우는 칭기스칸의 아버지인 이수게이 바아투르가 타타르족의 테무진과의 전쟁에서 이긴 후 적장의 이름을 아이의 이름으로 지어준

경우이다. 한편 114장과 135장은 초원에서 행하여지는 끊임없는 분쟁 속에서 버려진 아이를 양자로 키우는 몽골의 전통을 반영해 주고 있다. 그런데 114장의 경우는 발견할 당시 이미 이름이 있었던 경우인데 반하여 135장의 경우는 아직 아이가 어려서 이름이 없는 경우에 해당한다고 볼 수 있다. 『몽골비사』의 내용을 보면 후엘룬 어머니는 목영지에 버려진 어린 아이들을 데려와 키우게 되는데, 모두 네 명의 양자를 가지게 된다. 그런데 세 명은 발견했을 당시에 이미 이름이 있었고 한 명은 데려와서 이름을 지어주게 되는데,[19] 재미있는 것은 이미 이름이 있는 아이들의 경우는 군인들이 그냥 데려와서 후엘룬 어머니에게 선물로 드렸다면, 이름이 없는 어린 아이의 경우는 칭기스칸이 직접 어머니에게 선물로 드리고 또한 이름을 어머니가 손수 지어주었다는 점이다.

(4) 일상적인 생활문화

일상적인 생활공간 속에서 행하여지는 출생의례와 관련한 민속[20]을 세부적으로 구분해 보면 기자속(祈子俗), 산전속(産前俗), 산후속(産後俗), 육아속(育兒俗) 등으로 나눌 수 있다.[21] 먼저 한국의 출생의례를 이러한

19) 이와 조금 다른 입장이긴 하지만 『몽골비사』 147장에 보면 칭기스칸이 활을 쏘아서 자신을 숙이려고 한 봉맹한 석상인 시트고아나이를 포로도 집아시 칭끼스긴을 위히여 봉사하게 만들고는 이름을 활을 잘 쏜다는 뜻으로 '화살촉'을 의미하는 제베라고 이름을 다시 지어주는 내용이 잘 기술되어 있다.
20) 예를 들어서, 몽골의 출생의례와 관련한 일상적인 생활문화를 보면 임산부를 각별히 돌봐주고, 아이의 탯줄을 잘 간수하는 풍속, 태어난 아이에게 이름을 지어주고, 배냇머리를 잘라주는 풍속 등 다양한 민속이 있다. 테.남질(지음), 이안나(옮김), 『몽골의 가정예절과 전통』, 민속원, 2007, 6쪽 참조.
21) 임동권(1990)은 산육속(産育俗)을 잉태(孕胎)를 비는 기자속(祈子俗)에서부터 아이가

틀 속에 맞추어서 세부적으로 고찰해 보면 다음과 같다.

첫째, 한국의 민속문화 속에 일반적으로 볼 수 있는 기자속(祈子俗)으로는 바위, 나무, 샘 등과 같은 자연물이나 절에 치성을 드리는 치성기자(致誠祈子)와 금줄에 달렸던 고추를 훔쳐다 몰래 다려서 먹거나 다산한 집의 식칼을 훔쳐다 작은 도끼를 만들어 여자의 베개 밑에 놓는 것과 같은 주술기자(呪術祈子)가 있다.[22] 또한 조선 전기의 문헌인 『묵재일기』와 『양아록』에는 옥황상제께 기자를 위한 초제(醮祭)를 지내는 기록[23]도 엿볼 수 있다.

둘째, 산전속(産前俗)으로는 앞에서도 살펴본 임산부와 관련한 다양한 종류의 금기를 들 수 있다. 금기의 내용은 주로 임산부의 행위금기와 음식금기 그리고 가족원의 행위 금기가 대부분이며, 특히 음식금기의 경우에는 대개는 임산부가 섭취하는 음식이 태아에게 유사한 형태와 결과를 가져올 수 있다는 유사감염(類似感染)에 해당하는 내용이다. 또한 전통적으로 해산(解産)하기 위하여 산실(産室)을 준비하는데 산실 아랫목에는 짚을 깔고 방에는 불을 지펴 덥게 한다. 산모는 검은색 광목 치마나 무명치마를 입고 산실에 들어가며, 난산을 대비하여 산실 한 모퉁이에 삼신상을 차려 두었다가 이곳에 두었던 쌀과 미역으로 출산 후 첫국밥을 만들어 먹기도 한다.[24]

출생하여 일주년이 되는 돌날까지로 정의하면서, 다시 세분화해서 기자속, 산전속, 산후속, 육아속으로 구분하고 있다. 그런데 몽골의 경우는 육아속이 출생 후 일주년이 되는 돌날보다도 더 오랜 시간동안 지속되기도 한다. 임동권, 「한일 산육속의 비교」, 민속학회(편), 『가면극·세시풍속·산육속』, 한국민속학총서 6, 교문사, 1990, 416쪽 참조.

22) 이광규, 『한국인의 일생』, 형설출판사, 1985, 41~49쪽.
23) 이복규, 앞의 책, 1999, 42~43쪽.

셋째, 산후속(産後俗)으로 대표적인 것은 태(胎) 처리와 출산 후 이름 (人名)을 지어주는 민속이 있다. 보통 태(胎)를 항아리 속에 넣어서 풍수 지리가 좋은 곳에 묻기도 하고, 서울지역에서는 태(胎)를 왕겨나 참 숯 또는 장작불에 태워 물에 띄우거나 산에 묻기도 한다.25) 한편 자손이 귀하거나 자주 병에 걸리는 아기의 경우에는 아명(兒名)을 지었다가 아 기가 건강하게 자라면 본명을 지어주는데 이러한 이름(兒名)은 주로 천 한 이름으로 역신(疫神)을 속이거나 병마(病魔)의 관심에서 벗어나 건강 과 장수를 기원하는 데서 생겨난 풍속이다. 이러한 이름으로는 개똥이, 오쟁이, 실겅이, 말뚱이26)와 쇠똥, 돼지, 바보, 바위, 돌이27) 등의 이름 이 있으며 또한 도야지, 쇠똥이, 못나니, 딸막이28) 등이 있는데 주로 천한 이름이거나 동식물명 혹은 남자 아이에게 여자 이름을 지어주는 경우도 있다. 한편 아들을 가지기를 기원하면서 여자 아이의 이름에 이러한 염원이 들어가게 짓는 경우도 있다. 예를 들어서 필순(畢順), 말 이(末伊), 말순(末順)이나 다음번에는 아들이라는 의미로 후남(後男)29)과 같은 이름을 보면 아들에 대한 염원이 내재되어 있다.

육아속(育兒俗)으로는 백일과 돌날이 대표적인데, 그 외에도 배냇머리 와 관련된 의례가 두드러진다. 배냇머리는 백일날 자르거나 백일날이 지나서 자르는 경우30)가 대부분이다. 따라서 배냇머리와 관련해서 "백

---

24) 이광규, 위의 책, 47쪽.

25) 홍순석(외 공저), 『전통문화와 상징 1』, 강남대학교 출판부, 2001, 26~27쪽.

26) 이광규, 위의 책, 54쪽.

27) 이화형, 『한민족의 생활 : 하늘에다 베틀 놓고 별을 잡아 무늬 놓고』, 월인, 2007, 153쪽.

28) 임동권, 『한국민속학논고』, 집문당, 1984, 177쪽.

29) 박해인, 「백일·돌·생일」, 『한국민속의 세계』 2, 고려대 민족문화연구원, 2001, 81쪽.

30) 한편 임동권(1984)은 서울의 산속(産俗)을 분석하면서 배냇머리는 보통 백일날과 돌날 에 깎는다고 기술하고 있다. 임동권, 『한국민속학논고』, 집문당, 1984, 179쪽 참조.

일이 지난 다음에야 깎아준다"라는 금기어가 있기도 하다. 배냇머리는 어머니 뱃속에서 가지고 나온 머리라고 해서 산모(産毛)라고도 하는데 머리를 전부 깎지 않고 조금 남겨 두기도 한다. 이것은 아기가 장수하고 복되고 영화(榮華)로운 삶을 사는 데 효과가 있다고 믿었기 때문이다.31) 또한 처음 배냇머리를 깎을 때 고모가 깎아주고, 엄마가 보고 놀라면 좋다고 한다. 한편 배냇머리는 주로 가위로 깎으며 버리는 장소는 부엌아궁이 인데, 그 이유는 음식에 들어가거나 날리는 것을 피하기 위한 것도 있지만 부엌에 넣어서 버리는 것은 명(命)이 길어지라는 기원32)도 들어 있다고 한다. 다음으로 일상적인 생활문화 속에서 볼 수 있는 몽골의 출생의례를 살펴보면 아래와 같다.

첫째, 몽골의 기자속(祈子俗)으로는 석인상에 하닥(hadag)을 걸고 비손을 하거나 무당나무와 오보 그리고 남근 모양의 돌에 자식을 소원하는 풍속이 있다. 또한 아기를 낳지 못하는 여성이 동네의 여자아이들 일곱 명을 불러서 어두운 겔(ger) 안에서 놀게 하여 아이를 가지기를 소원하는데, 일곱 명의 아이들은 아이를 점지해 주는 북두칠성을 상징한다.33) 전자의 경우는 치성기자(致誠(祈子))이며, 후자의 경우는 일종의 주술기자(呪術(祈子))에 해당한다고 볼 수 있다.

둘째, 산전속(産前俗)으로는 앞에서도 언급한 임산부와 관련된 금기어가 주로 여기에 해당된다. 이러한 금기어 외에도 몽골에서는 임신하다를 "다리가 무거워 지다", "옷자락이 무거워지다", "큰 배를 갖다",

---

31) 이화형, 앞의 책, 153~154쪽.
32) 김승찬 · 허영순, 「부산지방의 산속」, 민속학회(편), 『가면극 · 세시풍속 · 산육속』, 한국민속학총서 6, 교문사, 1990, 382쪽.
33) 이안나, 『몽골인의 생활과 풍속』, 첫눈에, 2005, 154~155쪽.

"두 몸이 되다", "네 눈이 되다" 등으로 표현하기도 하는데, 이것은 직접적인 표현을 회피하여 간접적으로 우회해서 표현하는 금기어[34]인 셈이다. 한편 "겔(*ger*)에서 태어난 몸, 초원에 놓여진 뼈(*gert törsön bie heer hevteh yas*)"라는 속담[35]에서 알 수 있듯이 일반적으로 겔(*ger*)에서 출산하는 경우[36]가 많은데, 몽골 사람은 세 번 오르츠(*urts* ; 겔의 원시적 형태) 안에 들어가는데 태어날 때, 장가갈 때, 죽을 때 등이라고 말하기도 한다.[37] 겔(*ger*)에서 출산하는 경우 보통은 소똥을 주워서 담아두는 소똥 바구니인 아락(*arag*)을 끌어안고 아기를 낳는 것이 전통이었다. 대표적인 몽골 화가인 샤라브(1869~1939)가 그린 『몽골의 하루』라는 제목의 민화(民畵) 속에도 이러한 민속이 잘 드러나 있다. 몽골에서 아이가 태어나면 아기의 태반(*ihes*)을 소중하게 다루는 풍속이 있는데, 노간주나무(杜松)를 태워서 태반을 잿더미에 묻고, 태반 위에 음식을 뿌리고 남은 음식을 암캐에게 주는 "태반을 묻는 의식"(*ihes orshooh*)[38]을 행하기도 한다.

---

34) 吳人惠, 「성행위」, 『몽골유목문화』, 경기도박물관, 1999, 61쪽.

35) Dashdorj and Renchinsambuu, Mongol tsetsen ügiin dalai, vol. I, Ulaanbaatar, 1964, 25쪽.

36) 부분적이지만 중국의 내몽골자치구 오르도스 지역에서는 출산을 위한 별도의 오두막이 있었고, 일부지역에서는 집 밖의 외양간이나 짐수레 아래에 마른 양똥을 깔고 출산하는 경우도 있다고 한다(吳人惠, 1999 : 62).

37) 장장식, 『몽골에 가면 초원의 향기가 난다』, 민속원, 2006, 213쪽.

38) 박환영, 앞의 책, 2005c, 252~253쪽.

전통적으로 몽골의 여성들은 텐트(*ger*)에서 출산하는 경우가 많다.

셋째, 산후속(産後俗)으로는 갓 태어난 아기를 양고기 국물에 목욕시키는 의례가 있다.[39] 몽골인들 사이에서는 양고기와 뼈를 넣고 삶은 국은 상징적으로 아기의 뼈와 피부에 영양을 공급하여 젖어있는 아기의 몸을 잘 마르고 굳게 만든다고 믿어진다.[40] 또한 이름(人名)을 지어주는 민속도 산후속(産後俗)에 포함된다고 할 수 있다. 즉 이름을 지어주는 민속은 인간의 존재를 부정하거나 역신(疫神)을 속이기 위한 이름을 지어주는 경우이다. 이러한 이름의 대표적인 예는 "이것이 아니다(*enbish*)", "당신이 아니다(*chibish*)", "사람이 아니다(*hunbish*)", "누가 아는

---

39) 박환영, 위의 책, 253쪽과 장장식, 앞의 책, 214쪽.
40) 박환영, 위의 책, 275쪽.

가(henmedeh)", "악취가 나는(omhii)", "기형의 작은 귀를 가진(huv)", "뿔이 달린(evert)", "양말(oimos)", "이름이 없다(nerbish)"[41] 등이다. 이러한 이름은 "대용적인" 이름으로 일시적으로 사용되는 경우가 대부분이며 나중에 배냇머리를 자르는 의식을 행한 후에 "정식의" 이름을 지어주기도 한다. 그러나 안 좋은 운명을 타고난 경우에는 이러한 이름을 평생 사용하는 경우도 간혹 있기도 하다.

넷째, 육아속(育兒俗)으로는 배냇머리를 자르는 의식이 있다. 이 의례는 아이가 한 사회의 정식 구성원으로 그리고 외형적으로도 남성과 여성을 명확하게 구분시켜주어서 성(性)에 의한 노동의 구분을 가지게 되는 중요한 과정이라고 볼 수 있다. 몽골의 오래된 관습에서는 아이가 태어나면 그 아이는 이미 한 살이 되었다고 믿으며, 아이가 세 살이 되면 아이의 머리를 깎아 주는 의례를 행하게 된다. 이러한 전통은 남자 아이와 여자아이를 구별하지 않고 동등하게 행하여진다(Baabar and Enkhbat, 2002 : 38). 그러나 좀 더 구체적으로는 남자 아이의 경우는 3, 5살에 여자 아이의 경우는 2, 4살[42]에 배냇머리를 자르는 의식을 행하는 것이 일반적이다. 이렇게 남자 아이와 여자 아이의 구분을 두는 것은 남자 아이의 경우는 양(陽)을 상징하므로 홀수 나이에 여자 아이는 음(陰)을 상징하므로 짝수 나이에 의식을 행하는 것이다.

한편 몽골의 아이들은 남자아이나 여자아이나 일정한 나이까지 머

---

41) Hamayon, R, 'Pourquoi un Mongol doit-il etre nomme', *Turcica*, 1973, pp.143~152 ; Humphrey, C, 'Women, Taboo and the Suppression of Attention', in S. Ardener(ed.) *Defining Females*, Oxford : BERG, 1993, pp.73~92 ; 박환영, 위의 책, 143~146쪽 참조

42) 박환영, 위의 책, 254쪽과 이안나, 앞의 책, 155쪽 참조

리카락에 손을 대지 않고 그대로 놔두어야 하는데 이런 전통은 아이가 완전하게 태어났고, 자연이 아이에게 가져다준 완전함을 너무 일찍 훼손해서는 안 된다는 생각 때문이다. 즉 다시 말해서 모든 여자아이는 네 살 때까지, 모든 사내아이는 세 살 때까지 머리를 두 갈래로 땋고 다닌다. 따라서 배냇머리 자르기 의식을 행하기 전에는 그 또래 아이들은 겉모습만 봐서는 성별을 구별하기가 쉽지 않은 것이다(비얌바수렌·라이쉬, 2006 : 66~67).

배냇머리를 자르는 의식을 보면 처음에는 나무칼로 배냇머리를 자르는 흉내를 내고 다음에는 가위로 아기의 이마 털부터 잘라서 비단에 싸서 보관한다.[43] 배냇머리를 자르는 의식은 지금도 행하여지는 의식으로 가족에서부터 친척, 친구, 이웃들이 참석하여 아기의 건강과 행운을 기원해 준다. 그리고 정식으로 사회의 구성원이 된 아기를 축복하기 위해서 말(馬)과 양과 같은 가축을 선물로 주기도 하지만 오늘날에는 옷, 음식, 돈에 이르기까지 다양한 선물을 주기도 한다.

4. 출생의례로 보는 한·몽 문화의 친연성

한국과 몽골의 민속문화가 가지는 친연성을 고찰해 보기 위하여 한국과 몽골의 출생의례를 비교민속학적으로 분석해 보았다. 출생의례와 연관된 다양한 영역 중에서 설화, 속신어, 역사문헌자료, 일상적인 생활문화에 초점을 두고 한국과 몽골의 출생의례를 살펴보았다. 한국과

---

43) 吳人惠, 「성행위」, 경기도박물관(편), 『몽골 유목문화』, 경기도박물관, 1999, 63쪽과 박환영, 위의 책, 254쪽 참조.

몽골의 출생의례를 비교해 보면 한국과 몽골의 경우 모두 기자속(祈子俗), 산전속(産前俗), 산후속(産後俗), 육아속(育兒俗)이 골고루 잘 드러나 있음을 알 수 있다. 다만 한국의 경우 육아속은 백일날 배냇머리를 자르는 의식(儀式)과 출생 후 일주년을 기념하는 돌날까지를 육아속으로 보는 데 반하여 몽골의 육아속은 출생 후 수년 후에 비로소 배냇머리를 자르는 의례를 행하기 때문에 출생 후 수년까지 좀 더 시간이 연장된다고 볼 수 있다.

또한 출생의례와 관련해서 한국의 경우는 먼저 태어난 아이가 연장자가 되는 것이 일반적이다. 또한 "임신 중 쌍율(雙栗)을 먹으면 쌍둥이를 낳는다"와 같은 금기어에서 알 수 있는 바와 같이 쌍둥이가 태어나는 것이 그렇게 반가운 일은 아니었던 것 같다. 이에 반하여 몽골의 경우 쌍둥이가 태어나면 먼저 태어난 아이가 동생이고 뒤에 태어난 아이가 형이 되는 풍속이 있는데 이것은 몽골의 다양한 민속문화 속에서도 잘 반영되어 있다. 예를 들어서 몽골의 겔(ger)을 방문할 때의 예절과 관련해서 "집에 들어 갈 때는 손아랫사람이 먼저 들어가지 않으며, 나갈 때는 손윗사람을 먼저 나가게 하지 않는다"는 속신어가 있다(이안나, 2007 : 155). 즉 전통적인 몽골사회에서 연소자는 연장자를 위하여 먼저 나가서 문을 열어주고 밖의 상황을 판단해야하는 것이므로 쌍둥이가 태어날 때도 나중에 태어난 쪽이 연장자가 된다.

한편 한국의 출생의례는 절 치성(致誠)과 같은 기자속(祈子俗)은 물론이고 특히 산전속(産前俗)의 핵심적인 부분으로 태몽(胎夢)에 대한 내용이 많은 반면에 몽골의 출생의례는 산전속(産前俗)에서는 임산부들이 가지는 음식과 행위와 관련된 금기어가 많으며, 태어난 아이에게 이름(人名)

을 지어주는 내용과 밖에서 데려온 어린 아이를 양자(養子)로 맞이하는 내용이 많은 편이다. 그 외에도 한국의 출생의례를 보면 역신(疫神)을 속이기 위하여 천한 이름(人名)으로 아명(兒名)을 지어주는데, 몽골의 경우도 이와 유사하게 역신을 기만하고 속여서 역신으로부터 어린 아이를 보호하기 위하여 동식물의 이름이나 혐오스럽고 이상한 이름(人名)을 지어주기도 한다. 이러한 행위는 어린 아이가 사회의 한 구성원으로 통합하기 위하여 거쳐야만 하는 통과의례의 전이(혹은 중립)단계44)인데 한국과 몽골의 출생의례에서 공통적으로 나타나는 민속이라고 할 수 있다.

✉ 『비교민속학』 40집, 비교민속학회, 2009

---

44) Leach, E, *Culture and Communication*, Cambridge : Cambridge University Press, 1991, p.78 참조.

참고문헌

강영봉, 『몽골·몽골사람』, 한국몽골연구회, 2001.

강재철, 『기러기 아범의 두루마기 : 한국의 통과의례와 상징』, 단국대학교 출판부, 2004.

경기도박물관(편), 『초원의 대서사시－몽골 유목문화』, 경기도박물관, 1999.

고려대 민족문화연구원 민속학연구소(편), 『몽골의 무속과 민속』, 월인, 2001.

권순정, 「몽골 나담축제 경기 복식에 관한 연구」, 『한국의류산업학회지』 Vol. 3, No. 2, 한국의류산업학회, 2001.

權五惇(譯解), 『禮記』, 弘新文化社, 2003.

권오성(외 공저), 『몽골민속』, 복조리, 1992.

권오성, 「몽골 음악 연구」, 김선풍(외 공저) 『몽골민속현장답사기』, 민속원, 1998.

金烈圭(外 共著), 『民談學槪論』, 一潮閣, 1997.

김경나, 『몽골 후레 참의 연희양상과 한국 가면극과의 관련성』, 고려대학교 대학원 문화재학과 석사학위논문, 2009.

김광언(외 공저), 『바람의 고향, 초원의 말발굽』, 조선일보사, 1993.

김기선, 「오랑캐의 어원과 민속학적 고찰」, 『몽골학』 제11호, 한국몽골학회, 2001a.

______, 「몽골의 나담축제와 낙타 축제」, 『중앙민속학』 9호, 중앙대 한국민속학연구소, 2001b.

______, 「몽골의 나담축제와 낙타 축제」, 『아시아인의 축제와 삶』, 서울 : 민속원, 2001c.

______, 「몽골비사에 나타난 몽골인의 장례습속」, 『몽골학』 제13호, 한국몽골학회, 2002.

______, 「『몽골비사』의 알타이적 지명요소와 관련된 한국 및 대마도 지명연구」, 『몽골학』 제14호, 한국몽골학회, 2003a.

______, 「『몽골비사』의 터럭(나룻)과 관계된 몽골과 중앙아시아인들의 세계관」, 『몽골학』 제15호, 한국몽골학회, 2003b.

______, 「한국어와 몽골어에 나타난 말(馬)」, 『몽골학』 제17호, 한국몽골학회, 2004.

______, 「한국과 몽골의 금기 비교」, 『몽골학』 제21호, 한국몽골학회, 2006.

______, 『한·몽 문화교류사』, 민속원, 2008.

_____, 「한·몽 매의 어원과 상징성 연구」, 『몽골학』 제28호, 한국몽골학회, 2010.

김기설, 「몽골의 나담축제 고찰」, 김선풍(외 공저), 『몽골민속현장답사기』, 민속원, 1998.

김말복, 「처용무에 나타난 음양론적 의미」, 한국기호학회(엮음), 『한국문화와 기호학』, 문학과지성사, 2002.

김문숙, 「13~14세기 고려복식에 수용된 몽고복식에 관한 연구」, 『몽골학』 제17호, 한국몽골학회, 2004.

_____, 「내몽고 집녕로(集寧路) 출토 원대복식에 대한 고찰」, 『몽골학』 제18호, 한국몽골학회, 2005.

김문영·김혜영·조우현, 「라마교의 의식 무복식 연구」, 『몽골학』 제17호, 한국몽골학회, 2004.

김문영·조우현·김기선, 「몽골 샤먼 복식의 고찰」, 『몽골학』 제15호, 한국몽골학회, 2003.

김선풍, 『한국시가의 민속학적 연구』, 형설출판사, 1977.

_____, 「몽골 축제와 신화」, 김선풍(외 공저), 『몽골민속현장답사기』, 민속원, 1998.

김승찬·허영순, 「부산지방의 산속」, 민속학회(편), 『가면극·세시풍속·산육속』, 한국민속학총서 6, 교문사, 1990.

김열규(외 공저), 『동북아 샤머니즘 문화』, 전북대 인문학연구소, 인문학 총서 1, 소명, 2000.

김용덕, 『한국풍속사 I』, 밀알, 1994.

김은희, 『여성 무속인의 생애사』, 신아출판사, 2004.

김의숙, 「몽골의 민속생활 의례 고찰」, 김선풍(외 공저), 『몽골민속현장답사기』, 민속원, 1998.

김이숙, 「몽골 세시풍속연구」, 김선풍(외 공저), 『몽골민속현장답사기』, 민속원, 1998.

김인희, 『동이신화, 태양을 쏘다 I』, 박이정, 2007a.

_____, 『동이신화, 태양을 쏘다 II』, 박이정, 2007b.

김찬웅(쓰고 엮음), 『선비의 육아일기를 읽다』, 글항아리, 2008.

김천호, 「한·몽간의 육식문화 비교」, 『몽골학』 제4호, 한국몽골학회, 1996.

_____, 「동북아세아 민족간의 식문화 비교에 관한 연구—만주족과 몽골족 및 제 민족과의 관련성」, 『몽골학』 제8호, 한국몽골학회, 1999.

_____, 「Mongol비사의 음식문화」, 『몽골학』 제15호, 한국몽골학회, 2003.

김태곤, 「한국민속과 북방대륙민속의 친연성」, 『한국민속학보』 4, 한국민속학회, 1994.

나경수, 『한국의 신화』, 한얼미디어, 2005.

난딩째째그(B. Nandintsetseg), 『몽골 전통문화의 정치적 성격 : 유목문화와 라마교

문화를 중심으로」, 한국정신문화연구원 한국학대학원, 석사학위논문, 2001.

노로브냠(B. Norovnyam), 『한국과 몽골의 창세신화 비교연구』, 서울대대학원, 석사
　　학위논문, 1999.

＿＿＿＿, 「몽·한 설화비교-별의 기원설화를 중심으로」, 『어문학논총』 25권, 국민
　　대 어문학연구소, 2006.

다그미트마(Ts. Dagmitmaa), 『몽골과 한국 무교의 비교연구』, 이화여대대학원, 석사
　　학위논문, 2004.

돌람 센덴자빈(지음), 이평래(옮김), 『몽골신화의 형상』, 태학사, 2007.

랴자노프스키, 『몽골의 관습과 법』, 서병국 역, 혜안, 1996.

마페졸리, 미셸(저), 최원기·최항섭(옮김), 『노마디즘』, 일신사, 2007.

바야르마(Z. Bayarmaa), 『한국과 몽골의 무속신앙 비교연구 : 한국의 강신무와 세습
　　무를 중심으로』, 강원대대학원, 석사학위논문, 2005.

박소현, 「몽골 악기의 종류와 분류」, 『몽골학』 제13호, 한국몽골학회, 2002.

＿＿＿＿, 『몽골 서사가의 음악적 연구』, 한양대대학원, 박사학위논문, 2004.

＿＿＿＿, 『神을 부르는 노래 몽골의 토올』, 민속원, 2005.

＿＿＿＿, 「한국 세습무와 몽골 토올치(Туульч)」, 『몽골학』 제20호, 한국몽골학회,
　　2006.

＿＿＿＿, 「세계음악 <아리랑>을 통한 몽골과의 교유(交遊)」, 『몽골학』 제27호, 2009.

＿＿＿＿, 「한·몽 전래동요의 비교 연구」, 『몽골학』 제28호, 한국몽골학회, 2010.

박원길, 『북방민족의 샤마니즘과 제사습속』, 국립민속박물관, 1998a.

＿＿＿＿, 「몽골의 오보(oboo) 및 오보제(祭)」, 김선풍(외 공저), 『몽골민속현장답사기』,
　　민속원, 1998b.

＿＿＿＿, 『몽골의 문화와 자연지리』, 민속원, 1999.

＿＿＿＿, 「몽골 나담에 관한 역사·민속학적 고찰 상(上)」, 『몽골학』 제10호, 한국몽골
　　학회, 2000.

＿＿＿＿, 「몽골 나담에 관한 역사·민속학적 고찰 하(下)」, 『몽골학』 제11호, 한국몽골
　　학회, 2001a.

＿＿＿＿, 「몽골축제 : 할흐 몽골의 씨름에 대하여」, 『중앙민속학』 9호, 중앙대 한국민
　　속학연구소, 2001b.

＿＿＿＿, 『유라시아 초원제국의 역사와 민속』, 민속원, 2001c.

＿＿＿＿, 「몽골비사에 나타난 몽골족 기원설화의 분석」, 『몽골학』 제13호, 한국몽골학
　　회, 2002.

＿＿＿＿, 「몽골비사 195절의 표현방식을 통해서 본 13~14세기 몽골군의 전술」, 『몽
　　골학』 제14호, 한국몽골학회, 2003a.

______, 「고대 몽골의 금기에 대하여」, 『민속학연구』 제13호, 국립민속박물관, 2003b.

박종성, 「한국, 만주, 몽골 창세신화 변천의 의미」, 『구비문학연구』 11호, 한국구비문학회, 2000.

______, 「몽골 口碑英雄敍事詩 <장가르>의 영웅적 성격」, 『동아시아고대학』 제9집, 동아시아고대학회, 2004.

박해인, 「백일·돌·생일」, 『한국민속의 세계』 2, 고려대 민족문화연구원, 2001.

박환영, 「경제적인 측면에서 본 현대 몽골의 실제적인 친족과 네트워크」, 『역사민속학』 제8호, 역사민속학회, 1999.

______, 「사회·경제적인 측면에서 본 현대 몽골의 가족과 민속에 대한 일고찰」, 『한국문화인류학』, 제33집, 2호, 한국문화인류학회, 2000a.

______, 「몽골의 人名에 대하여」, 『몽골학』 제10호, 한국몽골학회, 2000b.

______, 「몽골의 친족호칭 체계에 관한 일고찰」, 『사회언어학』, vol. 9, no. 1, 한국사회언어학회, 2001.

______, 「몽골의 인명(人名)에 대한 민속학적 일고찰」, 『한국민속학』 제36호, 한국민속학회, 2002a.

______, 「몽골의 속담과 수수께끼에 대한 일 고찰」, 『Journal of Korean Studies』, vol. 3, Central Asian Association for Korean Studies, 2002b.

______, 「몽골의 의례」, 『세계민속문화의 이해 (II)』, 국립민속박물관·한국민속박물관회, 2002c.

______, 「몽골 샤머니즘에 나타나는 색깔상징에 대한 일 고찰」, 『한국무속학』 제5집, 한국무속학회, 2002d.

______, 「몽골과 한국의 민속학적 동질성」, 『민족발전연구』 제7호, 중앙대 민족발전연구원, 2002e.

______, 「몽골문화 속의 시간민속 고찰」, 『중앙아시아연구』 8호, 중앙아시아학회, 2003.

______, 「蒙語類解에 나타난 친족어휘의 민속학적 연구」, 『알타이학보』 제14호, 한국알타이학회, 2004.

______, 「현대몽골의 질병과 관련된 어휘의 민속학적 연구」, 『몽골학』 제18호, 한국몽골학회, 2005a.

______, 「현대 몽골어 동식물명의 민속학적 연구」, 『알타이학보』 제15호, 한국알타이학회, 2005b.

______, 『몽골의 유목문화와 민속 읽기』, 민속원, 2005c.

______, 「몽골 유목문화 속의 성(性) 민속에 대한 연구」, 『강원민속학』 제19집, 강원도민속학회, 2005d.

______, 「몽골 귀신에 대한 민속학적 고찰」, 『강원민속학』 제20집, 강원도민속학회, 2006a.

______, 「몽골비사에 보여지는 가족과 친족의 민속학적 연구」, 『몽골학』 제20호, 한국몽골학회, 2006b.

______, 「몽골의 말(馬) 민속」, 『국제아세아민속학』 제3집, 국제아세아민속학회, 2006c.

______, 「한·몽 주거공간의 비교민속학적 연구」, 『비교민속학』 34집, 비교민속학회, 2007a.

______, 「몽골의 나담축제와 유래담 고찰」, 『구비문학연구』 24호, 한국구비문학회, 2007b.

______, 「몽골의 유목문화 속의 세시풍속 고찰」, 『몽골학』 제24호, 한국몽골학회, 2008a.

______, 『몽골의 전통과 민속보기』, 박이정, 2008b.

______, 「유목문화 속에 반영된 몽골의 낙타 민속」, 『중앙아시아연구』 14호, 중앙아시아학회, 2009a.

______, 「몽골 설화 <호리투메드 메르겡>의 민속학적 일고찰」, 『동아시아고대학』 제20집, 동아시아고대학회, 2009b.

______, 「한·몽 출생의례의 비교민속학적 고찰」, 『비교민속학』 제40집, 비교민속학회, 2009c.

______, 「몽골 샤머니즘 속의 동물상징 고찰」, 『몽골학』 제26호, 한국몽골학회, 2009d.

______, 「몽골 샤머니즘 속의 동물상징 고찰」, 『몽골학』 제26호, 한국몽골학회, 2009e.

______, 「몽골 말(馬) 문화의 현재와 미래」, 강정원(외) 공저, 『세계의 말 문화 I : 몽골 중앙아시아』, 한국마사회 마사박물관, 2009f.

______, 「몽골의 가정생활 문화에 관한 일고찰 : 여성민속을 중심으로」, 『몽골학』 제28호, 한국몽골학회, 2010.

발터 하이시히(지음), 이평래(옮김), 『몽골의 종교』, 소나무, 2003.

배원룡, 『나무꾼과 선녀 설화 연구』, 집문당, 1993.

백승정, 「이누잇(Inuit)의 아모틱(Amautik)에 나타난 몽골의 북방 샤머니즘」, 『몽골학』 제20호, 한국몽골학회, 2006.

백승정·박원길, 「한국과 몽골의 전통문양디자인 비교 : 몽골의 연속문양(Алхан хээ)과 길상문양(Өлзий хээ)을 중심으로」, 『몽골학』 제28호, 한국몽골학회, 2010.

백혜리, 「묵재일기(默齋日記)에 나타난 조선 중기 아동의 생활」, 『유아교육연구』 제

24권 제5호, 한국유아교육학회, 2004.

블라디미르초프(지음)(1990), 주채혁(역), 『몽골사회제도사』, 서울 : 대한교과서주식회사.

비얌바수렌 다바, 리자 라이쉬(공저), 김리합(옮김), 『내일은 어느 초원에서 잘까 : 아르항가이 초원의 어느 여름 이야기』, 웅진 지식하우스, 2006.

쁘로쁘, 블라지미르(저), 유영대(역), 『민담형태론』, 새문사, 2000.

쁘로쁘, 블라지미르(저), 황인덕(역), 『민담형태론』, 예림기획, 1998.

삼필덴데브, 「몽골 목민의 생활의례와 구비시가의 예술적 상관성」, 『세계무형유산과 민속예술』, 서울 : 국학자료원, 2004.

서대석, 『한 · 중 소화의 비교』, 서울대출판부, 2007.

서혜경 · 이효지 · 윤덕인, 「몽골의 음식문화」, 『비교민속학』 제19집, 비교민속학회, 2000.

소황옥, 「한 · 몽 복식문화의 비교연구」, 『비교민속학』 제22집, 비교민속학회, 2002.

손진태, 『한국민속설화의 연구』, 을유문화사, 1947.

______, 『한국민족설화의 연구』, 을유문화사, 1954.

松原正毅, "유목의 메시지", 「몽골 유목문화」, 경기도박물관, 1999.

송재선, 『우리말 속담 큰사전』, 서문당, 2006.

송효섭, 『설화의 기호학』, 민음사, 1999.

______, 「밴스설화(Bensii Ulger)의 미학적 특성에 관한 고찰」, 『몽골학』 제9호, 한국몽골학회, 2000.

신종한, 「한 · 몽 문학의 구술적 전통에 관한 비교연구 : 판소리와 벤스설화를 중심으로」, 『몽골학』 제5호, 한국몽골학회, 1997.

______, 「벤스설화(Bensnii Ülger)의 미학적 특성에 관한 고찰」, 『몽골학』 제9호, 한국몽골학회, 2000.

신현덕, 『신현덕의 몽골풍속기』, 혜안, 1999.

심효윤, 「도시의 다문화축제 연구-재한 몽골인 나담(naadam)축제를 통하여」, 『차세대 인문사회연구』 제6호, 한일차세대학술포럼, 2010a.

______, 『재한몽골인 에스니시티와 몽골축제 연구 : 서울 광진구 나담(Naadam)축제를 중심으로』, 중앙대학교 대학원, 석사학위논문, 2010b.

아야베 쓰네오(엮음), 이종원(옮김) 『문화를 보는 열다섯 이론』, 인간사랑, 1999.

양민종, 「부리야트 <게세르> 서사시 판본 비교연구」, 『비교민속학』 34집, 비교민속학회, 2007.

吳人惠, 「성행위」, 경기도박물관(편), 『몽골 유목문화』, 경기도박물관, 1999.

오토곤체쩩(D. Otogontsetseg), 「몽-한 말(馬) 관련 상징에 대한 비교연구」, 『한국언어문화학』 제2권 제1호, 한국언어문화학회, 2005.

우실하, 「몽골문화와 '3수 분화의 세계관(1-3-9-81)'」, 『단군학연구』 18호, 단군학회, 2008.

______, 「몽골문화와 삼수분화의 세계관 Ⅱ-9.9의 상징성을 중심으로」, 『몽골학』 제27호, 한국몽골학회, 2009.

원영섭, 『우리속담사전』, 세창미디어, 1993.

유원수, 『몽골비사』, 서울 : 혜안, 1994.

______, 「몽골비사 몽골어의 친족용어」, 『중앙아시아연구』 제1호, 중앙아시아학회, 1996.

______, 『세계민담전집 : 몽골편』, 서울 : 황금가지, 2003.

______, 『몽골비사』, 서울 : 사계절, 2004.

______, 『몽골의 언어와 문화』, 서울 : 소나무, 2009.

윤양노, 「한·몽 백색 상징에 관한 연구」, 『한복문화』 제9권, 2호, 한복문화학회, 2006.

윤은숙, 「한·몽 말 문화 연구 試論 : 한국과 몽골의 말과 관련된 세시풍속을 중심으로」, 『한국초지조사료학회지』 제24권, 4호, 한국초지조사료학회, 2004.

윤희숙, 『나담축제의 스포츠 문화적 의미』, 한국교원대학교 교육대학원, 석사학위논문, 2007.

이광규, 『한국인의 일생』, 형설출판사, 1985.

이복규, 「『默齋日記』에 나타난 出産·生育 관련 民俗」, 『溫知論叢』 3, 溫知學會, 1997.

______, 「『묵재일기』에 나타난 조선전기의 민속』, 민속원, 1999.

이선아, 『몽골의 영웅서사시의 전개와 변모 : 신화에서 인터넷 게임까지』, 고려대대학원 석사학위논문, 2004.

이승수, 「'나담축제'에 보는 문화변용」, 『비교민속학』 18집, 비교민속학회, 2000.

______, 『새로운 축제의 창조와 전통축제의 변용』, 민속원, 2003.

이안나(편저), 『몽골인의 생활과 풍속』, 울란바타르대학교, 2001.

______, 『몽골인의 생활과 풍속』, 첫눈에, 2005.

______, 「금기를 통해 본 몽골의 민속 : 생활 예법과 의례를 중심으로」, 『중앙민속학』 제12호, 중앙대학교 한국문화유산연구소, 2007.

______, 「몽골인의 '소 신앙' 연구」, 『몽골학』 제27호, 한국몽골학회, 2009.

이일섭, 『문화콘텐츠 글로벌 창작 소재 개발 방안 연구 : 몽골 서사시 <게세르 칸> 사례를 중심으로』, 한양대 산업경영디자인대학원, 석사학위논문, 2009.

이정희, 『재미있는 몽골 민담』, 백산자료원, 2000.

이지영, 『한국의 신화 이야기』, 사군자, 2003.

이평래, 「몽골의 상장례」, 『동아시아의 조상(祖上)』, 국립민속박물관, 2003.

______, 「몽골의 사냥전통」, 『생활문물 연구』 제18호, 국립민속박물관, 2006.

______, 「몽골유목민의 죽음에 대한 인식」, 『아시아의 죽음문화-인도에서 몽골까지』, 소나무, 2010.

이필영, 「북아시아 샤머니즘과 한국 무교의 비교연구」, 『백산학보』 25호, 백산학회, 1979.

______, 「한·몽 민속문화의 비교 관점」, 경기도박물관(편), 『초원의 대서사시-몽골 유목문화』, 경기도박물관, 1999.

______, 「몽골 훕스골 지역의 샤머니즘」, 고려대 민족문화연구원 민속학연구소(편), 『몽골의 무속과 민속』, 월인, 2001.

이화형, 『한민족의 생활 : 하늘에다 베틀 놓고 별을 잡아 무늬 놓고』, 월인, 2007.

일연(지음), 최호(역해), 『삼국유사』, 홍신문화사, 1999.

임동권, 『한국민속학논고』, 집문당, 1984.

______, 「한일 산육속의 비교」, 민속학회(편), 『가면극·세시풍속·산육속』, 한국민속학총서 6, 교문사, 1990.

______, 「몽골 민속기행」, 김선풍(외 공저), 『몽골민속현장답사기』, 민속원, 1998.

임동권·정형호, 「몽골의 마문화 및 마상무예」, 임동권(외 공저), 『한국의 마상무예』, 한국마사회 마사박물관, 1997.

임재해, 「현장론적 방법」, 성병희, 임재해(편저) 『한국민속학의 과제와 방법』, 정음사, 1986.

______, 『설화작품의 현장론적 분석』, 지식산업사, 1991.

임형모, 「가족관계를 통해 본 한국과 몽골 설화 : 친부 및 자식 살해 모티프를 중심으로」, 『몽골학』 제23호, 한국몽골학회, 2007.

장두식, 「몽골의 '백조소녀'형 설화의 전승양상 연구」, 『몽골학』 제15호, 한국몽골학회, 2003.

______, 「한·몽 설화에 나타난 여성성 비교연구」, 『몽골학』 제17호, 한국몽골학회, 2004.

______, 「한·몽 일월 기원 신화 비교연구」, 『몽골학』 제20호, 한국몽골학회, 2006.

장장식, 「몽골 금기어의 원리와 몇 가지 특징」, 『몽골학』 제9호, 한국몽골학회, 2000.

______, 「한·몽 '나무꾼과 선녀 설화'의 비교연구」, 『민속학연구』 9호, 국립민속박물관, 2001.

______, 『몽골 민속기행』, 자우, 2002a.

______, 「몽골 보리야드족 무속의 특징과 전승문제」, 『한국민속학』 제35호, 한국민속학회, 2002b.

______, 「몽골의 '어머니 바위' 신앙과 전승 현장」, 『민속학연구』 11호, 국립민속박물관, 2002c.

______, 「몽골의 '어머니 나무' 신앙과 한식맞이굿」, 『한국무속학』 제4집, 한국무속학회, 2002d.

______, 「한·몽 '고두' 놀이 비교연구」, 『비교민속학』 제22집, 비교민속학회, 2002e.

______, 「몽골의 어머니 신앙과 여성신격－어머니 바위와 어머니 나무의 사례를 중심으로」, 『동아시아고대학』 제7집, 동아시아고대학회, 2003a.

______, 「몽골의 혼례」, 『동아시아의 조상(祖上)』, 국립민속박물관, 2003b.

______, 『몽골 유목민의 삶과 민속』, 민속원, 2005.

______, 『몽골에 가면 초원의 향기가 난다』, 민속원, 2006.

______, 「한국과 몽골 설화의 비교 연구 : 비교연구의 현황과 몽골 설화의 특징을 중심으로」, 『비교민속학』 33집, 비교민속학회, 2007.

______, 「한국과 몽골의 판놀이 연구－고두형 판놀이를 중심으로」, 『비교민속학』, 제38집, 비교민속학회, 2009.

______, 「생태적 관점에서 본 몽골 유목민의 금기와 의미」, 『비교민속학』 제41집, 비교민속학회, 2010.

정병호, 「몽골 '춤' 연구」, 김선풍(외 공저), 『몽골민속현장답사기』, 민속원, 1998.

정종수, 『사람의 한평생 : 민속으로 살핀 탄생에서 죽음까지』, 학고재, 2008.

정형호, 「몽골·한국의 말문화 비교고찰」, 임동권(외 공저), 『한국의 마(馬) 민속』, 집문당, 1999.

조동일, 『구비문학의 세계』, 새문사, 1998.

조선희, 「한국·몽골의 신 문화 비교연구－화(靴)를 중심으로」, 『한복문화』 제9권, 2호, 한복문화학회, 2006.

조현설, 『건국신화의 형성과 재편에 관한 연구 : 티벳·몽골·만주·한국 신화의 비교를 중심으로』, 동국대대학원 박사학위논문, 1998.

주채혁, 『몽고의 민담』, 정음사, 1984.

______, 「제주도 돌하르방 연구의 몇 가지 문제점 : 그 기능과 형태 및 계통 동몽골 다리강가 훈촐로오와 관련하여」, 『강원사학』, 강원대학교 사학회, 1993.

차은정, 『몽골 유목민 여성의 일상과 의례 : '게르' 안팎의 사회관계와 여름철 행사를 중심으로』, 한양대대학원, 석사학위논문, 2005.

체렌소드놈(저), 이평래(옮김), 『몽골 민간신화』, 대원사, 2001.

최래옥(편저), 『한국 민간속신어 사전』, 집문당, 1995.

최래옥, 「역사지리학적연구방법」, 최인학(외 공저), 『비교민속 비교문화』, 민속원, 1999.

최상수, 『한국민족전설의 연구』, 성문각, 1985.

최서면, 『최서면 몽골기행』, 삼성출판사, 1990.

최수빈·조우현, 「몽골 한국민족의 여성 수발양식 비교」, 『몽골학』 제9호, 한국몽골학회, 2000.

최원오, 『赫哲族의 구비서사시』, 역락, 2000a.

______, 『아이누의 구비서사시』, 역락, 2000b.

최인학, 『민속학의 이해』, 밀알, 1995.

최해율, 『몽골 여자 복식의 변천 요인에 관한 연구』, 서울대대학원, 박사학위논문, 2001.

최형원, 「몽골의 민담에 대하여」, 『몽골학』 제5호, 한국몽골학회, 1997.

______, 「중앙아시아의 구비설화 : 판차탄트라의 터어키와 몽골 전파에 관한 약술」, 『몽골학』 제15호, 한국몽골학회, 2003.

테. 남질, 이안나(옮김), 『몽골의 가정예절과 전통』, 민속원, 2007.

테킨 탈라트(Tekin Talat)(저)(2008), 이용성(역저), 『돌궐비문연구』, 서울 : 제이앤씨.

하자노프, 『유목사회의 구조 : 역사인류학적 접근』, 김호동 역, 지식산업사, 1990.

한·몽골 교류협회, 『한·몽골 교류 천년』, 한·몽골교류협회, 1996.

홍순석(외 공저), 『전통문화와 상징 1』, 강남대학교 출판부, 2001.

홍정민, 「몽골 나담축제 복식에 관한 연구」, 『복식』, Vol. 52, No. 7, 한국복식학회, 2002.

홍태한, 「한·몽 무속 비교연구」, 『비교민속학』 제35집, 비교민속학회, 2008.

홍태한, 『서사무가 당금애기 연구』, 민속원, 2000.

황루시, 「민속해석의 한 연구」, 한국기호학회(엮음), 『한국문화와 기호학』, 문학과지성사, 2002.

Akim, G, *Pearl Rosary of Wisdom*, Ulaanbaatar, 1995.

Baabar and R. Enkhbat, *Mongols*, Ulaanbaatra : Monsudar, 2002.

Badamhatan, C, *Harhiin ugsaatnii züi*, Ulaanbaatar, 1987.

Batbayar, T, *Some Modern Mongolian Stories in Mongolian and English*, Ulaanbaatar, 2005.

Batchuluun, L., *Felt Art of the Mongols*, Ulaanbaatar, 2003.

Bawden, C. R, *Mongolian-English Dictionary*, London and New York : Kegan Paul Hamayon, R, 'pourquoi un Mongol doit-il etre nomme', Turcica, 1978.

Carmichael, P, *Nomads*, London : Collins and Brown, 1991.

Damdin, B, Even, M and Chapman, M, "The Camel in Mongolian Literature and Tradition : Some Examples", *Journal of the Anglo-Mongolian Society*, vol.

XIII, no. 1 & 2, 1991.

Dashdondov, Ts, *Ulamjlal, Ulaanbaatar*, 1988.

__________, Ts, *mongol pros angli helnii zarim övörmöts helleg*, Ulaanbaatar, 1994.

Dashdorj and Renchinsambuu, *Mongol tsetsen ügiin dalai*, vol. I, Ulaanbaatar, 1964.

Dondog, Ch, *Shireenii lablah*, Ulaanbaatar, 1994.

Dorjgotov, N, *Angli mongol z üilchilsen tol'*, Ulaanbaatar, 2008.

Gaadamba, Sh, *mongol'in nuuts tovchoo*, Ulaanbaatar, 1990.

Gilmour, J, 'Mongolian Girl', *Journal of the Anglo-Mongolian Society*, vol. 3, no. 2, 1976.

Hamayon, R, 'Pourquoi un Mongol doit-il etre nomme', *Turcica*, 1973.

Haslund, Haslund, Men and Gods in Mongolia, Stelle, Illinois : Adventures Unlimited Press, 1992.

_______, In Secret Mongolia. Stelle, Illinois : Adventures Unlimited Press, 1995.

Humphrey, C., 'Inside a Mongolian Tent', *New Society*, 31 October, 1974.

___________, 'Women, taboo and superstition of Attention', in S. Ardener(ed.) *Defining Females*, Crom Helm Ltd, 1978.

___________, 'Women and Ideology in Hierachical Societies in East Asia', in S. Ardener(ed.) *Persons and Powers of Womenin Diverse Cultures*, Oxford : BERG, 1992.

___________, 'Women, taboo and superstition of Attention', in S. Ardener(ed.) *Defining Females*, Oxford : BERG, 1993.

___________, 'Casual Chat and Ethnic Identity : Women's Second Language Use among Buryats in the USSR', in Burton, P.K, Dyson and S. Ardener (eds.) *Bilingual Women : Anthropological Approaches to Second Language Use*, Oxford : BERG, 1994.

Khurelbat, B and Aditya Narain, *Folk Tales of Mongolia*, Learners Press, 1996.

Krohn, K, "The Method of Julius Krohn", in Alan Dundes(ed.) *International Folkloristics*, Lanham, Rowman and Littlefield Publishers, 1999.

Leach, E, *Culture and Communication*, Cambridge : Cambridge University Press, 1991.

Levi-Strauss, C, *Structural Anthropology 1*, London, Penguin Books, 1963.

Levi-Strauss, C, *Structural Anthropology 2*, London, Penguin Books, 1973.

Maidar, D and L. Dar'süren, *Ger : oron suutsny t üühen toim*, Ulaanbaatar, 1976.

Morgan, David, The Mongols, Oxford : Basil Blackwell, 1990.

Nyambuu, H and Natsagdorj, Ts, *Mongolchuudiin tseerleh esnii huraangui toli*,

Ulaanbaatar, 1993.

Nyambuu, H, *Hamgiin erhem yeson*, Ulaanbaatar, 1991.

________, *Mongol'in ugsaatny züyn udirtgal*, Ulaanbaatar, 1992.

Oberfalzerova, A, 'The use of Mongolian in the perspective of cultural context', *Mongolica Pragensia*, vol. 3, Institute of Indian Studies and Institute of East Asian Studies, Charles University, 2003.

Onon, U, *The History and the Life of Chinggis Khan(The Secret History of the Mongols)*, Leiden : E. J. Brill, 1990.

Park, H. Y.,, *Kinship in Post-Socailist Mongolia : Its Revival and Reinvention*, Ph. D. thesis, Cambridge University, 1997.

Rinchensambuu, G, *mongol züir tsetsen üg, tergüüin debter*, Ulaanbaatar, 2002.

Sampildendev, H, *Mongol hurim'in yaruu nairgiin töröl züil*, Ulaanbaatar, 1981.

Seidenberg, S, "The Horsemen of Mongolia", Carmichaelced. *Nomads*, London : Collins & Brown, 1991.

Strathern, M, 'Domesticity and the denigration of women', in D. O'Brien and S. Tiffany(eds.) *Rethinking Women's Roles : Perspectives from the Pacific*, University of Californis Press, 1984.

Taylor, A, *An Annotated Collection of Mongolian Riddles*, Philadelphia : The American Philosophical Society, 1954.

Terbish, L, *Mongol zurhain tsag toon' bichig*, Ulaanbaatar, 2001.

Tserendorj, G and C. Shagdarsüren, *Uls'in ner tom'eon'i komiss'in medee*, Ulaanbaatar, 1982.

Tserensodnom, D, *Mongol Ardyn Domog-ülger*, Ulaanbaatar, Ulsyn Hevleliin Gazar, 1989.

Van Gennep, 'The Rites of Passage', in Alan Dundes(ed.) *International Folkloristics*, Oxford : Rowman & Littlefield Publishers, 1999.

Vladimirtsov, B., Obshchestvennyi stroi mongolov : Mongol' skii kochevoi feodalizm, Leningrad : Izdarel' stvo Akademii Nauk, 1934.

Yambuu, H., Hamgiin erhem yoson, Ulaanbaatar, 1991.

찾아보기

저자 **박환영**(朴奐榮, Hwan-Young Park)

1965년 부산 출생
중앙대학교 국어국문학과 졸업
영국 리즈(Leeds) 대학교 몽골학 석사
영국 케임브리지(Cambridge) 대학교 사회인류학 석사
영국 케임브리지(Cambridge) 대학교 사회인류학 박사
몽골 국립대학교(National University of Mongolia) 객원교수 역임
한양대학교 문화인류학과 및 단국대학교 몽골학과 시간강사 역임
현재 중앙대학교 민속학과 교수, 한국몽골학회 이사, 비교민속학회 이사, 한국사상문화학회 편집위원

저서 『도시민속학』,『부탄의 문화민속 엿보기』,『몽골의 유목문화와 민속읽기』,『한국민속학의 새로운 지평』,『몽골의 전통과 민속보기』,『영상콘텐츠와 민속』,『현대민속학 연구』등 다수

논문 「도시와 민속의 현장」,「도시생활 속의 세시풍속」,「한국과 몽골의 민속학적 동질성」,「속담과 수수께끼에 보이는 가족과 친족의 민속학적 연구」,「한국과 몽골의 색깔상징 연구」,「한·몽 주거공간의 비교민속학적 고찰」,「몽골의 속담과 수수께끼에 대한 일고찰」,「몽골의 나담축제와 유래담 고찰」,「현대 몽골 인명(人名)의 민속학적 일고찰」,「몽골 샤머니즘에 나타나는 색깔상징에 대한 일고찰」,「몽골 유목문화 속의 성(性) 민속에 대한 연구」,「몽골 귀신에 대한 민속학적 고찰」,「몽골의 말(馬) 민속」,「몽골비사에 보여지는 가족과 친족의 민속학적 연구」,「영국의 도시민속학 경향에 대한 연구」,「1980년대 영국민속학의 동향에 관한 연구」,「한국도시민속학의 연구동향」등 다수